Oldenbourg
Textausgaben

Oldenbourg
Textausgaben

Herausgegeben von
Klaus-Michael Bogdal
Clemens Kammler

Texte zur Neuen Sachlichkeit

● Texte und Kommentar

Bearbeitet von Elke Reinhardt-Becker

Oldenbourg

Bibliografische Information der Deutschen Nationalbibliothek:
Die Deutsche Nationalbibliothek verzeichnet diese Publikation in der Deutschen Nationalbibliografie; detaillierte bibliografische Daten sind im Internet über http://dnb.ddb.de abrufbar.

Umschlagkonzept: Mendell & Oberer, München
Umschlaggestaltung: Erasmi + Stein, München
Umschlagbild: plainpicture/Westend61
Layoutentwurf: Almut Jegodtka
Lektorat: Katja Hohenstein, Petra Bernhard (Assistenz)
Herstellung: Cornelia Colditz, Daniela Birnböck
Satz: fidus Publikations-Service GmbH, Nördlingen

www.oldenbourg-bsv.de

1. Auflage, 2. Druck 2014

Alle Drucke dieser Auflage sind inhaltlich und unverändert und können im Unterricht nebeneinander verwendet werden.

Druck: Offizin Andersen Nexö Leipzig

ISBN 978-3-637-01332-2

Inhalte gedruckt auf säurefreiem Papier aus nachhaltiger Forstwirtschaft.

Inhaltsverzeichnis

Neue Sachlichkeit

Otto Dix: Großstadt

Die literarische Strömung der Neuen Sachlichkeit (ca. 1924–1932) vollzieht einen radikalen Bruch mit dem im 19. Jahrhundert vorherrschenden Menschenbild: An die Stelle des gefühlsbewegten Individuums tritt der sachliche Typus. Eine nüchterne Lebenseinstellung verbindet sich mit einer objektiven Haltung zur Wirklichkeit. Sie wird in Essays, Romanen, Erzählungen, Dramen und Gedichten ebenso gefordert wie dargestellt. Die Literaten fühlen sich an ihre Zeit gebunden und beschreiben sie in ihren Texten; es geht ihnen um die Darstellung der gesellschaftlichen Realität und um die Befindlichkeit einer ganzen Generation. Vor allem schreiben sie über die soziale Schicht der Angestellten und ihre Lebensweise

(Kracauer, Keun, Fallada, Kästner, Fleißer). Sie bejahen zunächst das Zeitalter von Wissenschaft und Technik und zeigen Menschen, die mit der fortschreitenden Industrialisierung in Einklang leben. Auf den ‚Besetzungslisten' der neusachlichen Texte stehen Ingenieure, Sekretärinnen, kaufmännische Angestellte, Arbeitslose, Filmschauspieler/innen, Boxer, Sportmädel, Rennfahrer, Kinogänger und Liebespaare; der zentrale Handlungsort ist die Großstadt. Die literarischen Werke zielen auf Massenwirksamkeit und bieten den Menschen in der Weimarer Republik längst überfällige Leitbilder für das Leben in der modernen Massen- und Mediengesellschaft. Aber dies ist nur eine Seite der Medaille. Die vorübergehende Stabilisierung der wirtschaftlichen und gesellschaftlichen Verhältnisse seit 1924 wird durch die Weltwirtschaftskrise von 1929 jäh beendet. Das böse Erwachen für die Menschen der Weimarer Zeit wird von den literarischen Figuren mitvollzogen – auch die Protagonisten der Neuen Sachlichkeit erleben die Kehrseite des modernen Kapitalismus: Sie werden arbeitslos.

Was heißt eigentlich ‚sachlich' – Vom neusachlichen Erzählen

Otto Dix: Bildnis des Photographen Hugo Erfurth

Die Neue Sachlichkeit ist eine literarische Epoche, deren Vertreter das Prinzip der Sachlichkeit nicht nur schreibend bearbeiten, sondern auch leben wollen. Indem man sich sachlich verhält, orientiert man sich an der harten Wirklichkeit und nicht an diffusen Gedanken und Gefühlen. Damit ist auch eine besondere Art des Erzählens verbunden, wie Frank Matzke in seiner weltanschaulichen Schrift „Jugend bekennt – so sind wir!" ausführt. Die Neue Sachlichkeit stellt sich gegen den Expressionismus, gegen „Schrei oder Geste"[1], gegen die Zurschaustellung von Emotionen.
In diesem Sinne hebt Egon Erwin Kisch 1925 im Vorwort zu seiner populären Reportagensammlung „Der rasende Reporter" auf die Bedeutung des reinen Tat-

[1] Frank Matzke: Jugend bekennt: So sind wir! Leipzig: Reclam, 3. Auflage 1930, S. 51.

sachenberichts ab. Der Journalist als nur registrierendes Medium soll Zeitaufnahmen machen, ohne sein Schreiben durch eigenes Denken und Fühlen zu (ver-)färben. Für die Literaten der Neuen Sachlichkeit wird dieser kurze Text Kischs zu einem Manifest für ihr eigenes Schaffen. Kurt Pinthus bestätigt dies indirekt, wenn er 1929 den von Kisch vorgestellten Stil in der neuen ‚männlichen', sprich: sachlichen Literatur verwirklicht sieht. Diese muss aber nicht zwangsläufig männliche Verfasser haben. Erika Mann betont in ihrem Aufsatz „Frau und Buch", dass es immer mehr Frauen gibt, die in ihren Romanen, Theaterstücken oder Aufsätzen ‚Reportage machen'. Aber nicht nur journalistische Formen werden zum Vorbild für die Schriftsteller, auch der moderne Film, wie der legendäre Dokumentarfilm „Sinfonie einer Großstadt" (1927) von Walter Ruttmann, der das Leben in Berlin darstellt, beeinflusst das sachliche Erzählen. Dies wird zum Beispiel bei Fritz Giese und Irmgard Keun sichtbar.
Ablesbar sind diese Prinzipien der Neuen Sachlichkeit an den Äußerungen und Handlungen verschiedener Romanfiguren, wie z.B. Irmgard Keuns Gilgi aus „Gilgi – eine von uns" (1931) oder Doris, der Heldin in Keuns „Das kunstseidene Mädchen" (1932). Zudem sind die von Matzke, Kisch, Pinthus und Co. vorgestellten Kriterien sachlichen Schreibens an stilistischen Eigenarten oder neuen Formen erkennbar, die von den Autoren entwickelt werden, um z.B. auf spezifisch sachliche Weise von inneren Zuständen zu berichten wie in „Gilgi". Darüber hinaus kennzeichnet das neusachliche Erzählen die Thematisierung des Schreibens selbst, so wie in Friedrich Schreyvogels „Tristan und Isolde" (1930).

Frank Matzke: Sachlichkeit Seite 238

„Sie schreien ‚Sachlichkeit' und sind nicht sachlich."
Bernhard Diebold. Seite 238

Erst bei Einigen zum Schlagwort, dann im Munde der Gegner zum Schimpfwort geworden, ist „Sachlichkeit" dennoch das erste und durchgehendste Zeichen unserer Generation.

Aber das Wort ist so vieldeutig[1], bezeichnet Inhalt wie Form, Niedriges neben Hohem. Und ist meist mißdeutet worden, mit „Seelenlosigkeit" und „Maschinenanbetung" gleichgesetzt, wo es doch in Wirklichkeit etwas ganz anderes meint.

Zunächst: Sachlichkeit ist ein Merkmal unserer Form, nicht unserer Inhalte. Es bedeutet nicht: selber Sache sein, sondern: sich sachlich verhalten – sich an die Sachen halten. Und läßt sich in wenigen Sätzen etwa zusammenfassen:

Sachlich sind wir, weil wir die Wirklichkeit der Dinge sehen und sie uns höher steht als des Menschen Gedanken darüber, sofern sie sich von den Dingen entfernen. Zweimal höher steht aber als des Menschen Gefühle darüber, als eines Abgeleiteten ohne Ursprünglichkeit.

---

[1] Man kann gegen unsere *neue* Sachlichkeit den Einwand hören, „Sachlichkeit" habe es immer gegeben. Jede ehrliche Wissenschaft zum Beispiel sei stets und selbstverständlich sachlich gewesen.
Dieser Einwand verwechselt Sachlichkeit in den Methoden mit Sachlichkeit im Lebensstil. Sachlichkeit in den Methoden hat es allerdings stets gegeben; in diesem Sinn wäre es in der Tat lächerlich, von einer *neuen* Sachlichkeit zu reden. Sachlichkeit in der Form des gesamten Daseins aber ist etwas durchaus anderes, liegt viel zentraler, greift viel weiter; schließt allerdings die Sachlichkeit in den Methoden (die „alte" Sachlichkeit) ein.

Sachlich sind wir, weil das Werk uns mehr gilt als sein Schöpfer, weil wir Autoreneitelkeit auf jedem Gebiet verachten, und weil uns unseres Nächsten Seelenleben weder interessant noch erforschenswert ist. Uns steht das Dingliche in seiner Allgemeinheit über dem Privat-Menschlichen in seiner Einmaligkeit.
Sachlich sind wir, weil uns die Anspruchs- und Sprachlosigkeit der Dinge näher steht als die Geschwätzigkeit menschlicher Gedanken und Gefühle. Weil unser Erleben daher sich an den Sachen entzündet, nicht an dem Menschlichen.
Sachlich sind wir daher, weil wir Übertragung menschlichen Erlebens auf den Andern nur durch die Sprache der Sachen aufzunehmen gewillt sind, nicht unmittelbar von Herz zu Herz.
Weil uns die Wirklichkeit der Dinge groß ist, unendlich; und weil alles Menschliche uns klein ist, bedingt und „herzlich". […]

2.
So stehen wir in einer hellen, klaren Welt. Man mag sie nüchtern nennen, wenn man vom Gestern kommt. Keine Dämmerung des Gefühls liegt über den Dingen, keine Schleier der Gedanken und Illusionen hängen vor ihnen. Lieber hart als warm; lieber häßlich und klar als „schön" und verhüllt. […]
Denn das ist der zweite Unterschied von dem Gestrigen: wir tragen unsere Gefühle nicht zur Schau. Und weil es gestern so war, daß jeder, der Gefühle hatte, sie seinem Nächsten zeigte, ja, daß Viele sich etwas zu zeigen bemühten, was sie in Wirklichkeit gar nicht hatten, so schließt man, mit dem Finger auf uns deutend: sie zeigen keine Gefühle, also haben sie keine. Der Unter-

gang der Welt, oder doch der Kultur, stehe somit bevor.

Die Masse war immer nur die Oberfläche der jeweiligen Kultur. Zur Zeit als Storm und das Gefühl herrschten, war es üblich, gefühlvoll zu sein. So ist es heute in der Menge üblich, „gefühllos“ zu sein. Da hat sich innerlich nicht viel geändert; nur die Schale ist anders geworden. Will man darüber jammern? […]

Seite 238

4.

Was uns ferner kennzeichnet in allen Lebenslagen – also durchgehender Zug unserer Haltung ist – sind Ernst und Zurückhaltung, ja Verschlossenheit.

Daß wir ernst sind, wird durch lärmende Tanzunterhaltungen nicht widerlegt. Auf dem Grunde unseres Lärmens und Tollens steht immer derselbe Zug: wir sind in eine harte Welt gestellt, stützen- und führerlos. Uns gängelt niemand; wir stehen ganz auf eigenen Füßen. Die Wurzeln dieses Ernstes wachsen aus verschiedenen Böden; im folgenden wird von ihnen vielfach die Rede sein. Er ist da, ganz unabhängig von etwaigen äußeren oder inneren Sorgen; es hat ihn auch der, dem es in jeder Beziehung „gut“ geht. […]

Wir sind nicht danach beschaffen, an die große Glocke zu hängen, was uns nahe geht. In unseren Briefen reden wir von Sachlichem lieber als von Gefühlen. Ein Kurszettel ist uns lieber als der hemmungs- und zuchtlose Erguß des lieben Nachbars, sei er gesprochen oder geschrieben. „Denn es ist eine verschwiegene, bei allem Reklamegeschrei zurückhaltende, fast keusche Zeit, die lieber den Vorwurf der Oberflächlichkeit erträgt als das Lob seelischen Gehaltes und inneren Wertes. Es ist vielleicht sogar eine tiefe Zeit.“

regelmäßig erscheinende Liste aller Börsenkurse

Wir sind stiller und auch ruhiger geworden. Wir setzen innere Ergriffenheit nicht mehr in äußere Bewegung um, in Schrei oder Geste. Wir sind keine „Expressionisten“ mehr. Für uns ist es taktlos, sein Inneres nach außen zu wenden: unanständig im tiefsten Sinn. Für uns sind innere Vorgänge und Erschütterungen nicht dazu da, damit von ihnen die Rede sei, sondern damit über sie geschwiegen werde. Es heißt nicht, für der Menschheit große Gegenstände kämpfen, wenn man von ihnen redet, sich von ihnen ergriffen zeigt. Das Schweigen und die Tat stehen höher als Gefühl, das redet, aber sonst nichts tut. Diese Haltung der neuen Generation hat den Expressionismus in der Dichtung erledigt.

Diese Ruhe zeigt auch unser Stil. Die Urwörter des Expressionisten sind die Verba gewesen; er hat sie nebeneinander gestellt, konnte sie nicht „steil“ genug bekommen; sie trugen sein Daseinsgefühl. Dagegen sehe man unsere Sätze: hier herrscht das Substantiv; hier sind oft Sätze ganz ohne Verba; wo aber Verba sind, werden sie oft in der Partizipialform verwendet, ihres Bewegungscharakters entkleidet und in einen Zustand verwandelt.

Plural von Verb: Verben

Egon Erwin Kisch: Der rasende Reporter – Vorwort

Einleitend darf dieses Buch Bedeutung für sich ansprechen, ohne daß damit ein Lob des Autors ausgesagt wäre. Im Gegenteil: „Ganz gewöhnliche oder platte Menschen können vermöge des Stoffes sehr wichtige Bücher liefern, indem derselbe gerade nur ihnen zugänglich war, zum Beispiel Beschreibungen ferner Länder, seltener Naturerscheinungen, angestellter Versuche, Geschichte, deren Zeugen sie gewesen oder deren Quellen aufzusuchen oder speziell zu studieren sie sich Mühe und Zeit genommen haben.“

Die spärlichen Versuche, die gemacht werden, die Gegenwart festzuhalten, die Zeit zu zeigen, die wir leben, leiden vielleicht daran, daß ihre Autoren eben nicht die „ganz gewöhnlichen Menschen“ im zitierten Schopenhauerschen Sinne sind. [Seite 238 f.] Ihre Memoiren sind Rechtfertigungen, ihre Artikel sind Tendenz, ihre Bücher sind von ihrem Standpunkt geschrieben, – also von einem Standpunkt.

Der Reporter hat keine Tendenz, hat nichts zu rechtfertigen und hat keinen Standpunkt. Er hat unbefangen Zeuge zu sein und unbefangene Zeugenschaft zu liefern, so verläßlich, wie sich eine Aussage geben läßt, – jedenfalls ist sie (für die Klarstellung) wichtiger als die geniale Rede des Staatsanwalts oder des Verteidigers.

Selbst der schlechte Reporter, – der, der übertreibt oder unverläßlich ist, – leistet werktätige Arbeit: denn er ist von den Tatsachen abhängig, er hat sich Kenntnis von ihnen zu verschaffen, durch Augenschein, durch ein Gespräch, durch eine Beobachtung, eine Auskunft. [übt einen Beruf aus]

Der gute braucht Erlebnisfähigkeit zu seinem Gewerbe, das er liebt. Er würde auch erleben, wenn er nicht darüber berichten müßte. Aber er würde nicht schreiben, ohne zu erleben. Er ist kein Künstler, er ist kein Politiker, er ist kein Gelehrter, – er ist vielleicht jener „platte Mensch“ Schopenhauers, und doch ist sein Werk „vermöge des Stoffes sehr wichtig“.

Die Orte und Erscheinungen, die er beschreibt, die Versuche, die er anstellt, die Geschichte, deren Zeuge er ist, und die Quellen, die er aufsucht, müssen gar nicht so fern, gar nicht so selten und gar nicht so mühselig erreichbar sein, wenn er in einer Welt, die von der Lüge

unermeßlich überschwemmt ist, wenn er in einer Welt, die sich vergessen will und darum bloß auf Unwahrheit ausgeht, die Hingabe an sein Objekt hat. Nichts ist verblüffender als die einfache Wahrheit, nichts ist exotischer als unsere Umwelt, nichts ist phantasievoller als die Sachlichkeit.
Und nichts Sensationelleres gibt es in der Welt als die Zeit, in der man lebt!
Der Reporter dient der Sensation, – das liegt in dem Fremdwort, unter dem man sich den Berichterstatter amerikanischen Tempos denkt. Unamerikanisch ist vielleicht die Unabhängigkeit von der Augenblickswirkung, ist vielleicht der Wille zur Sachlichkeit, zur Wahrheit. Ist sie in diesem Buche gegeben?
Die nachstehenden Zeitaufnahmen sind nicht auf einmal gemacht worden. Subjekt und Objekt waren in verschiedensten Lebensaltern und in verschiedensten Stimmungen, als die Bilder entstanden, Stellung und Licht waren höchst ungleich. Trotzdem ist nichts zu retuschieren, da das Album heute vorgelegt wird.

Kurt Pinthus: Männliche Literatur

„Männliche Literatur" steht hier nicht nur als Gegensatz und Gegenwort zu feministischer Weichlichkeit, mit der letzthin allerlei Epheben verschiedenen Alters den Anschein der Poesie oder die Poesie selbst zu erwecken versuchten, – sondern insonderheit als Gegensatz und Gegenwort zu jener expressionistischen Dichtung etwa der Jahre 1910 bis 1925, in welcher der Jüngling, der schreiende, fordernde, revoltierende Jüngling die Hauptperson war.
Der Jüngling: Typ rebellierender Untergangsahnung der

Epheben: in der griech. Antike junge Männer, die sich im Wehrdienstalter befinden, hier eventuell abwertend im Sinne von Lesben gebraucht

Vorkriegszeit. Typ aufbrüllenden Schlacht-Opfers, Typ menschlichkeitsheischenden Zukunftswillens, – diese übersteigerte Jünglingsgestalt rief in übersteigerter Sprache übersteigerte Proteste, Forderungen, Ideen heraus, deren Form und Formulierung damals – so – notwendig und wirksam war. In Lyrik, Drama, Erzählung war der Jüngling Zentralfigur, deren Leuchten die anderen Gestalten überhaupt erst ins Licht riß. Es scheint, daß Glut und Wut dieses Jünglingstyps jetzt verlodert ist ... und aus der Asche des Hingesunkenen steigt triumphal empor: der Mann.

Der Mann oder Männer, selbst wenn dem Alter nach Jünglinge oder Knaben, sind Helden der charakteristischsten Bücher und Dramen der letzten Jahre. Nicht auf das Jünglingstum, – auf das Mannwerden oder Mannsein kommt es an. Der Stil dieser Bücher, tastend versucht oder natürlich gekonnt, ist unpathetisch, unsentimental, schmucklos und knapp; manche nennen diese Technik: „Neue Sachlichkeit". Warum „neue" Sachlichkeit? Sie ist sachlich, ist männlich, ist Ausdrucksform des Mannes, wenn man unter Mann nicht das Kraftprotzentum völkischen Männlichkeitsbegriffs begreift, welcher eben in seiner verlogenen Heroisierung sentimental, verstiegen, also unmännlich ist. Eher läßt sich diese Sprache: ohne lyrisches Fett, ohne gedankliche Schwerblütigkeit, hart, zäh, trainiert, dem Körper des Boxers vergleichen.

Während der Jüngling des Expressionismus durch aufgerissenes Gefühl, aufreißendes Wort, zukunftheranreißende Idee wirkte, Wirklichkeit, Natur und Kosmos sprengte, um „aus dem Geist" eine neue Welt zu schaffen, – bemüht sich die gegenwärtige Literatur: Dinge, Ereignisse und Empfindungen mit kurzem, scharfem

Blick und Wort zu fassen, begnügt sich der Mann mit der klaren, oft handwerklichen Tat, mit realer Wirkung im kleinen Bezirk. Nicht das Unerreichbare, Ferne, Unendliche, sondern das Greifbare, Bescheidene, Wirkliche wird gesucht; das Gegebene wird hergenommen, um überwältigt zu werden. Die Erscheinungen der Realität werden nicht übersteigert oder zur Explosion gebracht, sondern beim rechten Namen genannt. Der Wert der Idee wird nicht mehr zu propagandistischer Überwertung getrieben, sondern die Idee tritt kaum noch als bewegendes Element in Kraft; die Tatsache ist treibendes Motiv des Kunstwerks und zugleich unmittelbares Objekt der dichterischen Technik. Die abstrakten Tätigkeitswörter „erfassen" und „dichten" wurden gleichbedeutend mit den konkreten „fassen" und „dicht machen".

Jeder, der noch Illusionen hat, kriegt in den neuen Büchern vom Schicksal eins über den Schädel, daß ihm nicht nur Hören und Sehen vergeht, sondern daß er zugleich Hören und Sehen lernt, vertraut nun mit der Wirklichkeit und vertrauend auf die Wirklichkeit. Die Reportage erhebt sich ins Bereich [sic!] der Dichtung, und der Bericht wird zur Kunstform. Diese männliche Literatur ist bestrebt, mit der Exaktheit wissenschaftlichen Beobachtungs- und Formulierungsstils zu arbeiten, während zu gleicher Zeit viele wissenschaftliche Werke von der dichterischen Intuitionskraft leben. […] Denn, das dürfen wir nicht übersehen, und darauf kommt es an: all diese Bücher Älterer und Jüngerer, zu
Seite 239 f. denen auch A. Zweig, Vring, Kessel, Süskind, Birkenfeld
Seite 240 gehören, diese nüchternen, unbarmherzigen Bücher wirken, obwohl sie Bericht, Reportage, Chronik sich annähern, auf heutige Menschen aufwühlender und un-

mittelbarer als frühere „Dichtung“, – können aber doch nur so wirken, weil sie letzten Grundes dennoch mehr als Bericht, Reportage, Chronik sind, nämlich Weg zu anderer, zeitgemäßer, zukunftsträchtiger Dichtung.

Es wurden bis jetzt nur Bücher von Männern genannt. Aber auch Bücher von Frauen dieser Generation wirken männlich … durch ihre sachliche Kraft, Menschen, Schicksale, Wirklichkeit unheimlich einfach darzustellen, nicht nur die Frauen-Literatur aller früheren Epochen, sondern manchmal sogar die gleichzeitige männlicher Autoren übertrumpfend. Der Kleistpreis des Seite 240 letzten Jahres wurde dem Autor Seghers zuerteilt für Seite 240 das Buch Aufstand der Fischer von St. Barbara, Seite 240 eine mitleidslos rauhe Chronik aus dem Leben armer Fischer, deren Empörung sogleich wehrlos und stumpf gemacht wird. Hätte man nicht infolge dieser Auszeichnung erfahren, daß Seghers mit Vornamen Anna heißt, niemand hätte vermutet, daß dies Buch von einer Frau geschrieben ist. Man lese solchen Satz: „Da kam Kedenneks Frau, sie war schwanger, aber so hager, daß ihr Bauch wegstand, wie ein Knorz von einer dürren Wurzel.“

Man lese die Novellen und Dramen der Marieluise Seite 240 f. Fleißer aus Ingolstadt. Wo in der Welt hat eine Frau so schaurig sicher, so grausam aufdeckend Dunkelstes und Unbeschreiblichstes der Menschennatur in einem äußerlich naturhaft-derbschlächtigen, innerlich derart differenzierten Stil geschrieben? Diese weiblichen wie die vorgenannten männlichen Autoren enthüllen nicht nur die Tatsachen, sondern auch die Nerven jeder Erscheinung, selbst wenn sie uns noch so leblos erscheint. Man lese schließlich ein scheinbar weiblicheres, weiches Buch: Die Verliebten von Gina Kaus. Wo ist so fana- Seite 241 tisch, mit fast pedantischer Penetranz, alle Illusion im Dasein liebender Menschen, jeder Glaube an fremdes und eigenes Gefühl, zerstört worden – vermittels einer bewußt individualpsychologisch exakten Methode?

In all diesen Büchern ist die Liebe niemals mehr das „große kosmische Erlebnis“, von welchem der Hauptteil der europäischen Literatur jahrhundertelang lebte. Das Liebeserlebnis als große Angelegenheit geht hier stets fast lächerlich in die Brüche; es bleibt nur: Naturnotwendigkeit. In einigen dieser „Romane“ kommen Frauen und Liebe überhaupt nicht vor, sonst werden sie mit betonter Unsentimentalität behandelt. Das Motiv der Liebessehnsucht, des durch Trennung gesteigerten Liebesgefühls, schaltet aus; wie Arbeit, wie Hunger ist die Frau für den Mann, der Mann für die Frau schlechthin da. Man nimmt sich, gibt sich, ohne viel Getu und Geschrei. Von der durch literarische Betätigung vieler Generationen erzielten Problematisierung der Liebe wird so wenig Wesens gemacht, wie zu finden ist, wenn man sie als selbstverständlich-natürlichen Vorgang betrachtet.

Schließlich muß aber noch einmal gesagt sein, daß diese Literatur trotz ihrer zerstörenden Elemente festigend, weil klärend und kritisch wirkt; daß sie trotz ihrer Nüchternheit durch Summierung des Tatsächlichen aufregt; daß in dieser harten Darstellungsart jedes aufkeimende
Seite 241
Urgefühl als blaue Blume der Romantik wirkt, wie auf Felsgestein ein bescheidenes Pflänzlein.

Erika Mann: Frau und Buch

Es ist kein schlechtes Bild: eine Frau mit einem Buch. Sie sitzt lesend im Garten – sie liest den Kindern vor; während sie liest und sinnt, geht der Mann den unbarmherzigen Geschäften nach. War's nicht so, von alters her? Sie versteht vieles nicht, was die Dichter schreiben, aber sie hat eine Art, es doch zu spüren, sie kann ganz versinken im Buch. Wenn sie ein wenig klüger ist und Verstand für die Sprachen hat, dann kann sie selber Bücher übersetzen. Sie tut es oft besser als die Männer – kraft ihrer Schwäche, ihres Anlehnungsbedürfnisses und -vermögens. Der Mann, vor allem, wenn er selber schreibt oder zu schreiben wünscht, fällt oft in Eigenwilligkeit, sein Stil, der dem Original nicht ähnlich ist, setzt sich hartnäckig durch, der Leser kriegt ein schiefes Bild: die Meinung des einen in der Sprache des anderen.

alters: früher

„Wollen Sie eine reizende Schriftstellerin kennenlernen, dann kommen Sie heute abends ins Romantische Café!" Wer sagt zu solch einer Aufforderung gleich „ja" aus voller Brust? Es scheint eher, daß man „ach" sagt, oder „muß das sein?" oder „reizend?" – Eine Schriftstellerin? Wirklich? – Eine Ahnung von Blaustrumpf und unbefriedigter Intellektualität steigt auf, eine Furcht vor aggressiver Wichtigtuerei und gewinnsüchtiger Betriebsamkeit, die ungerecht ist, bei Gott, sie ist ein bißchen ungerecht, ein kleines bißchen. Es gibt reizende Schriftstellerinnen, und man weiß, daß es sogar gute gibt.

Romantische Café: bekannter Treffpunkt für Künstler und Intellektuelle am Kurfürstendamm in Berlin

Blaustrumpf: Spottname für eine gelehrte Frau

Die Frage, ob die Frau ohneweiteres schreiben soll, gleich Bücher schreiben, wenn sie glaubt, daß sie es könnte, steht offen. Aber sicher sollte sie sich den Entschluß härter ankommen lassen als der Mann. Die Chance, daß es gut, die Chance, daß es menschenmöglich wird, ist geringer. Die Persönlichkeit der Frau hat so viele Wege, sich zu äußern, und sie tut es auf so vielfältige Manier. Aber sie muß sehr stark und sehr konsequent sein, diese Persönlichkeit, wenn sie auf dem Papier sich durchsetzen will.

Seit kurzem gibt es einen neuen Typ Schriftstellerinnen, der mir für den Augenblick der aussichtsreichste scheint: Die Frau, die Reportage macht, in Aufsätzen, Theaterstücken, Romanen. Sie bekennt nicht, sie schreibt sich nicht die Seele aus dem Leib, ihr eigenes Schicksal steht still beiseite, die Frau berichtet, anstatt zu beichten. Sie kennt die Welt, sie weiß Bescheid, sie hat Humor und Klugheit, und sie hat die Kraft, sich auszuschalten. Fast ist es, als übersetzte sie: das Leben in der Literatur, in keine ungemein hohe Literatur, aber doch in eine brauchbare, anständige, oftmals liebenswerte.

eine der Hauptverkehrsstraßen Berlins

Gestern habe ich auf dem Hohenzollerndamm einen Herrn getroffen, mittelalt. Der Herr war ein Träumer, er schaute in den Himmel, und ich hätte ihn mit dem Auto beinahe umgefahren. Er sagte zu mir: „Weibervolk, verdammtes, schert euch in die Küche." – Diesem Herrn widme ich diesen Aufsatz.

Seite 241 f.

Irmgard Keun: Gilgi – eine von uns

Seite 242
Seite 242
Seite 242 f.

Ob ich lese? Jaaa – ich les' Zeitungen, am liebsten die dicken Sonntagsausgaben und den ‚Uhu', und Remarque hab' ich gelesen, der hat mir gefallen. Und dann les' ich Jack London und Colin Roß und Bengt Berg. Von dem hatt' ich neulich ein Buch – von einem kleinen Lappenkind, das ganz einsam aufgewachsen ist, und alles, was es an Schwerem und Traurigem mitmacht, das kann ich so verstehn, das sind so wirkliche Sorgen, nicht so Probleme, die furchtbar überflüssig sind. Moderner Weltschmerz ist mir zum Brechen. Weißt du, wer gesund ist und keinen Hunger hat, der hat einfach kein Recht, unglücklich zu sein.

Friedrich Schreyvogel: Tristan und Isolde

Seite 243

Es läutet, und unser Körper öffnet. Er läßt einen Herrn mittleren Alters eintreten, den er freundlich begrüßt und in das Zimmer führt, das vom Schreibtisch regiert wird. Es ist bald ein Gespräch im Gang, das sehr warm beginnt. Aber immer wieder erkälten in beiden ganz neue, gleichsam noch ungeschmolzene Gedanken den Fluß der Rede.

Im übrigen führen sie ein einfaches und praktisches Gespräch. Unser Körper, das ist der Dichter unserer Begebenheit, hat soeben seinen Verleger empfangen und unterredet sich mit ihm über das nächste Werk.

Der Verleger macht sich hierbei zum Sachwalter des Käufers, der ihn und also auch den Dichter nährt. Diese Würde gibt seiner Rede, wie ein unsichtbar vor den Mund gehaltener Trichter, verstärkten Widerhall, und der Dichter fühlt auch, was er von ihm fordert, sehr mächtig an das unwillige Ohr dringen.

Fürsprecher für die Interessen eines anderen

„Sie müßten jetzt einmal die Wirklichkeit beschreiben, lieber Freund," sagt der Verleger. Bei dem Wort Wirklichkeit schwingt er die Hand kreisförmig aus, als könne er dem Dichter die ganze sichtbare Welt einfangen und zur Auswahl stellen.

Der Dichter schweigt, als denke er angestrengt darüber nach, und der Verleger läßt indessen einen langen Blick, der nicht ohne Güte ist, auf dem jungen Mann ruhen.

Eigentlich ein vernünftiger Mensch! denkt er. Er läßt sich wenigstens etwas sagen.

Aber die Spanne Zeit, die er der inneren Läuterung seines Dichters zugewendet glaubt, spürt keineswegs der so freigebig angebotenen Welt, sondern jener dunkel zwischen rauschendem Wasserfall und tödlichem Zauber der Liebe verklingenden Botschaft nach, die er in der vergangenen Nacht in sich geborgen ahnt. Greift er jetzt nur stark in seine Tiefe, muß er sie doch als eine neue Wirklichkeit von schimmernder Frische an den Tag heben können. „Gut, ich werde Ihnen etwas Wirkliches schreiben," sagt er dann mit einer plötzlichen Nachgiebigkeit, die nicht frei von List ist.

Der Verleger ist zufrieden. „Also ein Zeitroman! Greifen Sie zu! Schneiden Sie sich nur aus der Wirklichkeit heraus, was Sie brauchen."

Der Dichter nickt darauf williger, als man auf eine so billige Empfehlung hin hätte erwarten können. Aber er verbindet damit eine Gegenfrage. „Gut, ich werde schneiden! Doch was sehen Sie, wenn Sie in Wirklichkeit und Begebenheiten, kurz, wenn Sie ins lebendige Fleisch hineinschneiden?" „Natürlich Blut," sagt der Verleger und weiß nicht, wo das hinaus will.

Der Dichter ist zufrieden. „Im Innern der Wirklichkeit ist immer zuletzt Blut, Blut ist also noch wirklicher als jede andere Wirklichkeit. Was aber ist nun wieder ganz innen im Blut? Die Liebe. Die Liebe ist also das Wirklichste. Ich werde Ihnen einen Liebesroman schreiben!"

Der Verleger lacht gefällig, er wird doch eine solche Behauptung nicht gleich ernst nehmen! „Einen Liebesroman! Vielleicht gar Tristan und Isolde? Oder Hero und Leander? Einen Liebesroman im Auto, im Aeroplan, im Maschinensaal? Sie sind heute sehr lustig!"

Seite 243
Seite 243
Flugzeug

Den Dichter überströmt schon eine Fülle von Bildern. Er sieht den Karst der Maschinen, der kalten Städte, der leer gelebten Menschen vor sich. Wie herrlich, bräche gerade aus ihnen wieder der tausendjährige, der ewige Blutfall der Liebe hervor. Welches Schauspiel, wenn sein Tosen allen Lärm der Motoren, der Rechenmaschinen, der Zahlen übertönte! Er wird es allen zeigen: seht her, noch immer wird das wahre Leben nur von der Liebe getrieben, gejagt, vernichtet. Läßt sich ein Liebesstrom ergreifender lenken als mitten durch Eisen, Zement und kalte Seelen hindurch, an tobenden Motoren vorbei? „Ja, Tristan und Isolde im Automobil!“ nickt der Dichter.

Landschaft

Fritz Giese: Girlkultur

Seite 243

Die Kultur der Motorik durch den Film ist aber vor allem durch zweierlei sympathisch. Erstlich kommt das Hintereinander der Auffassung der breiten Masse entgegen. Wie wenig unsere Leute in diesem Sinne auffassen, erhellt aus Studien, die jedermann machen kann, wenn er wissenschaftlich das Publikum im Film beobachtet und nachsieht, welche Zeit vergeht, bis ein Witz verstanden oder ein gekurbelter Zusammenhang voll erfaßt wird. Sehr kennzeichnend und für unsere Frage wesentlich ist dabei die Entdeckung, daß beim amerikanischen Film die Titel kürzer stehenbleiben und daß die Situationen viel eher wechseln. Unser Publikum kam anfänglich nicht mit und die deutschen Einfügungen müssen oft künstlich in der Zeitdarbietung verlängert werden; sonst begreift die Masse nicht. Das Auffassungstempo der amerikanischen Menge muß entschieden viel frischer, beschleunigter, die allgemeine Intelligenz labiler sein als unsere. Und die Umstellungsfähigkeit auf Situ-

gemeint sind Zwischentitel

flexibler, intelligenter

ationswechsel ist drüben zweifelsohne, wenn die Filmbeobachtungen recht haben, erheblich gewandter (daß dies richtig sei, erweisen nebenbei bemerkt auch vergleichende Untersuchungen auf experimentell-psychologischem Gebiete). Diese Labilität wird durch den Film erzogen, ja man ist gewöhnt, durch das sukzessive Abfolgen der Dinge in gleicher Form auf das Leben zu achten, vielleicht sein eignes Leben ein Hintereinander von Filmbildern werden zu lassen. „Verweile doch, du bist so schön;" das ist zeitungemäß im Film. Und so kommt man zum zweiten Erlebnis: der Film vermittelt, ähnlich wie jene Jazzbandtänze, den „Strom der Zeit" sehr unmittelbar. Nicht nur die Auffassungsunterstützung im Hintergrunde des Geschehens, sondern eben auch dieses Vorüberhuschenlassen der Zeiten, das dauernde Wechseln im Rhythmus des Zeitstromes: das erlebt der naivste Mensch hier, daran gewöhnt er sich durch Kinobesuch. Er lernt eine gewisse Wechselfreude, er bekommt die Rhythmik des Ablaufs oft auch vorgeführt. So sieht er den Impuls der Maschinensäle, den Strudel der Stadt, die Woge des Verkehrs unmittelbar gekurbelt. So hasten Gestalten und Charaktere an ihm vorüber, wann und wie lange es ihm behagt. Strindberg, der in seiner Dramaturgie sehr deutlich unsere Unfähigkeit, die behäbige Breite fünfaktiger Trilogien zu ertragen, erkannte, der zu seinem Einakterprinzip aus diesem Grunde kam, ist durch die Filmkultur überholt. Welchen ungeheuren Einfluß dieses alles auf unsere Struktur haben kann und wie, verstärkt durch Gesichtspunkte des wirtschaftlichen Zusammenhanges, in Kürze eine Kultur der Konzentration des Ausdrucks jeder Gattung, Platz beanspruchen wird, das lehrt das Studium der Literatur, der Gespräche wie der Briefe jeden Einsichtigen! Die Romane werden

Zitat aus Johann Wolfgang Goethes „Faust I"

Seite 244

kürzer, die Abhandlungen konzentrierter, die Briefwechsel hören auf und die Gespräche sind durch zeitgebundene Telephonate ersetzbar. So ist es jedenfalls heute. Dostojewski ist noch zu ertragen aus der Breite seiner Zeit und der Tiefe des Fernblicks. Thomas Mann wirkt bereits oft unerträglich als Kunstwerk und hat dann nur lexikalische Bedeutung: Der ‚Zauberberg' ist ein Nachschlagewerk, kein Roman. So haben Drei- und Einakter die Bühne gewonnen. So wird der Film heute nur noch aus spekulativen Gründen gelegentlich vielteilig. Diese Menschen mit dieser Mentalität wünschen konzentrierte Kürze im Können, rhythmische Zusammenfassung alles dessen, was man mitteilen will!

Seite 244
Seite 244
Seite 244 f.

Irmgard Keun: Das kunstseidene Mädchen

Seite 245

Und ich denke, daß es gut ist, wenn ich alles beschreibe, weil ich ein ungewöhnlicher Mensch bin. Ich denke nicht an Tagebuch – das ist lächerlich für ein Mädchen von achtzehn und auch sonst auf der Höhe. Aber ich will schreiben wie Film, denn so ist mein Leben und wird noch mehr so sein. Und ich sehe aus wie Colleen Moore, wenn sie Dauerwellen hätte und die Nase mehr schick ein bißchen nach oben. Und wenn ich später lese, ist alles wie Kino – ich sehe mich in Bildern. Und jetzt sitze ich in meinem Zimmer im Nachthemd, das mir über meine anerkannte Schulter gerutscht ist, und alles ist erstklassig an mir – nur mein linkes Bein ist dicker als mein rechtes. Aber kaum. Es ist sehr kalt, aber im Nachthemd ist schöner – sonst würde ich den Mantel anziehn. Und es wird mir eine Wohltat sein, mal für mich ohne Kommas zu schreiben und richtiges Deutsch – nicht alles so unnatürlich wie im Büro. […]

Colleen Moore (1900–1988): einer der größten amerikanischen Stummfilmstars und gilt als Vorbild für den emanzipierten und genussorientierten Mädchentyp des *flappers*

Und habe mir ein schwarzes, dickes Heft gekauft und ausgeschnittne weiße Tauben draufgeklebt und möchte einen Anfang schreiben: Ich heiße somit Doris und bin getauft und christlich und geboren. Wir leben im Jahre 1931. Morgen schreibe ich mehr.

Seite 241 f.

Irmgard Keun: Gilgi – eine von uns

Frühmorgens, eine Viertelstunde vor Ablaufen des Weckers kommt Frau Kron in Gilgis Zimmer und setzt sich zu ihr auf den Bettrand. Mit ihren braven, rauhen Hausfrauenhänden streicht sie über Gilgis nackte Arme, ihre mageren Kleinmädchenschultern. Einen Augenblick lang spürt Gilgi keine Lust, über die ungewohnten Zärtlichkeiten zu staunen, noch sie abzuwehren. Die vertraute Körpernähe der Mutter, der leichte Kernseifengeruch ihrer Hände versetzen sie in einen Zustand animalischen Wohlbehagens und nestwarmer Geborgenheit.

Im Kölner Dialekt wird „G“ am Wortanfang wie „J“ gesprochen.

„Jilgi, mein Kind, du hast mich doch lieb, nicht wahr?“
„Was ist los?“ Gilgi fährt auf und sieht erschrocken und mißtrauisch aus.
„Du hast mich doch lieb, nicht wahr, Julig?“ Gilgi sieht die Mutter an: ihre fleischigen Wangen sind heißrot gefärbt wie nach besonders geschäftigen Wasch- oder Kuchenbacktagen. Gilgi begreift, daß die Frage nur eine Einleitung ist, weiß der Himmel wozu. Komische Einleitung. Überflüssige Frage. Sie hat nie darüber nachgedacht, ob sie die Mutter lieb hat. Mitleidig streift ihr Blick über Frau Krons breiten, verfetteten Rücken.
„Jilgi, du wirst heute einundzwanzig Jahr alt.“
„Das weiß ich.“
„Tja“, sagt Frau Kron und wieder „tja“, dann schweigt sie. Ihre blassen, vollen Lippen bewegen sich, zittern.

„Nu' red' schon, Mutter." Frau Kron schweigt. Gilgi schiebt ungeduldig ihre langen, schmalen Füße unter der Bettdecke vor – sie könnte schon immer ihre Turnübung machen.
„Jilgi!" Frau Krons Stimme klingt hoch und trocken, „du bist nämlich nicht unser Kind."
Gilgi vergißt zu atmen.
„Was – hast – du – da – gesagt?"
„Du bist nicht unser Kind."
„So!" Gilgi begreift nicht ganz. Zehn Minuten später hat sie begriffen. „So", macht sie noch einmal.
Immer schön fest auf den Füßen stehn, ja nicht wackeln. Wenn weiter nichts ist. Ihr Gesicht ist gleichmütig, sie reagiert nach innen.
„In zwanzig Minuten bin ich am Kaffeetisch, Mutter."
Frau Kron begreift, daß sie gehen soll. „Nimm's dir nicht weiter zu Herzen, Kind."
„Nein", sagt Gilgi und macht die erste Rumpfbeuge. Frau Kron geht.
Immer hübsch fest auf den Füßen stehn. Auf – nieder. Ihr soll's nur recht sein so. Warum wohl mit dieser Eröffnung ausgerechnet bis zu ihrem einundzwanzigsten Geburtstag gewartet wurde? Es fällt ihr nicht ein, sich durch solche Sachen aus dem Gleichgewicht bringen zu lassen. Soll sie erschüttert sein? Verlangt man heftige Gemütsbewegungen von ihr? Muß sie etwas Besonderes tun? Wie benimmt man sich in solchem Fall?
Eine kleine Näherin ist ihre Mutter. Vater unbekannt. Von Proletariern stammt sie ab. Das freut sie, denn sie hat nie Wert darauf gelegt, zur bürgerlichen Gesellschaft zu gehören.
Gilgi geht in das Plüschzimmer. Der Washington, das tuchene Rechteck, der zeitungslesende Herr Kron – al-

Im Wohnzimmer der Krons hängt ein Bild von George Washington (1732–1799), dem ersten US-amerikanischen Präsidenten.

les ist ihr genau so fremd, wie es ihr immer war. Nicht mehr, nicht weniger. Auf dem Tisch steht der übliche Geburtstagsnapfkuchen mit den schönen, regelmäßigen Ondulationswellen. Über die Sofalehne gebreitet liegen Frau Krons Geschenke: dunkelblauer Seidenstoff für ein Kleid, lange weiße Glacéhandschuhe (beides mit Gilgi zusammen gekauft) und aus eigenem Antrieb eine Flasche Eau de Cologne und eine unverwendbare Tasche. In der Tasche steckt Herrn Krons jährliches Geburtstagsgeschenk: ein Fünfzigmarkschein.

Ondulationswellen: mit einer Brennschere hergestellte gleichmäßige Haarwellen

Glacéhandschuhe: glänzender (Seiden-) Handschuh

„Danke, Vater." Gilgi gibt Herrn Kron die Hand. Er sieht von der Zeitung auf.

„Laß' dir jut jehn, im neuen Jahr, Jilgi, bleib jesund und – denk' jaanich mehr an das, was dir Mutter eben jesaacht hat."

jut jehn: gut gehen

jesund: gesund

jaanich: ja nicht, Seite 245

jesaacht: gesagt

„Tu' ich schon jetzt nicht mehr, Vater."

„Na, denn is man jut."

„Danke, Mutter." Gilgi küßt Frau Kron auf die Schläfe.

„Jefalln dir die Sachen, Kind? Der Stoff is dekatiert. Was sagste zu der Tasche?"

Jefalln: gefallen

dekatiert: Der Stoff wurde mit Wasserdampf behandelt, um nachträgliches Einlaufen zu vermeiden.

„Wunderschön, Mutter." Gilgi hält die Tasche in der Hand. Die Mutter guckt so ängstlich und erwartungsvoll, man muß noch was sagen, aber was, was, was? „Wunderschön, wirklich, wun …" Die erwartet nun was, hat sich Sorgen gemacht, nun muß man was sagen, irgendwas mit Liebe und Gefühl, aber das geht doch nicht so auf Kommando, gerade weil's erwartet wird, geht's nicht, da schiebt sich ein Riegel vor, fester, immer fester … „Ich – also – wunderschön, wirklich … also, ich – bin so froh, Mutter – wirklich." Ufff, Gilgi sinkt auf den Stuhl. Wo andre Leute nur immer im richtigen Augenblick die richtigen Worte hernehmen mögen?

„Iß, Jilgi, trink, Jilgi." Iß, Gilgi, trink, Gilgi. Sie würgt am Napfkuchen, hat keinen rechten Appetit. Iß, Gilgi, trink, Gilgi! Verflucht anständig von den Leuten. Haben mir einundzwanzig Jahre hindurch Wohnung gegeben, Essen und Trinken. Haben mich was lernen lassen. Der Mann da, der da die Zeitung liest und den ich eigentlich nichts angehe, schenkt mir jedes Jahr fünfzig Mark. Warum? Die dicke Frau da, die hat fünf Nächte lang geheult und nicht geschlafen, damals, als ich Scharlach hatte. Warum? Iß, Gilgi, trink, Gilgi. Und ich? Womit hab' ich bezahlt? Verdammt, ich hab' Schulden.

„Noch ein Stück Napfkuchen, Jilgi?"

„Danke, Mutter." Ob ich nächstens mal mit ihr zum Kränzchenkaffee gehe? Sinnlos verschwendete Zeit. Ob ich jetzt abends immer zu Hause sitzen soll? Sinnlos verschwendete Zeit. Jedes Beisammensein mit euch ist sinnlos verschwendete Zeit. War's, ist's, wird's immer sein. Iß, Gilgi, trink, Gilgi. Also, wenn ich jetzt auch nur eine halbe Träne heule, schlag' ich alles kaputt.

Wilhelm Speyer: Charlott etwas verrückt

Seite 245 f.

Während das Auto in die Platanenallee des Schlosses einbog, wurde dort im Herrenzimmer eine schwarze Dogge in ihrem Klubsessel von den ersten, ganz unwahrscheinlichen atmosphärischen Wellen getroffen. Der gewaltige Hund stand auf, fast umständlich und mit steifen Gliedern, als habe er Rheumatismus, das Gesicht mißmutig gerunzelt, denn ihm waren in diesen letzten acht Monaten von näherkommenden Geräuschen und Gerüchen so viel enttäuschte Hoffnungen widerfahren, daß er in seinem Herzen das trübe und ein wenig störrische Leid der treu gebliebenen Bewohner Ithakas trug. Immerhin, irgend etwas im Raum begann zu schwingen

Ithakas: griech. Insel, Heimat des Odysseus

und zu klingen, die Atmosphäre nahm einen fast abenteuerlichen Charakter an. Gewiß, es konnte wieder eine jener tausendfach erlebten Enttäuschungen sein – dennoch! Es war kein Zweifel mehr, von irgendwoher kam dieser einzig begehrte, einzig wesenhafte Odem in das Zimmer geweht!

Atem

So also legte Bosko die Vorderpfoten auf die Fensterbank, wobei die Zehen weit hinaushingen, machte die Ohren so spitz wie möglich, was ihm mit dem linken nicht ohne weiteres gelang, da dieses wegen eines Kupierfehlers etwas daniederschlappte, bog den Hals wie ein Araberhengst und öffnete das Maul, worauf sich ähnliche Falten wie auf Holks Backen bei ihm bildeten.

Hundeohren wurden früher oft aus ästhetischen Gründen im Welpenalter operativ verkleinert. Das Kupieren von Hundeohren ist seit 1987 in Deutschland verboten.

Es war eine pechschwarze Dogge mit schneeweißem Bauch, einem schneeweißen Fleck über der Gurgel und schneeweißen Pfoten, deren Farbe, wie die Farbe umgeklappter Glacéhandschuhe, sich schräg gegen die Schenkel abhob. Im ganzen war er ein Hunde-Herr, der sein Fell wie einen Frack trug, mit Hemdbrust, Frackkrawatte und vier Handschuhen von Anemonenblütenhelle. Die Natur hatte ihm auch etwas Weiß um Lippen und Bart aufgelegt, was ihm ein älteres und würdigeres Aussehen verlieh, als er zu haben verdiente. Er hatte kaum dreieinhalb Jahre, war aber früher, in den Tagen des Glückes, so albern und ohne Verständnis für das Dezimalsystem gewesen, nach welchem er doch seine Lebensjahre zu zählen hatte, daß er zuweilen den Drei-Monats-Hund spielte, mit künstlich dickgemachten Pfoten einhertaperte und speichligen Maules irgend etwas Sinnloses sinnlos zu beißen pflegte, wobei er „hoch-jach!", bei schärfer werdender Kinderei aber sogar „rach-hachjach!" vor sich hin sprach.

Jetzt am Fenster war er plötzlich zu einer Statue von

Obsidian erstarrt, wie eine ägyptische Katze. Er war aber eine Dogge, er bedurfte der Gerüche nicht allein, er hatte auch scharfe Augen, die Jagdaugen seiner Vorfahren, die den Löwen und den Eber gehetzt hatten. Er riß sich in einer furiosen Drehung von einhundertachtzig Graden herum, die Türklinke zerfetzte er mit der Kralle, und erst auf der Treppe, im Dahinrasen, gab er Laut, einen Jammerton der Angst vor einer nicht mehr zu ertragenden neuen Enttäuschung. Natürlich kam er beim ersten Absatz nicht richtig in die Kurve, er mußte mit Galoppsprüngen auf der Stelle das Schwergewicht nach rechts verlegen, wobei er auf die Flanke fiel und nun die ganze Treppe hinunterpurzelte. Aber das gerade war ihm recht, denn jetzt kam er jedenfalls schneller vorwärts! Draußen warf er sich mit der ganzen Wucht seines Leibes auf Charlott, die, in Voraussicht dieses Angriffes, vor ihrem Wagen wie ein betender Moses von Justus und von Holk gestützt wurde. Das nutzte nichts! Bei der zweiten Liebesattacke gelang der Frontaleinbruch ohne weiteres, Charlott flog hin, Justus und Holk flüchteten, und Bosko legte sich mit seinem ganzen Leib über Charlott, packte den Mantel an ihrer Brust und zerrte ihn, mit grandiosen Rufen aus der Kehle. Diesmal waren es die deutlichen, eindeutigen Worte: „Rach! Rach! Rach!“ Rache! Rache! Du hast mir acht Monate lang, Charlott, das Herz im Leibe zerstampft!

Obsidian: dunkle Gesteinsart vulkanischer Herkunft

Der Hund schüttelte seine Beute, Charlott lachte und schrie. Sie versuchte die Brust ihres Mörders zu küssen, aber der Hund duldete nicht, daß irgend etwas mit ihm geschah. Er selber, er allein war der höchst Tätige, der allein Handelnde, Zerstörende und Wirkende.

Mit großem Alarm wurde Charlott wieder aufgerichtet. Sie reichte dem greulichen Diener Teppich die Hand, der dieses ganze Schauspiel mißbilligt, ja geradezu verurteilt hatte, die Herrin sowohl wie den Hund.

„Ihr seid mir eine schöne Gesellschaft hier …“ Charlott lachte, keuchte und zitterte. Sie steckte ihren Arm tief in den Rachen der Dogge und so, gleichsam aufgefressen vor Liebe, betrat sie das Haus ihres Mannes.

Die Neue Frau

Otto Dix: Bildnis der Journalistin Silvia von Harden

Eines der wichtigsten Kennzeichen der Neuen Sachlichkeit ist die ‚Erfindung' oder die Entwicklung der ‚Neuen Frau'. In den Essays, Romanen und Gedichten wird ein neuer Frauentypus entworfen, dessen hervorstechendes äußeres Merkmal der Bubikopf ist, wie Heinrich Mann in seinem gleichnamigen Aufsatz von 1926 ausführt. Der Bubikopf ist praktisch und passt zur jungen berufstätigen und sportlichen Frau, die sich nicht nur auf dem Tennisplatz, sondern auch im „Erwerb" mit den Männern messen kann. Es gibt ihn in der knabenhaften und in der weiblichen Variante, etwas länger, in Wellen gelegt. Zeitgenössische Modemagazine wie „Die Dame" verbreiten den neuen Stil.

Richard Huelsenbeck beschreibt in seinem Essay „Die Bejahung der modernen Frau" (1929) den neuen Frauentypus in Abgrenzung gegen die Tradition der patriarchalischen Gesellschaft und fragt nach den Ursachen der Veränderung. Im gleichen Jahr denkt auch Vicki Baum im „Uhu" über den Unterschied zwischen den Frauen des 19. Jahrhunderts und ihren modernen Geschlechtsgenossinnen nach. Zwei Jahre zuvor hatte sich Baum Seite 242 in einer „Uhu"-Reportage mit ihren „Erfahrungen mit der Verjüngung" (1927) beschäftigt. Die Jugendbegeisterung der neuen Zeit hat ihre Kehrseite: Alle, vor allem die Frauen, müssen möglichst lange jung und schön bleiben. Die Schönheits- und Kosmetikindustrie der Gegenwart inklusive Faceliftings und Hormonbehandlungen zeigt sich hier in einer frühen Phase.

Auch in den literarischen Texten tritt die Neue Frau auf. Irmgard Keuns Roman „Gilgi – eine von uns" (1931) macht sie zur Titelheldin: „Sie hält es fest in der Hand, ihr kleines Leben, das Mädchen Gilgi." Ob sich die Protagonistin ihrer Lebensideale aber wirklich so sicher ist, wie es zunächst scheint, wird im vorliegenden Textausschnitt subtil in Frage gestellt.

Erich Kästners „Chor der Fräuleins" ist sich im Vergleich zu Keuns Heldin auf den ersten Blick sicherer, und Mascha Kalékos „Mädchen an der Schreibmaschine" träumt vom Feierabend.

In Marieluise Fleißers „Eine Zierde für den Verein. Roman vom Rauchen, Sporteln, Lieben und Verkaufen" (1931) wird gezeigt, was der Neuen Frau blüht, wenn sie auf den traditionellen Mann stößt.

Heinrich Mann: Der Bubikopf

Alle wissen, daß er nicht nur hübsch, auch praktisch ist. Er entspricht dem kurzen Rock. Diesen trugen freilich schon die Damen vor hundert Jahren, aber ihre Haare ließen sie trotzdem lang und hoch aufgetürmt. Denn jene Damen bewegten sich weniger gern und weniger stark als die von heute, der Sport war noch schüchtern, ihre Haare störten sie nicht. Auch blieb ihnen mehr Zeit für die Frisur, nur wenige arbeiteten.

Kurze Haare durften nicht ausbleiben, nachdem die Figur der Dame knabenhaft geworden war. Hievon abgesehen läßt sich damit besser sowohl tanzen und Sport treiben wie auch in Fabriken arbeiten. Haben etwa kühne Schwimmerinnen und die Filmsterne, die mit Apachen kämpften, sich als erste die Haare geschnitten, dann jedenfalls ganz im Sinne der Industriearbeiterin, deren Haare von der Arbeit so staubig werden. Die Erfindung kommt allen gelegen. Es gibt etwas, worin jede wie die Arbeiterin und jede wie die Dame denkt.

Den Männern gefällt die kurze Haartracht, aber sie sind nicht gefragt worden. Unweigerlich wird ihnen die Frau in eben der Gestalt am meisten zusagen, die das gerade geltende Übereinkommen ihnen vorstellt. Sie, die fast ganz im Gedränge des Erwerbes leben, hängen von dem gerade geltenden Übereinkommen noch viel enger ab als die Frauen. Sie werden nicht widersprechen, sie werden sich doch das Leben nicht noch schwerer machen. Wollte jeder seiner eigenen Neigung folgen, wären hier und da vielleicht Überraschungen zu befürchten. Aber sie hüten sich, auffallenden Neigungen, deren Dasein nicht einmal feststeht, erst lange nachzuforschen.

gemeint ist der Erste Weltkrieg

Die Männer haben sich, wie immer mit allem, auch befreundet mit den kurzen Haaren und Röcken, den leichten Gestalten, mit der neuen Erscheinung der körperlich tätigen Frau. Aber im Grunde merkten sie es kaum, denn die Frau verwandelte sich vor ihren Blicken nicht anders als letzthin alle anderen Formen, einbegriffen sie selbst. So sind sie selbst im Verlauf der schwierigen Zeiten, die sie mitmachen mußten, notgedrungen immer schlanker geworden. Damals wurden es erstlich auch ihre Frauen. Die gegebenen Verhältnisse aber bestimmen mit Recht, was schön ist. Seit zwölf Jahren wollen die gegebenen Verhältnisse vor allem Umtrieb, machtvolle Bewegung, und in Ermangelung der machtvollen wenigstens Bewegung. Auf keinen Fall wollen sie Behagen, auch nicht Gestalten, die Behagen atmen. Gestalten sollen biegsam, nur Muskel, besonders aber leichtfüßig sein, sie sollen in jeder Hinsicht taugen für die zahlreichen Leibesübungen, aus denen der Tag und der Abend bestehen.

Der Tanz, wenigstens die Religion des Tanzes ist aus dem Krieg hervorgegangen. Es wäre auch merkwürdig, wenn Philosophie daraus hervorgegangen wäre. Der Tanz erlaubte den jungen Männern, die des Sitzens entwöhnt waren, auf den Beinen zu bleiben, und er gewährte den Vorteil, sie in einer wirklich geliebten, allen ihren Neigungen und Fähigkeiten entsprechenden Betätigung mit den Frauen zu vereinigen.

junge, männliche Teilnehmer der antiken Olympischen Spiele

In der dichtbesetzten Halle eines Hotelpalastes ist Tanz-Wettbewerb. Die Paare treten inmitten an, stolz bescheiden wie Epheben des alten Olympia, vor allem aber ernst. Heiliger Ernst verklärt die erhobenen Gesichter, kein überflüssiger Haarschmuck verkleidet ihre strenge Magerkeit. Die Gestalten strecken sich ehrgeizig, undenkbar wären Weichheit und Gewährenlassen. Sie sind erfüllt von Verantwortung für die ganze Zeitgenossenschaft, die nicht nur hier in der Halle auf sie blickt. Öffentlichkeit und Mitwelt schwingen draußen mit, denn ihr Erkennungszeichen ist Sport und sein allgemein menschlichster Ausdruck der Tanz.

Das Paar, das in dem Wettbewerb siegen wird, ist von vornherein das gestreckteste, meistbeherrschte, verantwortungsvollste. Auf dieses Paar blicken alle. Es tanzt. Die Jazz-Band stellt sich verrückt, aber die beiden jungen Menschen machen ihre Schritte, als spielten sie Schach. Sie setzen die Füße haargenau, sie halten sich, schreiten, vollführen jähe Drehungen mit solcher Einmütigkeit, als liefe durch sie derselbe Strom. Es kommt vor, daß sie zittern, von oben bis unten zittern und beben wie elektrisiert – dann aber sicher nicht, weil ihnen so zumut wäre. Sie zittern, weil vielleicht fernen Negern so zumut gewesen ist. Sie selbst beschreiben untadelige Tanzfiguren, immer mit ihren Gesichtern voll technischer Verantwortung. Sie sind Meister und werden ausgezeichnet.

dunkelhäutiger Mensch, heute hat der Begriff eine stark abwertende Konnotation

Sollte das Innenleben dieses Tanzpaares weniger beträchtlich als ihr motorisches sein, so ist gerade zu betonen, daß Innenleben niemals die Geschlechter so einen kann wie äußere Bewegung, und daß auch nur äußere Bewegung allen wirklich einleuchtet. Bei geistig-seelischen Moden ist immer viel Heuchelei. Vor hundert Jahren vereinigte man sich zum Vortrag von Gedichten, die weltschmerzlicher Art waren. Man spielte Harfe, womöglich unter Trauerweiden. Damen und Herren zeigten einander nur noch die hierzu passenden Mienen, ob ihnen danach war oder nicht. Waren sie dann aber allein, müssen sie zur Entschädigung sich wohl manchmal vor Lachen ausgeschüttet haben – wenigstens die Damen. Die Herren glauben gleich alles.

Im Technisch-Motorischen gibt es nichts zu lachen. Getanzt hat man wirklich, das Auto bleibt eine Tatsache, die Sportbilder auf jeder Vorderseite jeder illustrierten Zeitung sind Allgemeingut. Das junge Mädchen ist befähigt, mit dem jungen Mann sich in Gespräche einzulassen wie zwei Garagenbesitzer. Das ist Gemeinschaft – zweifellos ernstere als gewöhnlich die reinen Seelengemeinschaften. Außerdem wird sie auf diesem Wege doch auch seelisch. Durch das Motorische verbunden, erwirbt man ein gemeinsames Lebensgefühl und dieselbe Meinung über das, was sein soll. In der Welt soll es bewegt zugehen. Da aber nur Jugend sich ausgiebig bewegt, soll es jung zugehen. Hierin verstehen sich die Geschlechter, solange beide jung sind. Nicht alle Tennisspielerinnen haben das Temperament der Lenglen, die hungrig nach noch mehr Sprüngen zu den Fascisten lief. Aber sie könnten sie wohl verstehen.

Suzanne Lenglen (1899–1938), französischer Tennisstar der 20er Jahre, gewann 25 Grand-Slam-Turniere

eventuell ein Druckfehler: Faschisten

Seite 246

Auch die George Sand wurde einmal von den Frauen verstanden, nur nicht von so vielen. Suzanne Lenglen ist die weiter Verbreitete, das Körperliche ist nun einmal verbreiteter. Ihr Ruhm geht alle an, er schmeichelt den Frauen und er kränkt die Männer nicht, obwohl sie besser kann, was auch Männer können. Im Gegenteil, dies stellt Freundschaft her. In dem allseitigen Haß, der schon so lange die Welt durchtobt, bleibt als Gewinn, daß die Geschlechter sich über die Zwecke der Natur hinaus in manchem befreundet haben.

Die einstigen „Emanzipierten“ taten Unrecht, sich mit dem Mann als Feinde zu messen, noch dazu auf Gebieten, wo die Natur es ihm leicht macht. Beim Tennis aber können sie siegen. Und Tennis ist nur ein Gleichnis,

sie können im Erwerb und überall siegen. Die Lenglen wäre sogar häßlich, aber ihr Mut ist so frisch, daß niemand es sieht. Ihre Haare und ihr Röckchen stören sie nicht beim Springen. Sie hat einen unfehlbaren Blick, ihr Körper aber die Leichtigkeit eines Blickes. Sie ist im Flug überall, sie füllt das Feld und die Welt.
Sie ist in der Welt, die wir erleiden, ein Beispiel menschlicher Unbeirrbarkeit und darum schön. Allein schon darum seid auch ihr es, so viele von euch den Bubikopf hochtragen.

Neue Frisuren

Der „Bubikopf“ hat eigentlich im Laufe seiner Entwicklung zwei Grundtypen herausgebildet. Und jede neue Mode variiert diesen Grundtyp. Einmal den herben, sehr kurz geschorenen Kopf, denn das Wort geschnitten paßt nicht mehr dazu. Diese Art das Haar zu tragen, verzichtet bewußt auf sogenannte Hübschheit. Man will Linie! Der Kopf soll auch nach etwas aussehen. Die zweite Art ist der weichere gefälligere Kopf, der die Frau hübsch machen will.
Der neue Schmuck unterstützt in wirksamer Weise beide Bestrebungen. Elegante Frauen lieben es augenblicklich sehr, lange Ohrringe zu tragen, aber nur für den Abend, denn am Tage sind sie ja unpraktisch. *St. K.*
(September 1926)

Ganz kurz geschnitten. Mit Seitenlöckchen.
Glatt nach rückwärts gekämmt. Seitlich große Welle.

Richard Huelsenbeck:
Bejahung der modernen Frau

In früherer Zeit mag es gute und böse, alte und junge Frauen gegeben haben – es gab aber keine „moderne" Frau. Es gab keinen Frauentypus, den man als eine besondere Schöpfung der Zeit empfand.
Die heutige moderne Frau steht in einem bewußten äußerlichen und innerlichen Gegensatz gegen die – sagen wir traditionelle Frau. Die traditionelle Frau entspricht dem patriarchalischen Gesellschaftsideal, sie trägt eine Art anonymen Charakters. Sie tritt hinter dem Mann zurück, der nicht nur der Familie seinen Namen gibt, sie ernährt, sondern auch das moralische Haupt seiner kleinen Gemeinschaft ist. Die sogenannte behütete Frau, die reine Frau, die mütterliche Frau, das schwache und liebende Weib, alle diese Typen ent-

sprechen einer bestimmten Ideologie, in der der Mann und seine Arbeit der Mittelpunkt ist. Der Mann wollte das Schicksal der Frau sein und sie empfand ihn auch so, nahm Glück und Unglück hin, wie es kam. Warum und wie sich die alte Ideologie geändert hat, läßt sich nicht mit wenigen Worten sagen. Tatsache ist jedenfalls, daß unter Begleitung großer gesellschaftlicher Kataklysmen (der Krieg!) die patriarchalische Ordnung ins Wanken geriet. […]

Zerstörungen, Vernichtungen

Die Frau von heute stellt sich zu ihrer neuen Form bejahend. Nicht nur die Frauenvereine, die um juristische Bestätigung kämpfen, sondern auch das einzelne Weib drängt auf Beseitigung früherer Schranken. Die alten Familienformen werden gesprengt, notgedrungen müssen die Parlamente die Ehescheidung erleichtern. […] Sport, Theater, Literatur unterstützen die Forderungen der Frau. Der Typ der modernen Frau, die ganz selbständig sein will, zeichnet sich immer mehr ab. Die kurzen Haare, der kurze Rock sind nur Symptome, die bessere Bildung erzeugt neues Selbstgefühl. Großmütter, die warnend den Finger heben, werden mit überlegener Ironie abgefertigt. […]

Seite 246

Die Mehrzahl der Männer steht dem neuen Frauentypus unentschlossen gegenüber. Ich persönlich aber halte es für notwendig, die moderne Frau zu bejahen. Die Gründe dafür sind mannigfach, das Thema ist zu groß und zu kompliziert, um hier im einzelnen besprochen zu werden.

Die Kritiker der modernen Frau, soweit sie sich nicht bei Symptomen aufhalten, scheinen mir eine Tatsache unserer Zeit wesentlich außer acht zu lassen. Die Welt ist in einem Umbildungsprozeß begriffen, der seine letzte Ursache in der Einführung der Maschine hat. Die

Ersetzung der Handarbeit durch die Maschine hat nicht nur wichtige ökonomische Veränderungen hervorgerufen, diese unbestreitbare Tatsache ist es gewesen, die die alte patriarchalische Ideologie mit so großem Erfolg angegriffen hat. […]

Es ist nicht mehr so, daß der Mann für die Frau arbeitet, sondern daß die Maschine für den Mann und die Frau arbeitet. Mann und Frau sind Kunden der Maschine geworden. Was heute in Amerika vor sich geht, kann als Illustration dieser Behauptung dienen. Die hohe Stellung der Frau in Amerika resultiert, wie ich glaube, aus der rein industriellen Einrichtung des Landes. […]

Rein ästhetisch gesehen ist die moderne Frau ein ungeheuerer Fortschritt gegen das traditionelle Ideal. Man braucht nur einige Photographien aus der Zeit um 1910 in die Hand zu nehmen, um zu begreifen, was ich meine. Das Knappe, Schnelle, Präzise der modernen Frauenerscheinung findet hinreichende Vergleichsmöglichkeiten in der modernen Architektur. Die Einsicht in diese Zusammenhänge erhöht nicht nur den ästhetischen Genuß, sondern beweist auch immer wieder, daß wir hier einer geschlossenen Entwickelung gegenüberstehen, der mit Nörgeleien nicht beizukommen ist. […]

Aus dieser gesellschaftlichen Veränderung tritt heute die Frau als ein selbständiger ästhetischer und moralischer Typus heraus. Wir haben ihn nicht nur hinzunehmen, sondern wir müssen ihn auch anerkennen und fördern. Es ist eine Aufgabe der Männerwelt, sich so viele Einsicht über die Entwicklung der Dinge zu verschaffen, daß sie die moderne Frau freudig bejahen.

Vicki Baum: Erfahrungen mit der Verjüngung. Ein Rundgang durch die Laboratorien einer neuen Wissenschaft

Vicki Baum hat die Studien, die sie bei der Arbeit an einem neuen Roman über das Problem der Verjüngung machen musste, dem „Uhu" zur Verfügung gestellt. Seite 246

Und kurz und gut: die Sache mit dem Altwerden wollen wir nicht mehr so einfach hinnehmen. Wir wollen so spät und so langsam altern wie möglich. Wir haben durch den Krieg und alles, was danach kam, kostbare Jahre unseres Lebens verloren. Unwiederbringlich verloren? Das ist die Frage, an der unsere Generation vorläufig zu kauen hat. Man hat auf der ganzen Welt gegen das Altern eine Mobilmachung in Gang gesetzt. Es scheint, daß wir uns den Luxus, alt zu werden, nicht ohne weiteres gestatten dürfen.

Aber was heißt das: alt sein, alt werden? Es ist ein höchst dehnbarer Begriff, sehr schwankend, sehr relativ, das weiß man von jeher. Es gibt Menschen, die schnell, und solche, die langsam altern. Es gibt junge Greise und alte Jünglinge, wie es Maschinen gibt, die sich schnell abnutzen, und andere, die viele Jahre laufen „wie neu". […]

[…] Mulford und Shaw haben zuerst gegen diese Un- Seite 247
sitte des kurzen Lebens, der schnellen Abnutzung unseres Motors gemurrt. Dann tauchte das Schlagwort von der Verjüngung auf. Erst lachte man, zuckte die Achseln, schließlich spitzte man die Ohren. Daß dieses Wort heute so populär ist wie kaum ein zweites, daß es von Millionen Plakaten und Inseraten verkündet wird, daß tausend heterogene Dinge und Bestrebungen – Medizin und Aberglaube, Sport und Mode, Dichtung und

Sozialökonomie, nüchternste Geschäftsmacherei und höchstfliegender Idealismus – unter dem Schlagwort Verjüngung marschieren: das ist nur möglich, weil dieses Wort einen latenten Wunsch der Menschheit, eine tief-innere Sehnsucht, eine Notwendigkeit trifft.

Aber nüchtern besehen: Was hat es mit dieser Verjüngung auf sich? Welche Möglichkeiten zeigen sich? Was ist daran Schwindel, was Wahrheit? Um was handelt es sich überhaupt bei diesem geheimnisvollen Vorgang, der sich (nicht sehr richtig übrigens) Verjüngung nennt?

Eine Arbeit an einem Roman hat mich veranlaßt, mich mit den medizinischen Fragen der Verjüngung mehr zu beschäftigen, als es Laien im allgemeinen tun; und zugleich erwachte der Wunsch, das so Erfahrene und Erprobte in den einfachsten, laienhaftesten, unwissenschaftlichsten Worten weiterzugeben. Und zwar deshalb, weil der Arzt und der Patient immer auf zwei verschiedenen Ebenen wohnen. Weil der Patient dem Wissenschaftler entweder mit dem urgeborenen Mißtrauen gegen Zauberei gegenübersteht, oder weil er in eine blinde, fanatische und einseitige Abhängigkeit zu seinem behandelnden Arzt kommt – da Suggestion und Suggestibilität nun einmal ein wichtiger Bestandteil jeder ärztlichen Behandlung sind. Während der Laie dem Laien gern glaubt und der Patient sich gerne von anderen Patienten erzählen läßt, wie es war und ob es geholfen hat.

Beeinflussung; jemandem Gefühle, Gedanken oder Eindrücke suggerieren

Beeinflussbarkeit

Es gibt viele Leute, die zu grinsen beginnen, wenn das Wort Verjüngung fällt. Aha, weiß schon: Affendrüsen! sagen sie. Andere haben etwas von Steinach, Voronoff, von innerer Sekretion und Keimdrüsen läuten hören, mit dem peinlichen Gefühl, daß es sich da um etwas einigermaßen Unpassendes, um nicht zu sagen Unanstän-

Seite 247 f.

Vorgang der Produktion und Absonderung von Sekreten durch Drüsen

Seite 248

diges handelt. Und dann gibt es sehr viele, die sehr gerne wissen möchten, was los ist, die aber über ihre eigenen Hemmungen weg den Weg zum Arzt nicht finden. Wer Stoffwechselstörungen oder andere gebräuchliche Leiden hat, geht zwar frank und frei nach Karlsbad, läßt seinen Organismus reparieren und kehrt froh zurück, „um zehn Jahre jünger", wie seine Bekannten sagen. Aber wessen Hormonhaushalt nicht in Ordnung ist, wessen Drüsen träge oder schwach arbeiten, wer sich müde, abgenützt, lebensunfähig fühlt – der wagt nur heimlich und vermummt zum Verjüngungsarzt zu schleichen. Andererseits wieder werden geradezu groteske Hoffnungen auf die Erfolge der verschiedenen Verjüngungsverfahren gesetzt, und die ernsthaften Ärzte haben Mühe, zu bremsen, verstiegene und durch allerhand Charlatanerien genährte Erwartungen auf ein vernünftiges Maß herabzusetzen. Nein, es ist nicht wahr, daß aus Matronen zarte Girls und aus Greisen leidenschaftliche Charlestontänzer werden. Nur die abgenutzte Maschine kann ein wenig geputzt, entschlackt, aufgefrischt werden; und es ist sehr bezeichnend, daß gerade führende Menschen unserer Epoche, alternde Geister, deren Arbeit wichtig für die Welt ist, sich zuerst und am häufigsten entschlossen haben, ihre Kräfte nach Möglichkeit reaktivieren zu lassen. […]

Karlsbad: seit dem 18. Jahrhundert für seine Thermalquellen berühmtes, (heute) tschechisches Kurbad

Auf die Keimdrüsen der Frau wird durch Diathermie und durch Einspritzung von Ovarialhormon günstig eingewirkt. Eine Kur mit täglicher Behandlung dauert etwa einen Monat, der Erfolg, wenn auch nicht so durchschlagend wie beim Mann, ist gut. Da Schriftsteller von Berufs wegen zu Neugier und Gründlichkeit verpflichtet sind, bat ich Dr. Schmidt um eine Probesitzung mit Hormonspritze und Diathermiebehandlung.

Diathermie: Seite 248

Ovarialhormon: weibliches Geschlechtshormon

Dr. Schmidt: Dr. med. Peter Schmidt (1892–1930), bekannter Experte für die Altersbekämpfung in Berlin

Wechseljahre

Eierstock

Seite 248

Solch eine Ampulle mit Ovarialhormon ist drollig genug. Man rechnet da nicht nach PS, sondern nach ME, nach Mäuse-Einheiten. Die Spritze, die 40 ME enthält, tut nicht weh, gar nicht; sie wird irgendwo in die Haut gegeben, und wer ein paar solcher Spritzen bekommen hat, beginnt eine Auffrischung zu spüren, Kopfschmerzen und Schwindel lassen nach, zu hoher Blutdruck reguliert sich, und bei Frauen im Klimakterium treten die Beschwerden dieses Alters zurück. Zur Diathermie, der Behandlung mit hochfrequentem Wechselstrom, bekommt man einen biegsamen Bleigürtel um den Leib gelegt, eine Elektrode liegt außen über dem Ovarium, die andere innen, so daß der elektrische Strom durch das Ovarium durchströmt. Dies empfindet man sehr angenehm, nicht als Prickeln, sondern als Wärme. In den Drüsen wird eine starke Blutfülle erzeugt, die die Tätigkeit der hormonbildenden Ovarien anregt. Dr. Benjamin, der in New York sehr viele Frauen nach dieser Methode behandelt, sagt, daß etwa zehn Prozent nicht reagierten, alle anderen mit etwa gutem, etwa zwanzig Prozent mit überraschend starkem Erfolg. Zumeist gelingt es, das Klimakterium um einige Jahre hinauszuschieben, diesen Schnitt, der durch das Leben der Frau geht, zu mildern, diesen „blauen Brief", den die Natur überreicht, in urbanen Formen zu halten. Patientinnen, die ich sprach, erzählten voll Dankbarkeit davon. Es waren alte Frauen, aber doch Frauen, Wesen von Anmut und Weichheit, nicht jene geschlechtslosen harten und häßlichen Geschöpfe, zu denen Frauen im Alter werden können. […]

Wie eng aber Seelisches und Körperliches ineinander verschränkt sind, das sah ich erst ganz, als ich mich einer dritten Methode der Verjüngung zuwandte und

Professor Holländer über die kosmetischen Operationen und Gesichtsspannungen zu befragen begann, die sein Spezialgebiet sind. Daß man ein ausgedehntes Gummistrumpfband kürzer und dadurch noch eine zeitlang verwendbar machen kann, ist reichlich bekannt. Nun, das gleiche kann auch mit einer ausgedehnten und schlaff gewordenen Gesichtshaut geschehen. Man schneidet ein paar Zentimeter in der Nähe der Ohren heraus, näht wieder zu, und die Haut sitzt straffer. Natürlich hat das mit wirklicher Verjüngung nichts zu tun. Während die Methode Steinachs und seiner Mitarbeiter den Organismus von innen her verjüngt, ihn gleichsam aus seinen eigenen Mitteln und Kräften wieder aufbaut, ist die kosmetische Operation ein äußerer Eingriff, der nur zu verjüngen *scheint*. Um ein populäres Gleichnis zu stellen: Steinach nimmt die Ziegel eines baufälligen Hauses und baut damit neue Mauern auf. Holländer und die unzähligen Chirurgen, die heute kosmetische Eingriffe vornehmen, geben dem alten und wackligen Haus eine neue, hübsche Fassade. Diese Operation wird heute viel öfter gemacht, als man denkt, […].

Professor Holländer mit der herzerfrischenden und hilfsbereiten Überlegenheit des geborenen Chirurgen erzählt die merkwürdigsten Geschichten aus seiner Erfahrung. Angefangen von einer Russin, die vor fünfundzwanzig Jahren auf eigene Faust sich diese Operation ausdachte und unter Selbstmorddrohungen bei ihm erzwang – bis zu dem siebzigjährigen, verhutzelten Mütterchen, das ihn um die Operation anfleht, „damit sie die Liebe ihres Mannes zurückgewinnen könne". Man hat den Eindruck, daß die meisten Menschen, die sich kosmetisch operieren lassen, an seelischen Defekten, Minderwertigkeitsgefühlen, fixen Ideen leiden; und für

Eugen Holländer (1867–1932) war einer der ersten deutschen Chirurgen, der Gesichtsstraffungen (Faceliftings) durchführte.

solche Menschen ist freilich durch den kleinen Eingriff in die Epidermis alles zu retten. […]

obere Schicht der Haut

Und zum Schluß zog der Chirurg mit einem raschen Griff meine Haut ein wenig an den Ohren hoch und sagte: „Ihnen wäre auch mit einer Kleinigkeit zu helfen!“ Ach ja, ich fühlte, wie allerhand da straff und festgehalten wurde, das sonst seit einiger Zeit eine betrübliche Tendenz hat abzusacken. Aber, um es zu gestehen: beim Gedanken an das Messer verließ mich mein Forschungsdrang, und ich hatte keine Lust, auch dieses Experiment noch zu erproben. Ich empfahl mich dankbar und verschüchtert, indem ich flüsterte: „Wenn Sie gestatten, komme ich in zehn Jahren wieder …“

Die moderne Sportdame.

Das achtzehnjährige Fräulein Hanni Köhler, Berlin, Siegerin in der Klubmeisterschaft 1925 des „Berliner Motorradklubs". Fräulein Köhler beendete als einzige Dame die Wettfahrt Zürich—Berlin und als einzige Dame und einzig übrigbleibender Konkurrent der kleinsten Klasse die Wettfahrt Leipzig—Frankfurt a. M. Fräulein Köhler war ferner Siegerin in der Schlittschuh-Meisterschaft der Jugendabteilung des „B. S. C. 1921-22", Zweite in der Tennismeisterschaft der Jugendabteilung und Siegerin im Ponyrennen 1919 in Hoppegarten.

Die moderne Sportdame

Vor sechzig Jahren, als Großmutter geboren wurde, und Heyse, die Marlitt und Spielhagen ihre Romane schrieben, schien ab und zu die Ordnung des Gesellschaftslebens durch gewisse beunruhigende weibliche Erscheinungen bedroht. Im Roman hieß eine solche Erscheinung allenfalls „die tolle Komteß". Der verwitwete Graf, ihr Vater, hatte, verbittert von der Welt zurückgezogen, das einzige Töchterchen ganz in der Natur aufwachsen lassen, mit Pferden und Hunden, als wilde Jägerin und Reiterin, halbmännlich in Wesen und Kleidung, — denn alles Weibliche war, ein unerträglicher Anblick, aus des Grafen Umgebung verbannt, so wuchs die Komteß zum Mannmädchen heran ... Aber eines Tages erschien ein junger, schöner, sehr edler Mann, und dann verwandelte sich die tolle Komteß, von dem Symptom des ersten Errötens an bis zu dem Augenblick, in dem es in der Erzählung heißt: „Verschämt barg Ella das zierliche Köpfchen ...", in eine richtige weibliche Frau, das Ebenbild der verstorbenen Gräfin.

Was man sich vor zwei Menschenaltern unter der „tollen Komteß" vorstellte, das waren die ersten Vorläuferinnen der modernen Sportdame, — ein Greuel für jene vornehme Weiblichkeit von ehemals, die sozusagen eine Sitzschönheit war: die sich in der Ruhe, in der schönen Pose, in angemessener Beleuchtung darzustellen suchte; die sich zwar niemals schminkte, aber sich aus der frischen Luft verbannte, Sonne, Wind und Regen mied, um die Weichheit und zarte Färbung ihrer Haut zu bewahren. Welch ein Weg weiblicher Entwicklung seit jener Zeit! Die wahre Verkörperung der Damenhaftigkeit, der vollendeten Weiblichkeit ist heute die Sportdame. Von Kindheit an wächst sie in freier und geschulter Bewegung des Körpers heran, — niemals in einseitiger Bewegung: Turnen, Tanzen, Schwimmen, Eislauf, Tennis, Reiten, Motorrad- und Autosteuerung, Bergklettern, Skilauf und Bobschlittenfahrt, im Laufe der Jahre macht das Sportmädchen diese ganze hohe Schule durch. Ihr Körper stählt sich und bleibt biegsam, ihre Haut, abgehärtet durch Wind und Wetter, bewahrt unter richtiger Schönheitspflege Zartheit und feine Tönung, und ihr Wesen büßt, während es an Kraft gewinnt, nicht an Anmut ein. Am besten steht das Abendkleid von heute dem weiblichen Körper, der es gewöhnt ist, morgens Sportkleidung zu tragen.

Fräulein Hanni Köhler in „Zivil".

Aufnahme: Lutz.

Anzeige: Die sportliche Frau

Irmgard Keun: Gilgi – eine von uns

Sie hält es fest in der Hand, ihr kleines Leben, das Mädchen Gilgi. Gilgi nennt sie sich, Gisela heißt sie. Zu schlanken Beinen und kinderschmalen Hüften, zu winzigen Modekäppchen, die auf dem äußersten Ende des Kopfes geheimnisvollen Halt finden, paßt ein Name mit zwei i. Wenn sie fünfundzwanzig ist, wird sie sich Gisela nennen. Vorläufig ist es noch nicht so weit.

Halbsieben Uhr morgens. Das Mädchen Gilgi ist aufgestanden. Steht im winterkalten Zimmer, reckt sich, dehnt sich, reibt sich den Schlaf aus den blanken Augen. Turnt vor dem weitgeöffneten Fenster. Rumpfbeuge: auf – nieder, auf – nieder. Die Fingerspitzen berühren den Boden, die Knie bleiben gestreckt. So ist es richtig. Auf – nieder, auf – nieder.

Das Mädchen Gilgi macht die letzte Kniebeuge. Streift den Pyjama ab, wirft sich ein Frottiertuch um die Schultern und rennt zum Badezimmer.

[…]

Gilgi läßt sich das eiskalte Wasser auf die mageren Schultern, den kleinen konvexen Bauch, die dünnen, muskelharten Glieder prasseln. Sie preßt die Lippen zu einem schmalen, festen Strich zusammen und zählt in Gedanken bis dreißig.

Eins – zwei – drei – vier. Nicht so schnell zählen. Langsam, ganz langsam: fünfzehn – sechzehn – siebzehn. Sie zittert ein bißchen und ist wie allmorgendlich ein bißchen stolz auf ihre bescheidene Tapferkeit und Selbstüberwindung. Tagesplan einhalten. Nicht abweichen vom System. Nicht schlapp machen. In der kleinsten Kleinigkeit nicht.

Das Mädchen Gilgi steht vor dem Spiegel. Zieht einen

schwarzen Wildledergürtel über dem dicken, grauen Wolljumper fest zusammen, summt einen melancholischen Schlagertext, ein Zeichen guter Laune, und betrachtet sich mit sachlichem Wohlgefallen.

ärmelloser Wollpullover

Reich mir zum Abschied noch einmal die Hände – good nihight, good nihight … Bißchen Niveacreme auf die Brauen schmieren, daß sie schön glänzen, ein Stäubchen Puder auf die Nasenspitze. Schluß. Schminken gibt's nicht am Vormittag, Rouge und Lippenstift bleiben für den Abend reserviert.

„Good night“ von Paul Abraham aus der Operette „Viktoria und ihr Husar“ (1930); Seite 248 f.

Reich mir zum Abschied noch einmal … Hat was Sympathisches so'n Spiegel, wenn man zwanzig Jahre ist und ein faltenloses, klares Gesicht hat. Ein gepflegtes Gesicht. Gepflegt ist mehr als hübsch, es ist eignes Verdienst.

Tieta – tatieta … Überlegender Blick in das nüchtern unpersönliche Zimmer. Weißlackierte Bettstelle, weißer Wäscheschrank, ein Tisch, zwei Stühle, friedvolle Blümchentapete und ein harmlos umrahmtes Genrebildchen, das – blaß und reizlos wie ein verlassenes Mädchen – endgültig verzichtet hat, aufzufallen. Man hätte ihn schon längst entfernen sollen, diesen sentimentalen Farbfleck.

Seite 249

[…]

Reich mir zum Abschied noch einmal die Hän … […]

Gilgi sitzt in der Berlitz school. „Lernt fremde Sprachen!“ Gilgi lernt spanisch, englisch, französisch. Drei Stunden hintereinander. Ihr schwirrt der Kopf von fremden Worten, als sie endlich in ihrem kleinen Mansardenzimmer auf der Mittelstraße angelangt ist. I want to be happy … sous les toits de Paris … der trockene Unterricht in fremdsprachlicher Handelskorrespondenz löst sich in blumigen Schlagermelodien. I want to be happy … Gilgi wirft begehrliche Blicke auf den breiten,

Seite 249

Seite 249 ff.

weichgelegenen Diwan. Sie ist ein bißchen müde, soll sie … nur eine halbe Stunde …? Keine Zeit. I want to be happy … Gilgi dreht das Grammophon auf. Tauber als Kolapastille. Ich küsse Ihre Hand, madame … Sie holt aus dem Schrank einen Samowar und kocht Tee. Zieht Jumper und Rock aus, hängt sie säuberlich an den Türhaken und streift einen gelbseidenen Kimono über. Hier ist sie zu Hause. Dieses Zimmerchen hat sie gemietet, um ungestört arbeiten zu können. Sie bezahlt es, und es gehört ihr. Die Wände hat sie mit braunem Rupfen bespannen lassen. Die Möbel: Diwan, Schreibtisch, Schrank, Stuhl hat sie allmählich Stück für Stück angeschafft. Alles ist eigenst erworbener Besitz. Die kleine Erika-Schreibmaschine und das Grammophon sind mit Überstunden verdient worden.

Sie zieht von neuem das Grammophon auf: es geht alles vorüber … Hat man's nicht zu was gebracht? Man wird es noch weiter bringen.

[…]

Wenn man drei fremde Sprachen perfekt kann, ist man gegen Stellungslosigkeit wohl so ziemlich gesichert. Vielleicht wird sie auch eines Tages überhaupt nicht mehr aufs Büro gehen. Sie hat noch andere Möglichkeiten. Hat ein Talent, Kleider zu entwerfen und zu nähen wie bald keine. Wenn die kleine Dame Gilgi abends ausgeht, sehen ihr Männer und Frauen nach, und wenn sie erzählte, sie kaufte bei Damm oder Gerstel – man würde ihr's vielleicht glauben. Dabei ist alles selbst gearbeitet. Sie besitzt drei Abendkleider, von denen keines mehr kostet als zwanzig Mark. […] ach, sie ist noch jung, und außer Ehe, Filmschauspielerin und Schönheitskönigin zieht sie jede Existenzmöglichkeit in Betracht.

Seite 251

Kolapastillen der Firma Dallmann gab es seit 1914. Sie wurden aus Kolaauszug, Kakao und Zucker hergestellt.

Seite 251

russische Teemaschine

grobes, poröses Gewebe aus Jute

kleine Reiseschreibmaschine der Dresdner Firma Seidel & Naumann (seit 1910)

Seite 252 ff.

Vicki Baum: Die Mütter von morgen – die Backfische von heute

Als meine Mutter sich verlobte, war sie achtzehn Jahre alt. Es gibt noch ein Bild von ihr aus jener Zeit, da sitzt sie zart und großäugig und ganz steif vor Würde auf einem Stuhl mit vielen Troddelchen. Auf dem Kopf trägt sie eine Türmchenfrisur, an den Händen feine, lange Schweden-Handschuhe, unter der gespannten Seide des Leibchens hört man das Fischbein krachen, rückwärts rum gibt ein Cul etwas Figur und Schwung, und unten dran bammelt eine große Schleppe. Rechts von meiner Mutter lehnt an einer samtbezogenen Balustrade Tante Eugénie, links Tante Helene, die Sechzehn- und Siebzehnjährigen von damals. Alle drei starren mit dem gleichen unverständig-wohlerzogenen Blick in das Objektiv, oder in ihre Zukunft als Gattinnen und Mütter – worunter sie sich ganz bestimmt nichts vorstellen konnten. Tante Eugénie beispielsweise glaubte bis kurz nach ihrer Verheiratung, daß die Wickelkinder gleich fertig verpackt, in Wäsche und Steckkissen, zur Welt kämen. Ich habe diese ihre unschuldsvolle Anschauung noch später oft rühmen hören, als das vorbildliche Resultat einer wirklich guten Erziehung. Ich schaue das Bild meiner achtzehnjährigen Mutter an: sie hat das Aussehen einer vierzigjährigen Frau und den Verstand und die Lebenskenntnis eines neunjährigen Mädchens von heute. Sie war bleichsüchtig und meistens traurig. Sie konnte Chopin spielen und endlose Meterrollen einer feinen Hemdspitze häkeln. Meine Geburt kostete sie fast das Leben, ein Leben übrigens, dem sie auch sonst in keiner Weise gewachsen war, und das sie früh verließ.
Sie erzog mich, indem sie achtgab, daß ich keine nas-

mattgelbe lange Gesellschaftshandschuhe; die Charakterisierung ‚schwedisch' bezieht sich auf eine bestimmte Gerbart des Leders

Seite 254

Frédéric Chopin (1810–1849), einer der bedeutendsten Komponisten und Pianisten des 19. Jahrhunderts sen Füße bekam, mich nicht erhitzte, nicht erkältete, sie packte mich in viel warme Unterkleidung ein, kämpfte jahrelang mit Bürste und Nußöl gegen mein widerspenstiges, dickes und geradezu unpassendes Haar, steckte mir fünf schwere Zöpfe um den Kopf, denen ich alle Kopfwehqualen meiner Jugend verdankte, und warnte mich an meinem sechzehnten Geburtstag in dunklen, schamerfüllten und außerordentlich bitteren Worten vor den Schweinereien, die alle Männer ohne Ausnahme mit jungen Mädchen vorhatten. Wenn ich sie recht verstand, so ekelte sie sich nicht nur vor der unerlaubten Liebe, sondern auch vor der erlaubten Ehe und vor dem Leben überhaupt. Arme Mütter von 1890! Eure Welt war so eng wie ein Kaninchenstall, auf allen Seiten mit Brettern vernagelt und ohne Lüftung. Wie haben wir euch erschreckt, als wir aus euren Wänden ausbrachen, wir jungen Mädchen von 1905, wir mit unserm Ibsen und Nietzsche, mit unserm Tristan-Fieber und unserer Rebellion gegen das Bürgerliche, wir mit der Forderung nach eigenen Wegen und Luft und Arbeit und dem Hunger nach wirklichem Leben ohne Verschleierungen und Fiktionen.

Seite 254

Jetzt also sind wir an der Reihe, Mütter zu sein, wir Dreißig-, Vierzigjährigen. Die Eierschalen des neunzehnten Jahrhunderts haben wir nach Möglichkeit abgestreift – manchmal klebt auch noch ein Stückchen davon fest an uns, ohne daß wir es wissen –, und nun versuchen wir mit unserer Brut Takt zu halten.

Erziehung sieht jetzt zum Beispiel so aus: Mein Junge sitzt oben auf dem Dach der Laube mit der Stoppuhr in der Hand, und ich muß unten Dauerlauf üben. 700 Meter, 1000 Meter, 1500 Meter. „Zuck-zuck!“ schreit der Junge oben, wenn ich ziemlich atemlos meine dritte

Runde vorbeistrample, „nicht abfallen! Nicht nachgeben!“ Nein, wo werde ich denn nachgeben, Junge. Es kommt uns ja so sehr darauf an, uns nicht vor euch zu blamieren, das feine Gespinst der Kameradschaft nicht zu zerreißen, in das wir euch eingefangen haben. Respekt und Vertrauen ist eine Sache geworden, die Mütter sich täglich neu verdienen müssen. Verlangt wird von uns: Daß wir nett und nicht alt aussehen, aber doch wie Mütter aussehen, das heißt ohne Lippenstift und Haarfärbemittel und all die Dinge auskommen, die schon die Neunjährigen als Kitsch bezeichnen. Wir müssen gutgelaunt, großherzig und diskret sein. Wir müssen – falls wir Anspruch auf Bildung erheben – die wichtigsten Rekordzeiten, die Automarken, die Flugzeugkonstruktionen kennen. Am besten lernen wir diese Dinge heimlich nach, während die Kinder schlafen. Muskeln sind an uns erwünscht, Speckansätze werden mitleidig belächelt. Sehr gut für die Erziehung ist es, wenn unsere Drives beim Tennis stärker, unsere Kopfsprünge beim Schwimmen besser sind als die der Kinder. […]

ein beim Tennis besonders schwieriger, glatt geschlagener Ball ohne Drall, der sehr flach über das Netz fliegt

„Wen willst du denn heiraten?“ frage ich vorsichtig.

„Vor allem muß sie gesund sein“, antwortet der Junge so prompt, daß ich verwundert merke, er habe sich’s schon überlegt. „Gesund und lustig. Und Sport natürlich. Na, Sport treiben ja jetzt alle Mädels. Daß man mit ihr Ski fahren kann und paddeln und alles. Geld muß sie auch haben, wegen Auto. (Oh, ihr Ideale meiner Jugend! denke ich, leicht erschreckt.) Schoffieren wird sie ja wohl können, das lernt man bis dahin auf der Schule. Dumm darf sie nicht sein, dumme Mädels mag ich nicht. Und Sprachen, daß man mit ihr reisen kann. Und keinen Puder erlaube ich ihr oder Lippen schminken. Gibt’s nicht. Und hübsche Haare, das gehört für Mädels. Eigentlich

chauffieren, fahren

mögen wir alle keine Bubiköpfe, aber natürlich kann man nicht verlangen, daß sie lange Haare tragen, das ist zu unpraktisch. Aber doch so bißchen Haare. Und keine Geschichten mit Kleidern. Bis wir groß sind, werden ja doch alle Menschen nur im Turnanzug herumgehen und nur einen feinen Anzug haben für Sonntag oder so. Meine Kinder müssen überhaupt nur nackt laufen von Geburt an, damit sie stark und gesund werden und nicht so pimplich –"

zimperlich, verzärtelt

Das wären so die Ansichten meines Jungen, während er neben mir herplaudert und mit seinen Kinderaugen in eine Zukunft blickt, die dicht mit meinen urwaldbraunen, splitternackten, unpimplichen Enkeln bevölkert ist …

Ich habe mich daraufhin ein bißchen umgesehen unter den halbwüchsigen Mädchen von heute. Weiß Gott, genau so wachsen sie hinter uns her, wie die Jungens von heute sie wünschen: gesund und lustig, ohne Hysterie, ohne Blutarmut, ohne Nerven und Sentimentalitäten. Sie sind auf den Sportplätzen zu Hause und in den Laboratorien, sie arbeiten viel und machen kein großes Wesen aus jenen Gefühlen, die für uns damals so viel bedeuteten, weil sie halbversteckt, unterdrückt und verboten wucherten. Sie haben eine neue Art von Keuschheit, von Scham und von Stolz, diese kleinen, sechzehnjährigen Amazonen in ihren kurzen Trikots. Weil ihre Körper frei sind, bleiben ihre Seelen sauber und gerade. Ja, man muß euch liebhaben und euch vertrauen. Man kann sich an euch freuen, und man darf neugierig sein, wie ihr in zehn oder fünfzehn Jahren eure Sache machen werdet – ihr kleinen Mädchen von heute, ihr Mütter von morgen …

Seite 254

Erich Kästner: Chor der Fräuleins

Wir hämmern auf die Schreibmaschinen.
Das ist genau, als spielten wir Klavier.
Wer Geld besitzt, braucht keines zu verdienen.
Wir haben keins. Drum hämmern wir.

Wir winden keine Jungfernkränze mehr.
Wir überwanden sie mit viel Vergnügen.
Zwar gibt es Herrn, die stört das sehr.
Die müssen wir belügen.

Seite 254 f.

Zweimal pro Woche wird die Nacht
mit Liebelei und heißem Mund,
als wär man Mann und Frau, verbracht.
Das ist so schön! Und außerdem gesund.

Es wäre nicht besser, wenn es anders wäre.
Uns braucht kein innrer Missionar zu retten!
Wer murmelt düster von verlorner Ehre?
Seid nur so treu wie wir, in euren Betten!

Nur wenn wir Kinder sehn, die lustig spielen
und Bälle fangen mit Geschrei,
und weinen, wenn sie auf die Nase fielen –
dann sind wir traurig. Doch das geht vorbei.

Mascha Kaléko: Mädchen an der Schreibmaschine

Die Maschine heißt Continental, römisch zwei. Das Mädchen: Fräulein Siebert. Zumindest zwischen neun und fünf. Nach Feierabend gibt es auch einen Vornamen, – Inge, Lore oder Elisabeth. Von den zärtli-

Schreibblock mit liniertem Papier für Stenogramme

Papier, mit dessen Hilfe Durchschriften hergestellt werden können

chen Abkürzungen, die ‚Sein' Vorrecht sind, ganz zu schweigen. Die haben nichts zu suchen zwischen Stenogrammblock, Firmenbogen und Kohlepapier. Keine Privatgedanken in der Geschäftszeit, bitte sehr, sonst gibt's Tippfehler.

Unvermeidlich allerdings ist das Lächeln als Nachwirkung gewisser Telephongespräche …

Punkt neun beginnt der ‚Betrieb'. Neun Uhr zehn, ausgeschlafen oder müde, keinen geht das an, klappern die schmalen Finger des Mädchens schon herum auf der stählernen Schreibkiste. Tipp tipp tick … tipp tipp tick … ein sanftes Klingeln, ping. Wir zeichnen mit vorzüglicher Hochachtung …

Im ersten Brief kommt ein Gähnen auf je ein Komma. Beim zweiten beginnt man den Ärger über die prallgefüllte U-Bahn langsam zu verwinden. Beim dritten aber ist man schon ganz mittendrin.

Ja, es kann schon einmal vorkommen, daß man sich an der reinen Weiße eines knisternden Schreibmaschinenbogens über der Walze freut. Oder vielleicht über anderthalb Meter Sonnenstrahl, die durch das staubige Bürofenster auf die Tasten fallen, ein grellbeschienenes A oder Z, – es ist merkwürdig, wie einen derartige Lächerlichkeiten zuweilen froh stimmen können. An solchen Tagen möchte man fortwährend singen mitten im Büro, so ist einem zumute.

Aber man wird sich das verkneifen …

Der Chef.

Na!

Ganz unvorschriftsmäßig: keine Glatze, keinen ‚Bauch', keine Zigarre. Mitte dreißig ist er und ‚leichtsinnig'. Jeden Mittag um zwei ruft die blonde Telephonistin aus der Zentrale in die Muschel: „Herr Direktor, Frau Gemahlin auf der vierten Leitung …" Sie ist gut informiert über das Privatleben des ‚Alten'. Erkennt jede Stimme. Todsicher. „Wenn ich reden wollte …" –

Aber darauf ist man als intelligente Sekretärin nicht angewiesen.

Wenn er ‚Kindchen' sagt und ‚Viel zu tun, Schatz', so handelt es sich um ‚Frau Gemahlin'. Lächelt er jedoch verliebt in das Sprechrohr, spielt er verwirrt an der Telephonschnur, verlegen wie ein kleiner Junge, dann weiß man Bescheid und verdrückt sich leise, auf die Gefahr hin, daß man mitten im Stenogramm steckengeblieben ist. Wenn sie es wüßte, diese ‚Andere', daß sie das Barometer ist für das gesamte Büro, sie würde sicher pünktlich anrufen, um jeden Tag auf ‚Schön Wetter' zu stellen. So aber. Nicht ganz einfach …

Stenogramm: in Kurzschrift (Stenografie) aufgenommenes Diktat

Alle Chefs diktieren ein garantiert einwandfreies Deutsch, haben einen erstklassigen Stil, anerkannt, garantiert, unwiderruflich. Wünschen keinerlei Stilkorrekturen.

„Fräulein Siebert, zum Diktat!"

Schlachtruf.

Stenoblock, zwei messerscharfe Kopierstifte, rasch den Kamm durchs Haar, kein Kohlepapierfleck auf der Nase? Nein, sagt der Taschenspiegel, also los.

Kopierstifte: Bleistift mit nichtwasserlöslicher Mine, kann nicht ausradiert werden

„Schreiben Sie!"

Alle Chefs diktieren ein einwandfreies Deutsch … erstklassiger Stil … (siehe oben!). Anerkannt. Garantiert. Unwiderruflich.

„… Und schrieben wir Ihnen letzthin auf Ihr Wertes vom 4. cr., daß sie nicht akzeptieren müssen, wenn wir mehr wie die Konkurrenz in Rechnung stellen …"

Wünschen keinerlei Stilkorrekturen.

Siebtklässler

Auch wenn ein mittelkluger Quartaner schon begriffen hat, daß es nach dem Komparativ ‚als' heißt und daß … und daß … und daß …

Keine Stilkorrekturen …

Aber, armes Fräulein Siebert, schreibt das brave Mädchen gehorsam ab aus dem Stenogramm, dann ist er tiefgekränkt: „Dreimal in einem Satz ‚schließlich'. Fräulein Siebert, ich muß schon bitten …!"

Chefkrach, Kollegentratsch, nichts als Ärger …

Und sie stützt ihren Kopf verzweifelt in die Hände, Ellenbogen an den kühlen Lackrahmen der Continental römisch zwei. So traurig ist das Leben. So öde ist dieses Büro. Keinem geht es so miserabel wie mir. Für dieses lächerliche Gehalt. Und das Mädchen hinter der Schreibmaschine hat es gründlich satt. Macht ein Gesicht, das durchaus nicht zu dem lustigen Rot der neuen Bluse vom letzten Ausverkauf paßt. Und tut, als ob das immer so wäre. Und als säße es auf einer Insel mitten im Unglücksmeer, ganz allein mit seinen paar lumpigen Stenogrammen und seinem elenden Klapperkasten.

Vergißt, daß es einen Büroschluß gibt, Feierabend geheißen, Spazierengehen zu zweien, Arm in Arm mit schlenkernder Mappe und Stadtköfferchen, Warten und Erwartetwerden an der Haltestelle. Telephongespräche zwischen Frühstückspause und Lohnlisten, Wochenende in weißem Sweater und Seemannshose aus Leinen, Paddelboot X und Bücher, Frühling, Sommer und Herbst. Sechs schwarze Kalenderblätter und immer wieder das ersehnte rote. Leben am laufenden Band. Montag bis Freitag findet Alltag statt.

Sonnabend mittag um zwei aber fängt der Sonntag an …

Marieluise Fleißer: Eine Zierde für den Verein

Seite 255 f.

Am Montag, wenn die Tretmühle anfängt, steht Frieda Geier mit dem Schlüsselbund in der Hand am Wall und schließt mitten zwischen Brennesseln und Brombeersträuchern eine schrägliegende Tür in der Befestigungsanlage auf. Es sieht aus, als sperre sie einen Berg auf. Drinnen ist ihre Garage. Vorsichtig quetscht sie ihre kleine grüne Knarre, den Laubfrosch, durch die Tür, steigt noch einmal aus und schließt den Berg wieder zu. Sie trägt feste Schnürstiefel, einen strapazierfähigen Rock und die Lederjacke.

kleines Gerät, Spielzeug, mit dem durch Drehbewegungen ein lautes Knarren erzeugt wird

Seite 256

Etwas leise Spießiges und darum Anheimelndes geht von ihr aus, das ist die Tarnung. Die Kleidung muß auf Stadt- und Landkundschaft zugleich abgestimmt sein. Sie muß auf den ersten Blick wie jemand aus der Laufkundschaft wirken. Im Anfang hat sie da Fehler gemacht und sich zu flott angezogen.

Der Laubfrosch macht einen Spektakel wie ein kleiner grüner Stänkerteufel und rüttelt die Knochen gehörig durcheinander. […] Hier ist die Stätte der Taten. Frieda klemmt die Mappe unter den Arm.

Sie läßt den Laubfrosch nicht unmittelbar vor dem Eingang stehn, damit er dem Kunden nicht den Zutritt versperrt. Sie tritt in den Laden, nicht zu plötzlich, der Mensch hat Nerven.

Sie grüßt mit bescheidenem Selbstbewußtsein und muß warten, bis die Kundschaft abgefertigt ist. Der Montag ist ein lebendiger, der Dienstag ein toter Tag.

Sie steht nicht wie eine Ausgestoßene in ihrer Ecke. Ihr Schweigen ist Dienst am Kunden.

Frieda hat es gelernt, in Qualen zu lächeln. Das Warten

ist nicht das Schlimmste. Es gibt Kaufleute, die einen mutwillig hinhalten, die sehr wohl empfangen könnten. Aber es paßt ihnen im Augenblick nicht. Jetzt geht es beim besten Willen nicht, heißt es.

[…]

„Fräulein, kommen Sie am Nachmittag wieder."

„Geht es denn wirklich nicht? Am Nachmittag bin ich nicht mehr im Ort."

„Nun, dann kommen Sie gar nicht."

[…]

Aber sie hat ein Recht hier zu stehn, weil sie es sich nimmt. Ihren Augen entgeht nicht, daß Herr Stubenrauch von Firma Stubenrauch, Feinbäckerei um eine Kleinigkeit langsamer bedient, als er sie erblickt. Ein Entschluß wandelt sichtbar durch sein Gesicht: er bestellt nicht.

Was doch Herr Stubenrauch für eine steife Miene annehmen kann! Kein Fußball ist lederner im Gemüt. Nur nicht Mensch oder Mitmensch werden.

Sie kann ja stehenbleiben, wenn ihr die Zeit nicht lang wird. […] „Und jetzt wo wieder Viehmarkt ist, lassen Sie mich auch was verdienen. Sie kennen mich, Herr Stubenrauch, ich biete Ihnen nichts an, was nicht Ihr eigener Vorteil wäre. Ich habe da ein Mehl, das macht mir keiner nach, Eins A. Das müssen Sie ansehn. Ansehn heißt noch nicht kaufen."

Sie hält ihm das Leinensäckchen mit der Mehlprobe unter die Nase, er kann sie nicht daran hindern, er hätte schon ihre Hand wegstoßen müssen; sie war so flink.

„Und was kostet das? Ihnen steht der Verstand still, wenn ich Ihnen mein Angebot nenne."

Am liebsten hätte sie den Mann von der engherzigen

Kaste gegen sein langweiliges Schienbein getreten. Er hält sie auf.

Herrn Stubenrauch steht über das Angebot zwar nicht der Verstand still. Gleich wird er sich die Haare über die mörderischen Gewohnheiten seiner Mitmenschen raufen. Er müßte es nicht mit Frieda zu tun haben. Nun hat sie sich festgebissen, nun läßt sie nicht locker, hin muß er sein.

Nicht alle sind gegen sie, wie sie sein sollten. Manche Herren nehmen sich gegen ein alleinstehendes weibliches Wesen Freiheiten heraus. Aber das muß sie Herrn Stubenrauch lassen, er persönlich ist noch immer hochanständig zu ihr gewesen.

„Darum komme ich auch gern zu Ihnen, das wissen Sie."

Sie schaut ihn an mit dem Blick, an einer Eiche könnte er rütteln.

Sie steht vor ihm als ein schwaches Weib, in dieser Welt von Männern erdacht. (Gegen sein langweiliges Schienbein würde sie ihn am liebsten treten.)

Er weiß nicht, wie er sie wieder los wird, ohne daß er bestellt, denn Frieda wankt und weicht nicht. Nun hat sie ihn auch noch ins Vertrauen gezogen.

Er hat kein gutes Gewissen, als er ihr seinen Auftrag erteilt. Daran müssen nun die nachfolgenden Vertreter glauben. Er hebt nicht die Hand zum Schwur, aber das nimmt er sich vor, er will, um sein Leben zu fristen, sich zur fühllosen Mauer entwickeln.

Frieda kann die Bestellung in ihr Orderbuch schreiben. Auftragsbuch
Ihr Lebensfaden ist wieder einmal verlängert.

Es ist ja so wichtig, daß man seinen Kunden zu nehmen versteht. […] Frieda ist nicht abgeneigt, nach der eigenen Arbeitszeit das Gröbste zu beseitigen. Anders ist es schon, wenn sie merkt, daß er darauf pocht. Sie kann in den Tod nicht leiden, wenn Männer den lästigen und undankbaren Teil der Arbeit den Frauen zuschieben aus Prinzip.

„In Amerika helfen die Männer und Frauen auch zusammen," sagt sie zum Beispiel.

„Hier ist nicht Amerika."

Aber hier ist Frieda, die jahrelang Männerarbeit gemacht hat.

Wie soll das einmal werden, wenn Frieda sich auf die Heirat einläßt? Dann ade, schöne Selbständigkeit!

„Daran darf ich noch gar nicht denken," sagt Frieda.

Da lacht Gustl sie aus. Das wäre doch sonderbar, wenn eine sinnenfreudige Frau sich nicht die Finger bis zum Ellbogen ableckte, falls sie beim Genossen der Liebesspiele sich absichern kann auf Zeit.

Aber um welchen Preis? Frieda hat Ahnungen, sie kann es nicht lassen.

Allen Ernstes fragt Gustl, ob sie sich bei ihm nicht auslebt?

„Ausleben, ja," kommt es gedehnt.

Wenn das für sie wenig ist, ist Gustl machtlos und Frieda ein Rätsel.

„Es fehlt eben was."

„Dir fehlen Prügel."

„Das muß man erst können."

„Was?"

Gustl schnaubt. Gustl hat unter Können natürlich die reinen Körperkräfte verstanden, ein Beweis, wie einsam Frieda neben ihm lebt.

Seite 256

„Dazu müßte ich dir denn doch zuvor das Recht geben," spricht deutlich Luzifers Tochter. „Ich würde nämlich sofort von dir gehen."

Da steht sie und behauptet sich, als seien die Paragraphen des Gesetzbuches für sie nicht geschrieben.

Der beliebte Krauler ist nicht so souverän, wie er glaubt. Er nimmt es von der leichten Seite und lacht, sollte vielleicht nicht lachen.

Es stört sie, daß er niemals mehr bei ihr erreicht, als sie ihm freiwillig gibt. Er wird ihr nicht Herr. […]

Die kurzfristige Inventur hat den Krebsschaden bloßgelegt. Zwar kommt fortwährend Geld ein, nicht genug um die laufenden Ausgaben und Warenschulden zu decken. Die Verdienstspanne reicht in der Branche nicht aus. Es ist unheimlich, wie rasch die Substanz schwindet, wenn man keine Bewegungsfreiheit hat. Er verliert das Skonto.

Inventur: Bestandsaufnahme des Vermögens und der Schulden eines Unternehmens

Skonto: Preisnachlass bei sofortiger Zahlung der bestellten Ware

Hätte ich bloß nicht mein ganzes Geld an die gute Ausstattung gewendet.

Insgeheim hat er mit mancher Erleichterung seiner Lage spekuliert. Zum Beispiel hätte er nie erwartet, daß sich Frieda mit dem Ihren so karg zeigt. Nichts wäre unter den Umständen gegebener, als daß sie ihr Kapital in sein Geschäft steckt. […]

„Ich will mich doch bloß rühren können. Es wird ihr doch nicht genommen. Ich begreife nicht, daß du nicht siehst, daß die Kapitalsanlage todsicher ist.“

„Und wenn du auffliegst mit dem Laden?“

Nun muß Gustl wie ein getretener Wurm sich durch die Minuten quälen, wenn Frieda den Teufel an die Wand malt.

„Du wünschst mir nur Schlechtes,“ wirft er ihr vor.

Gustl redet sich umsonst den Mund fransig.

[…]

Er hat sich keine reiche Braut gesucht. Er wählte ausschließlich nach seinem Herzen. Jetzt liegt die Mutter ihm in den Ohren, er soll sich auf Schleichwegen sein Opfer versüßen. Der Spießer bricht durch. Er ist verliebt, aber keine Ausnahme unter den Menschen. Er kann sich die Ausnahme einfach nicht leisten.

Der harmlose Gustl in der zum Instinkt gewordenen Unsauberkeit. Er ist ja nicht hermetisch abgeschlossen von allen, die dem Vorrecht des Mannes frönen. An anderen hat er es erfahren, wie andere ihre Ehe aufbaun. Gewohnheit sagt ihm, daß Hochzeiterei ein ewiger Kuhhandel ist. Zwar hat er die Geschichte der Geschlechter nicht bis in die Urzeit verfolgt. Die innere Stimme sagt es. Auch ihm ist die Aneignung zur zweiten Natur geworden. […]

Er braucht eine andere Frau.

„Du mußt dir eben für bestimmte Tage eine Aushilfe nehmen.“

„So wie jetzt trägt der Laden die Miete nicht, geschweige die Aushilfe.“

ausnutzen

Gustl übertreibt, wenn er sich wegen der Aushilfe als Verzweifelter gebärdet. Aber wenn er diesen Ausweg ergreift, könnte Frieda zeitlebens auf der Aushilfe bestehn, das gerade will er vermeiden. Er will die Frau als Arbeitskraft im eigenen Geschäft ausmünzen, ihr nichts dafür zahlen.

„Gib deine Vertretung ganz auf,“ schlägt er ihr vor. […]

Nein, Frieda zieht nicht. Ihr Arbeitstag hat einen anderen Wert.

Gustl ist nicht ohne Augenmaß dafür geschaffen.

„Später, wenn wir den Betrieb einmal ausbauen, kann ich deinen Anlagen besser gerecht werden,“ sagt er ihr zum Trost.

Frieda verläßt sich nicht blind darauf. Sie hat ihre Position im Zwischenhandel in Jahren ausgebaut, hat ihr eigenes Erbteil hineingesteckt. Bei manchem Abschluß hat sie unter der harten Isoliertheit gestöhnt. Jetzt, wo sie alles aufgeben müßte, wird ihr die Isoliertheit lieb. […]

Was hat es für einen Sinn, daß man sich wie ein Mann in der Fremde herumrauft, daß Eigenschaften entwickelt worden sind, welche sich dem männlichen Übergriff verweigern? Was nützt der Frau aller Fortschritt, wenn sie dann doch in die patriarchalischen Methoden der Lebensgemeinschaft hineingestoßen wird, die eine rückläufige Bewegung bei ihr erzwingt. „Die Männer müssen sich anders einstellen," behauptet Frieda, fühlt sich als weiblichen Pionier. […]

„Das Recht auf deine Arbeitskraft steht sowieso deinem Mann zu," predigt Gustl, der einmal naiv war.

Der Wald- und Wiesengustl weiß sich auf die Dauer zu helfen, er hat sich die Waffen des Gesetzbuches zu eigen gemacht oder sich eintrichtern lassen, er streckt sich schon jetzt in seinem Bett, das ihm das Eherecht verleiht, und man weiß ja, wie die Frauen da dran sind. Er wächst, sofern ihm als Persönlichkeit bang werden muß, in die Buchstabengerechtigkeit hinein. Er ist der Komplikationen, die ihm von Natur nicht zustehn, müde geworden, will fortan im Einklang mit seinen Notwendigkeiten leben, bei denen Eigennutz obenan steht.

Im Eherecht des Bürgerlichen Gesetzbuches (BGB) von 1896 heißt es im § 1356, (2): „Zu Arbeiten im Hauswesen und im Geschäfte des Mannes ist die Frau verpflichtet […]."

Als die Liebe sachlich wurde

Anton Räderscheidt: Die Rasenbank

Die Begriffe ‚sachlich' und ‚Liebe' scheinen sich geradezu auszuschließen. Auf den ersten Blick hat es den Anschein, als gebe es keine wirkliche Liebe in der Neuen Sachlichkeit. Die Sachlichen wenden sich von jeder Romantik ab, sie sind „kühl geworden fast bis ans Herz hinan, ohne Phrase, ohne Pathos, ohne Sentimentalität, ohne Liebesgedichte“ (Frank Matzke). Trotzdem gibt es ‚da noch etwas‘ zwischen Mann und Frau, das niemand wegdiskutieren kann und will, aber dieses etwas, nennen wir es Liebe, bekommt eine neue Form. Die sachliche Romanze ist kameradschaftlich und die „Parteien“ sind einander gleichgestellt (Georg von der Vring). Die Liebenden finden sich für eine bestimmte Zeit zusammen, es muss nicht für immer sein. Die Wahl des Partners ist wohl kalkuliert, es gibt ein „System des Männerfangs“ (Irmgard Keun). Wer einen Mann mit Seele sucht (Dinah Nelken), benutzt ein falsches Suchkriterium. Andere sind klüger, sie suchen nach einem Schauspieler, dessen Ruhm abstrahlt und durch den man ‚selber etwas werden kann‘, einen Mann mit Gartenlaube, der das richtige Wochenendvergnügen vor den Toren der Stadt zu bieten hat, oder direkt einen Mann mit Mercedes Benz. Ist die Liebe dann vorbei, trennt man sich ganz unsentimental, es reicht ein kleines Kärtchen mit dem „Wörtchen: ‚aus‘!“ (Mascha Kaléko). Im schlimmsten Falle fehlen einem die Worte (Erich Kästner) oder man beschließt einfach, den geschiedenen Ehemann erneut zu ehelichen. Aber bitte ganz nebenbei, zwischen Golfspiel und Nachmittagsverabredung, wie Charlott in Wilhelm Speyers Roman „Charlott etwas verrückt“.

Aber es gibt auch Romanfiguren, die mit der sachlichen Liebe ihre Schwierigkeiten haben. Irmgard Keuns Gilgi ist ein Beispiel dafür. Sie lernt einen Mann kennen, der sich zur „Betriebsstörung“ auswächst und ihr Leben auf den Kopf stellt. Und der Titelheld aus Erich Kästners „Fabian. Geschichte eines Moralisten“ bekommt es mit der grotesken Variante einer Neuen Frau und sachlich Liebenden zu tun.

Frank Matzke: Liebe

Demgegenüber unsere Haltung: bewußte Freiheit in geschlechtlichen Dingen ohne Rücksicht auf die einst geforderte Ehe; Verzicht auf Jungfräulichkeit und auf Prostitution; Verzicht auf Verbrämung mit „Idealen“, die uns keine mehr sind. Dafür aber auch Verzicht auf Heuchelei; Wahrheit und Offenheit in geschlechtlichen Dingen. […]

Daß wir nicht haltlos und den Sinnen unterworfen sind, sondern eher freier von ihnen, geht allein schon daraus hervor, daß für uns das Geschlechtliche nicht mehr jene Bedeutung hat wie für die uns Vorangegangenen. Das steht nur scheinbar zu den Tatsachen in Widerspruch; denn es ist nicht mengenmäßig, sondern wertmäßig gemeint. Mochte man auch einst weniger offen diese Dinge behandeln und ausführen – im innern Leben des Einzelnen spielten sie dafür eine um so größere Rolle. Heute – wo sie vielleicht an der Oberfläche stärker sichtbar sind – ist zugleich ihr Gewicht für den erlebenden Menschen geringer geworden. […]

Uns ist das Geschlechtliche nichts Verbotenes mehr, nichts Heimlich-Sündig-Reizvolles, sondern natürlich, selbstverständlich. Es hat auf unser Denken und darüber hinausreichende Bezirke unserer Seele nicht jenen Einfluß mehr; wir nehmen es nicht mehr so wichtig. Deshalb ist auch jene Literatur, die heute noch von der Überschätzung der Sexualität lebt, eine Angelegenheit von gestern, gehörig mehr in die schwüle Vorkriegsatmosphäre, in der Freud und Weininger entstanden und wirksam wurden, als in unsere klare, kühle Luft. Pubertätsnöte und „Frühlingserwachen“ sind – im Theoretischen weitesten Sinns – Mode von gestern. […]

Seite 256
Seite 256 f.
Seite 257

Die Ernsten und Wertvollen unter uns, die Wesenhaften, sind – weder angeblich noch wirklich – zügellos, sondern nur frei. Uns wird ein Geschlechtsverhältnis durch den Segen der Kirche oder die Anerkennung der Behörde nicht legitimiert, sondern nur eingeordnet in menschliche Zusammenhänge (so weit diese Einordnung notwendig ist, erkennen wir jene Institutionen an). Wir wissen auch, daß es nicht immer „ewig" ist, und haben den Mut, uns das einzugestehen. […]

„Der Herr neben der Dame."
Nichts könnte den Wandel in der Form der Liebe von gestern zu heute besser kennzeichnen als die Gegenüberstellung: das „Liebespaar" gestern – „der Herr neben der Dame" heute.

Die Liebe von gestern war immer noch die romantische Liebe, allerdings auf Alltagsniveau gesenkt, passend für jedermann. Nicht die Liebe der Romantiker vor hundert Jahren, in ihrer sinnlich-geistigen Doppelheit; wohl aber in äußeren Formen, in denen sich Verliebte gaben. „Mondenschein und Frühlingslauben", wie Geibel sang; das Leidenschaftlich-Verzückte, das Schwärmerische; die Verbrämung mit der Phrase und dem schönen Gefühl. Was noch um 1800 und davor aus dem gefühlvollen Herzen einiger Dichter kam, war im Lauf des Jahrhunderts bis zu den Ladenmädchen gedrungen und galt als offizieller Liebesstil.

Seite 257
Seite 257 f.
Seite 258

Mit den Mondscheinlauben ging auch die Mondscheinlaubenliebe zum Teufel. Gefühle, einige Meter über dem Alltag, haben aufgehört. Wir sind kühl geworden fast bis ans Herz hinan; ohne Phrase, ohne Pathos, ohne Sentimentalität, ohne Liebesgedichte. Kaum, daß wir noch

Gedicht von Wilhelm Müller (1794–1824) aus dem von Franz Schubert (1797–1828) vertonten Gedichtzyklus „Die schöne Müllerin“ (1821/24)

lächeln über das schöne Lied vom „Schnitt es gern in alle Rinden ein“; so fern ist uns das schon.

Das heißt nun freilich nicht – wie einige übermodern sein wollende Schreiber behauptet haben –, daß die Liebe selber im Aussterben sei. Das wird nie geschehen, solange es Menschen gibt. Nur die Form hat sich geändert.

Geblieben aber ist zunächst die Grundlage, die geschlechtliche Anziehung zwischen Mann und Weib. Allerdings hat sie manches gelitten, vor allem dadurch, daß mit dem Eintreten der Frau in die Alltagskreise des Mannes die Entfernung zwischen beiden Geschlechtern, die Fremdheit und damit die Spannung geringer wurden. Damit natürlich auch der Reiz und Wille zur Überwindung dieser Spannung, zum Niederreißen der trennenden Wände – zur Vereinigung mit dem begehrten Weib. Wir erleben es immer wieder: die Mädchen und Frauen, die neben uns arbeiten, neben uns studieren, die sind uns reizloser, weniger begehrenswert als jene anderen, unbekannten, die wir auf der Straße sehen oder in Gesellschaften, die uns neu und fern sind. Es ist von Nachteil für die Frau, daß sie zur selben Zeit, da sie vieles eroberte, vieles verlor. Viel Zündstoff für das Feuer der Liebe ist beseitigt, und darum schlagen heute ihre Flammen seltener empor.

Dort aber, wo sie aufsteigen, ist es nicht mehr das unruhig zuckende, oft turmhoch emporschießende, in rötlichem Glanz brennende Feuer von einst; sondern ist eine klare, gleichmäßig brennende Flamme mit ruhigem Schein. […]

Das äußere Leben in der heutigen Ehe ist das der Kameradschaft. Beruhend auf dem Wissen von der keineswegs Göttlichkeit des Andern, von feinen Fehlern, aber auch von feinen Vorzügen, hervorgegangen aus einer heute wie immer unerklärlichen Zuneigung, die im Geschlechtlichen wirksam ist, aber nicht in ihm allein. Innerlich lebt die heutige Ehe von dem Freisein der beiden Menschen, und zugleich ihrem Aneinanderhängen, einander Zugetansein. Da ist auf der einen Seite die klare Erkenntnis, daß ein völliges Aufgeben der Eigenart nicht möglich ist, daß es immer zwei bleiben; ja, daß es über manche innerste Dinge kaum eine Mitteilung, kaum eine Verständigung gibt. Also ein Wissen von der Unvollkommenheit auch hier. Aber dennoch: kein daran Verzweifeln, sondern in Stunden die Empfindung eines Glücks aus der Gewißheit, daß der Andere ein Gefäß ist voll unbekannter Dinge, die sich nie offenbaren werden.

Das ist die – „Sachlichkeit“ in der heutigen Ehe. [...]

Die seelische Einsamkeit, in der wir leben, verläßt uns auch in der Ehe nicht. Auch in ihr fühlen wir, daß wir in den letzten Dingen – es müssen keineswegs die „metaphysischen“ sein – allein sind, da es darin keine Brücke gibt zu dem Andern hinüber. Aber daraus fließt für uns keine Verzweiflung, und mit jener tapferen Selbstbeschränkung, von der so oft die Rede war, tragen wir auch dies. Und so ist unsere Ehe ein – wenn auch äußerlich nicht als solches gezeigt – inniges Zusammenleben mit einem Andern, der Mensch ist wie wir und nicht von den Sternen stammt; von dem wir weder jemals ganz abhängig sein noch in den wir je ganz aufgehen können. Ein Gefährte in unserm Dasein nur, aber der engste und vertrauteste; von dem man nicht weiß, ob man ihn nicht eines Tages verlassen wird – und dem man dennoch treu bleibt, wenn die Ehe jemals ernst gewesen. Ein Gefährte, an den uns unergründlich fremde Mächte im Innern binden – von unsern Vorfahren Liebe genannt (wer andere Namen dafür haben will, gehe zu Freud und den Seinen) – Mächte, für die die sogenannten Erklärungen der nichts als Naturwissenschaften wenig besagen. Ein Gefährte, der neben uns arbeitet und unsere Freuden teilt; von dem wir vieles, sehr vieles wissen, und der Gefährte von uns; und der uns dennoch wieder fremd ist in Vielem und Wesenhaftem.

Georg von der Vring: Offensive der Frau

Die heutige Frau ist in Einzelexemplaren schon die Frau von morgen. Im allgemeinen ist sie auf der jetzigen Entwicklungsstation ein Resultat der im Endstadium befindlichen Frauenbewegung, die wie alle Revolutionen der Evolution die Zügel überlassen muß. Die Frau will gesellschaftliche Gleichstellung mit dem Manne, will seine Fähigkeiten und Befugnisse, will diktieren wie er, und vielleicht ihn ersetzen. Wie kommt dieses Wesen dazu, das bei primitiven Völkern Arbeitstier war, in der Antike nur als notwendiges Mittel zur Erzeugung von Staatsbürgern galt, ihre Küche durch Riegel von der Öffentlichkeit abgeschlossen bekam, und in neuerer Zeit eben für würdig befunden wurde, außer zu kochen noch Klavier zu spielen und harmlose Bücher zu lesen? Das fragen sich neugierige Leute. Etliche meinen ihre eigene Überlegenheit dadurch auszudrücken, daß sie gelassen behaupten, die wachsende Unfähigkeit der Männer werde durch die Entwicklungsklettertour der Frau bewiesen. Andere erklären die Sache aus der modernen
Seite 258
Wirtschaftsform heraus. Es wird heute in der Gemeinschaftssiedlung en gros gekocht, gewaschen, genäht, und da en gros und in der Fließarbeit mit wenig Menschen

viel erzeugt wird, so braucht man nur einen Prozentsatz der Frauen für den Hauswirtschaftsprozeß. Es ist Zeit, Lyzeen zu gründen und Frauenberufe zu schaffen. Die Frau tritt auf der ganzen Linie in die Offensive. Sie wird Lehrerin, Sekretärin, Rekordmännin, Künstlerin und Hochstaplerin. Und es geht wirklich. Sie bringt Beweise. Dem Manne tritt sie jovial gegenüber, findet die Ausdrücke: Kollege, Kamerad oder Genossin für sich passend, sieht in der Ehe die Fortsetzung dieser Form der Beziehung und kommt hie und da zu dem Schluß, daß die Ehe überhaupt überflüssig ist. Ob sie heiratet oder nicht, sie ist gleich selbständig. […]

(Lyzeen: höhere Schule für Mädchen)

Die Parteien sind gleichgestellt. Im Restaurant bezahlt ein jeder seine Rechnung, beim Fiskus jeder seine Steuern, und zu gleichen Teilen bestreiten sie die Ausgaben für die Kinder. Das Verhältnis des absoluten Gleichgewichts verspricht Gerechtigkeit, Harmonie und sachliche Erfolge; dabei mag es nebenbei möglicherweise interessant sein. Dies übrigens nur mit Bezug auf den Zustand jener Kompaniegesellschaft, die dann vielleicht nicht mehr Ehe heißt. Im Beruf wird Kollegialität eine Form guter, erfreulicher, ersprießlicher Zusammenarbeit werden. Im Sport wird ritterliche Gemeinschaft die Schule sein, die beide besuchen. Geistig werden sie, beide schaffend, um so mehr persönlich zusammenkommen, als sie sich über sachliche Fragen veruneinigen.

(Fiskus: Staatskasse/Staat an die/den man die Steuern abführt)

(Kompaniegesellschaft: befristete Handelsgesellschaft)

Irmgard Keun: System des Männerfangs

I. Allgemeine Regeln: der Eitelkeit des Mannes Futter geben. Sein Selbstgefühl stärken, ihn stolz sein lassen auf sich. Ihn verstehen, wenn er verstanden sein will, und im richtigen Moment stoppen – mit dem Verstehen. Ein Mann wünscht nicht bis in die letzten abgründigen Tiefen seines einmaligen Innenlebens begriffen zu werden von einer Frau – er könnte sonst merken, daß es nicht so unerhört einmalig ist, und das würde er sehr übelnehmen. Also ihm immer noch den letzten, sanft melancholischen Seufzer des Unverstandenseins lassen, erschüttert von der eigenen Machtlosigkeit dasitzen – er wird sie verzeihen und einem über die eigene Unvollkommenheit liebreich hinweghelfen. Jeder Mann legt Wert darauf, ein im Grunde „einsamer Mensch" zu sein. Man respektiere das. Ihn sentimental sein lassen. Männer brauchen das – und können es nur bei einer Frau sein. Zynische Männer sind am sentimentalsten (Zynismus als Stacheldraht um ein zu weiches Herz) – man muß ihn taktvoll ahnen lassen, daß man, trotz verhüllender Geistesschärfe, von dem kostbaren weichen Herzen Kenntnis genommen hat. Unbedingt und immer über dasselbe mit ihm lachen – sonst ist's Essig mit der erstrebten Gemeinsamkeit. Sich politisch aufklären lassen. Sehr dumm sein, aber sehr intelligent fragen. Zu seinen jeweiligen Freunden und Bekannten entzückend sein – Lob von andern macht die eigenen Aktien um hundert Prozent steigen. Möglichst zu dreien oder vieren ausgehen – zusammensitzen – lieb und nett sein – und im richtigen Moment sehr graziös zur Telefonzelle entschweben, um den Bekannten Gelegenheit zu ein paar anerkennenden Worten zu geben. Sich mit einem Nimbus von Verehrern – „die einem aber sehr gleichgültig sind" – umgeben. Man ist nicht so. Man macht sich nichts draus. Man legt ihm die Skalpe der Eroberten zu Füßen – er wird stolz sein – auf sich, auf die Frau, auf sich und überhaupt. Ihm immer Gelegenheit zum triumphierenden Rivalentum geben. Und nicht sein –

Ansehen; wörtlich: Strahlenkranz

sondern reflektieren. Spiegelbild seines jeweiligen Wunsches. Ihm zuhören. Und dann –

II. Den Mann behandeln als Mann seines Berufes. Vor allem: Interesse für seinen Beruf.

A. Künstlerische Berufe

a) Schauspieler. Einen Schauspieler lieben ist fast pervers. Man kommt nicht auf seine Kosten – d. h. die spezifische Eitelkeit der Frau kommt nicht auf ihre Kosten. Ein Schauspieler muß von einer Frau geliebt werden wie ein Mann eine schöne Frau liebt. Sein Beruf ist feminin. Ein Schauspieler ist oft größenwahnsinnig aus Unsicherheit – wie eine schöne Frau (beider Erfolge sind zeitgebunden und gehen vorüber). Man muß in seiner Gegenwart Werner Krauß ablehnen – er wird widersprechen – trotzdem ablehnen. Bassermann ablehnen. Ernst Deutsch ungemein ablehnen. Moissi ablehnen (wenn's nicht zufällig Moissi selber ist) – alle ablehnen. Kollegen neidisch finden, Kritiker lachhaft und unmöglich. Ihm bedingungslos glauben, daß er nie Kritiken liest. Ihm Rollen abhören und bei tragischen Ausbrüchen weinen. Und ihn bewundern. Und wenn möglich gut kochen. Den Intendanten (Direktor) in jedem Fall gemein finden. Schauspieler kokettieren gern mit Bürgerlichkeit, wenn sie Bohèmiens sind – man lasse sie. Sind sie bürgerlich, wünschen sie der Bohème verfallen zu sein. Man lasse sie. Man lasse sie am besten überhaupt.

Seite 258
Seite 258
Seite 258 f.
Seite 259

b) Maler. Man sei sein Modell – ganz gleich ob schön, ob häßlich, man bringe ihm bei, daß ein Künstler seines Ranges mit jedem menschlichen Lebewesen etwas anzufangen weiß – ja, daß es durch ihn erst Existenzberechtigung bekommt. Nach der Sitzung ist man ermattet und der Maler angeregt – der wahrhaft günstige Zustand. Unter keinen Umständen jemals Eroberungswillen zeigen, sonst weckt man die Opposition des Mannes. (Gehört eigentlich unter „Allgemeine Regeln".)

c) Musiker. Man täusche kein Gehör vor, wenn man keins hat – er kommt dahinter. Unmusikalische Frauen suchen sich besser andere Objekte als gerade Musiker. Man kann sich von Schriftstellern und Malern belehren lassen – Gehör läßt sich nicht beibringen. Sonst: Bei gemeinsamen Konzertbesuchen lehne man ab, was er ablehnt, finde schön, was er schön findet – und um nichts falsch zu machen, lehne man den Kopf zurück und schließe die Augen – was, je nachdem, äußerstes Gelangweiltsein oder höchstes Entzücken ausdrücken kann.

d) Schriftsteller. Man lasse sich vorlesen. Man schlafe nicht ein. Man sei zu erschüttert, um zu sprechen, denn es gibt keine Worte, die genügen. Man kritisiere mit einer Ehrfurcht, als wenn man den Faust verbesserte. Man finde alles sehr neu und einmalig. Man biete sich an, ihm das Manuskript abzuschreiben – man sei immer wieder dankbar und erschüttert von den herrlichen Gedanken und Worten – bei jeder neuen Schreibmaschinenseite glaube man an eine Auflage mehr. Man hat unbedingt die Chance, nach Beendigung des Manuskriptes zur Muse aufzusteigen.

Seite 259 f.

Inspiratorin eines dichterischen Werkes

e) Verleger. Man schreibe, wenn möglich, erfolgreiche Bücher. Die Sympathie eines Verlegers wächst mit der steigenden Auflage. Je weniger Vorschuß man braucht, um so angenehmer macht man sich.

f) Redakteure. Wenn sie selber schreiben, sind sie zu behandeln wie Schriftsteller. Man bemitleide sie, daß sie nicht so können, wie sie wollen (kein Redakteur kann, wie er will). Man bringe ihnen die Beiträge möglichst kurz vor Redaktionsschluß, um die Gelegenheit des gemeinsamen Fortgehens zu schaffen.

Erich Kästner: Sachliche Romanze

Als sie einander acht Jahre kannten
(und man darf sagen: sie kannten sich gut),
kam ihre Liebe plötzlich abhanden.
Wie andern Leuten ein Stock oder Hut.

Sie waren traurig, betrugen sich heiter,
versuchten Küsse, als ob nichts sei,
und sahen sich an und wußten nicht weiter.
Da weinte sie schließlich. Und er stand dabei.

Vom Fenster aus konnte man Schiffen winken.
Er sagte, es wäre schon Viertel nach Vier
und Zeit, irgendwo Kaffee zu trinken.
Nebenan übte ein Mensch Klavier.

Sie gingen ins kleinste Café am Ort
und rührten in ihren Tassen.
Am Abend saßen sie immer noch dort.
Sie saßen allein, und sie sprachen kein Wort
und konnten es einfach nicht fassen.

Mascha Kaléko: Großstadtliebe

Man lernte sich irgendwo ganz flüchtig kennen
Und gibt sich irgendwann ein Rendezvous.
Ein Irgendwas, – ’s ist nicht genau zu nennen –
Verführt dazu, sich gar nicht mehr zu trennen.
Beim zweiten Himbeereis sagt man sich ‚du‘.

Man hat sich lieb und ahnt im Grau der Tage
Das Leuchten froher Abendstunden schon.
Man teilt die Alltagssorgen und die Plage,
Man teilt die Freuden der Gehaltszulage,
… Das übrige besorgt das Telephon.

Man trifft sich im Gewühl der Großstadtstraßen.
Zu Hause geht es nicht. Man wohnt möbliert.
– Durch das Gewirr von Lärm und Autorasen,
Cousinen
– Vorbei am Klatsch der Tanten und der Basen
Geht man zu zweien still und unberührt.

Man küßt sich dann und wann auf stillen Bänken,
– Beziehungsweise auf dem Paddelboot.
Erotik muß auf Sonntag sich beschränken.
… Wer denkt daran, an später noch zu denken?
Man spricht konkret und wird nur selten rot.

Man schenkt sich keine Rosen und Narzissen,
Und schickt auch keinen Pagen sich ins Haus.
Liebende ließen schriftliche Liebesbotschaften direkt von einem Pagen dem/der Geliebten überbringen.
– Hat man genug von Weekendfahrt und Küssen,
Läßt mans einander durch die Reichspost wissen
Per Stenographenschrift ein Wörtchen: ‚aus‘!

Dinah Nelken: Mann mit Seele

Gewiß, Susi sah ein, daß es gerade in diesen Zeiten äußerst unpraktisch war, einen Mann mit Seele zu suchen. Sie hätte einen Mann mit Auto suchen sollen, aber sie kaprizierte sich auf die Seele. Denn es war Vorfrühling, und Susi verband mit der ersten Sonne und den ersten Frühlingsblüten eine seltsam lyrische Vorstellung von Herzklopfen, Hand-in-Hand-Gehen, poetischen Spaziergängen zu zweit und erwartungsvoller Glut, kurz: mit lauter Dingen, die sie in ihrer Ehe allzu lange vermißt hatte, um sie nun in der ersten Zeit ihrer Freiheit mit der Leidenschaft eines Kindes für unverdauliche Süßigkeiten zu begehren. Wie gut mußte es sein, jetzt ein Wesen zu besitzen, das nicht nur Herz, sondern auch Seele trug!

kaprizierte: eigensinnig auf etwas festgelegt

Wie es sie trug, ob mit der Grazie, die diesem zarten Gegenstand angemessen, der Bescheidenheit, die inneren Reichtum im Gegensatz zu äußerem auszeichnet, das zeigte sich schon in den Zuschriften. Doch erst bei der näheren Wahl und den ersten Rendezvous erwies sich die ungeheure Vielfalt, ja Reichhaltigkeit dieser eigenartigen Gattung Mann: Da gab es Junggesellen mit innerer Schönheit und äußerer Glatze, Rentiers, die sich zu früh auf das Altenteil der Seele zurückgezogen hatten, junge Leute, die die Geliebte aus Gründen der Billigkeit mit Seele abzuspeisen gedachten, Studenten der Philosophie, denen sie das Ethos im Weibe verkörpern sollte, idealistische Rohköstler, Innenleben mit Eigenheim und Umbausofa und die fast unübersehbare Klasse der schweifenden, ruhe- und heimatlosen Seelen unter dem Kennwort „Einsam“ oder „Herzenswunsch“. Sie alle waren weniger schön als gehaltreich, weniger anspre-

Rentiers: jemand, der vollständig von Renten lebt

Ethos: Sittlichkeit, ethisches Bewusstsein

chend als anspruchsvoll, und Susi fragte sich oft bei den ausgedehnten, für derartige Bekanntschaften scheinbar unerläßlichen Spaziergängen, warum nicht einer dieser vielen Seelenbesitzer die schöne Seele nach außen trug und Gefühl mit breiten Schultern vereinte.

Doch endlich fand Susi das Idealbild ihrer Wunschträume dort, wo sie auch die anderen hinbestellt hatte: unter der Normaluhr am Bahnhof. Da stand er, ein netter junger Mann, ein berufstätiger Mann mit einem männlichen Lächeln und klarblickenden Augen, vor denen sich Susi zu schämen begann. Sie entschuldigte sich sogar ein bißchen, daß sie auf diesem, im übrigen nicht mehr ungewöhnlichen Wege …, aber sie sei allein, einsam …

Normaluhr: öffentliche Uhr, die die korrekte Zeit der eigenen Zeitzone anzeigt

Worauf er nur sagte: „Na gewiß doch, warum auch nicht.“

Schon in der kleinen Kaffeestube ergab sich so etwas wie Liebe auf den ersten Blick oder doch Verständnis, und als er sie aufforderte, ein bißchen mit ihm spazieren zu gehen, erhob sie sich gehorsam und ging neben ihm in den Abend hinaus.

Und hier auf der lärm- und lichtbewegten Straße fühlte Susi den nahenden Frühling so weich und stark wie die Hand, die ihren Arm hielt und sie sicher durch das Gewühl führte. „Wo wollen wir denn hin?“ fragte sie mit einer seltsam kleinen Stimme.

„Ach, irgendwohin“, antwortete er; das hieß: in die lichtgefleckte Finsternis des Parks, unter die schwarzen Bäume, über die gelben Wege zu den Bänken, auf denen schon Liebespaare saßen, stumm vom Schweigen der Zärtlichkeit. Über ihnen stand dunkel der Himmel, und an Susis Ohr klang eine leise sanfte Musik, seine Stimme, seine schöne und jetzt, in diesem Augenblick, ausgesprochen seelenvolle Stimme. Denn er sprach von Seele, einer schönen und, wie Susi erschüttert und befremdet feststellte, durchaus originellen Seele.

„Meine Großmutter hat sie angelegt", sagte er, „und ich habe sie ausgebaut, furchtbar viel Geld reingesteckt und keine Mühe gescheut, um sie hübsch und komfortabel zu machen. Aber dafür kann sie sich jetzt auch sehen lassen; ich glaube kaum, daß Sie in dem Genre noch mal etwas so Vollkommenes finden. Stellen Sie sich vor: Sonne, sehr viel Sonne, Höhe, Tiefe, einen herrlichen Ausblick, Wasseranschluß, heizbar! Und Platz für zwei Personen, sogar mit Auto! Radio müßte man eventuell einbauen."

Susi saß ganz still, rührte sich nicht mehr, es war zuviel: Höhe, Tiefe, Komfort, Platz für zwei Personen, Auto und Sonne! Hab Sonne in der Seele! dachte Susi. Gut, das verstehe ich, auch die großmütterliche Anlage, aber wieso Seele mit Radio, Innenleben mit fließendem Wasser und heizbar!? Und leise, aber ungern rückte Susi ein bißchen zur Seite und legte die Hand mit einer vorsichtigen, noch immer zärtlichen Bewegung an seine Brust.

„Irren Sie sich auch nicht?" flüsterte sie so liebevoll, daß er ihr nachkam und seinen Arm auf ihren Arm legte. „Heizbar, wirklich heizbar? Womit denn? Und wie ist das, bitte, mit dem Wasser und … dem Radio?"

„Müßte man einbauen", sagte er wieder, „aber sonst ist alles wie beschrieben. Ich muß das Ding doch kennen. Und ich hab mir gleich gedacht, daß es das Richtige für Sie ist, wie ich Ihre Annonce gelesen habe."

„Meine Annonce?"

„Na ja, Ihre Annonce: Für das Wochenende berufstätigen Herrn mit Laube gesucht …"

„Falsch!" Und Susi begann so stürmisch zu lachen, daß

die Liebespaare raschelnd aus Traum und Schatten fuhren. „Falsch! Sie haben die Annoncen verwechselt! Meine stand drunter. ‚Mann mit Laube', das bin ich gar nicht, ich bin ‚Mann mit Seele' …"

Der junge Mann war sehr überrascht. Er schüttelte den Kopf, sah Susi an und sagte nachdenklich:

„Mann mit Seele …? Nee, da bedaure ich, das ist nicht mein Fach, ich bin nämlich Techniker, wissen Sie … Aber wenn es unbedingt Seele sein muß…"

„Danke", sagte Susi, „Laube genügt!"

Seite 245 f.

Wilhelm Speyer: Charlott etwas verrückt

„Also wir können noch in dieser Woche heiraten, Charlott," erklärte er vergnügt. „Gegen eine Extravergütung und durch Vermittlung eines wohlwollenden Bekannten aus dem Ministerium des Innern sind wir vom Aufgebot befreit."

„Großartig! Gib mir eine Zigarette! Wir heiraten gleich morgen. Das heißt, ich habe für das Standesamt noch nichts anzuziehen. Und morgen vormittag habe ich überhaupt eine Verabredung. Also übermorgen! Oder meinetwegen auch morgen! Nun weiter das Programm!"

[…]

Automobilverkehrs- und Übungsstraße; die Avus wurde 1921 für den Verkehr freigegeben und gilt als erste Autobahn Deutschlands.

Am folgenden Tage steuerte Charlott frühmorgens um acht Uhr ihren Wagen von der Corneliusstraße aus nach dem Golfplatz, in einem Tempo, daß den Polizisten des Kurfürstendamms und den Bahnwärtern der Avus förmlich die Tränen in die Augen traten.

Spiel, Wettkampf

Draußen kämpfte sie zwei Stunden lang mit irgendeinem Spielgefährten ihrer Jugend ein Match aus. Es war ein Thankmar, der einstmals viele Stunden im französischen Gymnasium versäumt hatte, um Charlott zu

Fräulein Kollmorgen in die Schule zu begleiten und mit ihr die ersten Foxtrotstunden zu haben. Dieses Match nahm einen so spannenden Verlauf, daß sich Charlott erst zwanzig Minuten nach zehn mit einem kleinen Schrei ihrer Verabredung mit Justus erinnerte, der sie in der Corneliusstraße zur Trauung abzuholen gedachte. Charlott war niemals unpünktlich, sie fand das altmodisch und weibisch, aber sie startete sich selber höchst ungünstig in dem Handicap ihrer Verabredungen, denn zu einem bestimmten, immer viel zu späten Zeitpunkt zuckte sie gewöhnlich mit einem kleinen Schrei zusammen, worauf sie dann freilich mit geradezu enormen Spurts und in allergrößter Form aufholte, was sie versäumt hatte, und meistens mit frischen, blauen Augen, mit wohlgesträhltem schwarzem Haar und sorgfältig zubereitetem Teint das Band zerriß.

Handicap: Vorgabe für den leistungsschwächeren Spieler (Polo, Golf, Badminton)

„Adieu, Thankmar! Ich muß zusehen, mit einhundertdreißig Kilometer unter die Haube zu kommen! Jetzt eine Panne, und ich sterbe als Vestalin!“

Vestalin: römische Priesterin der Göttin Vesta, die im Stande der Jungfräulichkeit und Keuschheit lebte

Sie stürmte mit ihren schönen langen Beinen in hohen Sprüngen zum Auto hin.

Der Thankmar, in Hemdärmeln, folgte ihr in gleichen Sprüngen nach.

„Nimm mich mit, Charlott! Ich muß auf die Bank!“

So fuhren sie in einem Höllentempo nach Berlin zurück. Der Thankmar neben Charlott überlegte lange Zeit, was wohl eine Vestalin sei. Gerade, als er fragen wollte, schiffte Charlott ihn rücksichtslos auf der Corneliusbrücke aus, das heißt, er wurde genötigt, dort in voller Fahrt abzuspringen, und er wäre gewiß dabei auf die Nase gefallen und unter die Räder gekommen, wenn er nicht eben ein Thankmar gewesen wäre.

Sodann stürzte sich Charlott in ihre jetzt mit zahllosen

klaffenden Schrankkoffern erfüllte Zweizimmer-Wohnung, die in einem Gartenhaus der Corneliusstraße gelegen war.
Nachdem sie einen Helm aus bronzefarbenem Gummi mit Nackenschild über das Haar gezogen hatte, stand sie eine Minute später splitternackt unter der Brause. Nun sah sie wie die keuschbadende Athene Parthenos aus. Das im Sonnenlicht aufblitzende Wasser ließ bei der Berührung mit ihrem Körper den herben Duft ihrer Haut kräftiger werden. […]

Athene-Statue des griechischen Bildhauers Phidias (um 500 v. Chr. bis 432 v. Chr.)

Nach sieben weiteren Minuten war Charlott mit Hilfe eines Wesens, das ihr zugleich als Jungfer, Zimmermädchen und Köchin diente, fix und fertig angezogen, wobei sie noch durch zwei Telephongespräche unterbrochen wurde. Nun begann sie mit dem Mädchen die verschiedenen Koffer zu Ende zu packen.
Plötzlich aber fiel Charlott wieder einmal etwas anscheinend sehr Wichtiges ein, denn sie lief mitten im Packen davon, zog sich in ihr Schlafzimmer zurück, verschloß die Tür und entnahm einer Rokokoschatulle ein bestimmtes Dokument, das sie behutsam entfaltete und las. Es war ein ganz uninteressantes Schriftstück, nur war es eben eines jener Papiere, das zu einer Trauung trotz aller Protektion vom Ministerium des Innern her unumgänglich notwendig war. Keine eheliche Bindung auf der deutschen Erde ohne solch ein Papier! Es stand darauf mit Vordruck kurz vermerkt, bestätigt und gestempelt, daß Charlott die preußische Staatsangehörigkeit besaß – weiter nichts. Charlott schob die Unterlippe vor. Sie kniff die Augen zusammen, so angestrengt dachte sie nach. Die aufeinandergelegten Wimpern bildeten zwei Kohlenstiftstriche quer über das Gesicht hin.
In diesem Augenblick klopfte das Mädchen an der Tür.

„Es ist ein Herr da, der die gnädige Frau sprechen möchte."

Charlott legte das uninteressante Dokument umständlich in das Kästchen zurück.

Sie war nun einmal im Umzug, in Hast und etwas zerstreut – so ließ sie den Herrn getrost in die Unordnung ihres Wohnzimmers hereinführen, ohne viel nach seinem Namen zu fragen, denn sie war des Glaubens, daß es wie gewöhnlich irgendein Thankmar sei, der ihr schnell etwas zu sagen hätte. […]

Eine Viertelstunde später steuerte Charlott, diesmal Justus neben sich, auf das Standesamt zu. Sie fragte, während sie vor dem Potsdamer Platz stoppen mußte:

„Nehmen wir von Pelzer Melonen mit? Hast du alles bestellt? Bekommen wir kaltes Reh mit Cumberland? Hat dir der Gerichtsvollzieher draußen in Petersdorf dein Silber gepfändet? Soll ich meins mitnehmen? Ich habe aber auch nur sechs Messer und sechs Gabeln, und wie steht es mit der Hauswäsche?" […]

Plötzlich fiel Justus etwas ein.

„Hast du auch deinen Staatszugehörigkeitsausweis mitgenommen?"

„Was ist denn das?" fragte Charlott, und mit einer scharfen Wendung ihres Ellenbogens nach rechts sauste sie in die Voßstraße hinein.

„Zurück, Liebling! Nach Hause! Kehrt!"

„Kehrt?" Charlott verdoppelte für zwanzig Meter ihre Geschwindigkeit.

Justus schrie:

„Aber, Liebling, ich habe dir doch gesagt, daß wir ohne den nicht getraut werden können! Ich habe ihn dir doch vom Polizeipräsidium besorgt! Du mußte ihn in deiner Wohnung haben!"

„Ach so – den Staatszugehörigkeitsausweis!“ Charlott errötete etwas. „Ich muß dir beichten, Justibus! Ich habe gestern meine Tasche verloren, keine Ahnung wo! Ich glaube, da war der Zettel drin und fünfhundert Mark!“
Justus hatte sich längst abgewöhnt, die Fäuste an seine Schläfen zu pressen, wenn Charlott sich einmal wieder auf der Höhe zeigte. Er murmelte nur ganz traurig:
„Das sagst du mir erst jetzt!“
„Olala, Liebling! Ich hatte heute vormittag ein großartiges Golfmatch! Und gestern abend war keine Zeit mehr, an solch einen Unsinn zu denken. Wir werden auch ohne so etwas getraut. Wenn der Standesmensch etwas will, mache ich meine Eichhörnchenaugen.“
Justus bekam plötzlich ganz traurige Augen, seine Petersdorfer Winteraugen, wenn er sich mit der Dogge besprach.
Auf dem Standesamt erwartete sie Camilla in einem dunkelblauen Kostüm, einen kleinen, verwegenen Filzhut auf dem Kopf. Holk fehlte noch. Camilla legte die energische kleine Hand militärisch grüßend an den umgeklappten Hutrand, die Handfläche nach außen gekehrt und die Finger höchst lächerlich gespreizt, wobei sie einen höflichen, besonders tiefen Hochzeitsdiener vor ihrer Kusine Charlott machte, die ihr mit einem eigentümlich aufblühenden Munde entgegenlachte und sie küßte.
„Diener, Diener, meine liebe Charlott!“ sagte Camilla.
Dann also, nachdem die beiden Kusinen einige Zeit miteinander im Vorraum geplaudert hatten, während Justus mit dem Standesbeamten verzweifelte Verhandlungen führte, kam auch Holk, den Cowboyhut auf dem Kopf.
„Ich werde dich das nächstemal bei den Ohren nehmen,

wenn du wieder zu spät zu einer meiner Trauungen mit Justus kommst. Und wie bist du eigentlich angezogen?"

Wenn es bei Holks braunrotem Teint eine Möglichkeit hierzu gegeben hätte, so wäre sein Gesicht bei dieser Trauung grün vor Ärger gewesen. Der Schweiß stürzte ihm wie vier Tränenbäche durch die vier Furchen seiner Wangen hernieder. Er riß sich das Gabardinejackett vom Leibe. Er hatte gar keine Zeit gehabt, sich halbwegs schicklich anzuziehen. Er küßte Charlott die Hand und tauschte einen Händedruck mit Camilla.

Jackett aus besonders robustem Kammgarngewebe

„Willst du nicht um Entschuldigung bitten, daß du zu spät kommst?" fragte Charlott.

Holk murmelte verdrossen: „Man kann doch nicht den ganzen Tag hindurch alle Leute immer um dasselbe bitten."

Charlott und Camilla lachten. Dann aber wurde Charlott ungeduldig. Sie schickte sich an, ganz einfach den Raum zu betreten, in dem sie getraut werden sollte, als ihr ein donnerndes „Halt!" entgegenschallte. Es fehlte dieses eine Papier! Ohne dieses Papier keine Trauung!

Also machte Charlott ihre Eichhörnchenaugen, verhandelte, telephonierte mit ihrem Rechtsanwalt, beschwor sämtliche Instanzen, stellte, was ihren Charme anbetraf, die höchste Geschwindigkeit ein – alles umsonst! Die Macht, die da auf Erden bindet, zeigte sich, als einzige Macht auf Erden, unbestechlich hinsichtlich Charlotts großangelegter Verführungskünste.

Die Trauung mußte auf einen der nächsten Tage verschoben werden.

Charlott verließ das Amt mit einem kleinen, vibrierenden und zärtlichen Lächeln in den Mundwinkeln. Camillas Nasenflügel bebten. Erstaunt, ja beinahe etwas verblüfft sah sie ihre Kusine Charlott an. Holk blühte auf wie eine junge Rose. Justus war deprimiert, aber er war viel zu wohlerzogen, viel zu höflich und verliebt, um seine Mißstimmung zu zeigen.

Seite 241 f.

Irmgard Keun: Gilgi – eine von uns

Frau Becker ist stolz auf das Kind. Es ist verlobt mit einem Mercedes-Benz, der ist aber jetzt nicht da, auch nicht der Besitzer. „Phänomänaler Wagen", erzählt Frau Becker schwärmerisch. Tante Hetty wird ein bißchen giftgrün, sie bekommt ihren Kuppelmutterblick: „Gerdachen, Irenchen – nicht so still am Tisch sitzen – tummelt euch mal ein bißchen durch die Säle, Kinder!" Die Kinder tummeln ab.

Seite 260

Wie kütt die Mösch – die Mösch – die Mösch …

„Ein himmlischer Wagen", schwärmt Frau Becker hartnäckig, sie ist auf ihre Weise ultramoderne Mutter: Auto, Auto über ahalles … „Wenn ein Mann nur einen guten Charakter hat", sagt Tante Hetty. Charakter, Charakter! Wenn einer en erstklassigen Wagen hat, ist das Charakter genug, sollte man meinen. Frau Becker wischt mit Herrn Beckers Taschentuch ihr Weinglas aus, bevor sie sich einschenken läßt. Tante Hetty macht's ihr nach, nur nimmt sie das Tischtuch. Sie wünscht, daß wenigstens Gerdachen bald Glück hätte. Und wenn's auch nur ein Motorrad mit Beiwagen wäre. […]
Büro, Zuhause, Arbeit, Liebe – wie hat sie das früher nur vereint? War anders, ganz anders. Den langen Klaus, der vor zwei Jahren für sechs Monate ihr Freund war, den hat sie die Woche zwei-, dreimal gesehen. Tanzen, Kino, Sommerausflug an den Rhein, Paddelbootfahrten, kleiner Weekendzauber – alles sehr nett, lustig und nicht weiter aufregend. Wenn man sich sah, war's gut – wenn

nicht – hatte man eben andres zu tun. Beide. Partner und Partnerin. Hauptsache blieb Arbeit und Weiterkommen. Man hatte sich gern auf eine etwas nüchterne, unbeschwerte Art, und daß ein freundlich verliebtes Gefühl für einen Mann sich je zur Betriebsstörung auswachsen könnte, das wäre das letzte gewesen, das Gilgi für möglich gehalten hätte. Und nun! Der Martin ist eine Betriebsstörung. Und das schlimmste: diese Störung ist ihr lieber als der ganze Betrieb zusammen. […]

„Ich arbeite nicht mehr, ich lebe mit einem Mann …“

„Magst du ihn?“

„Seit wann hast du überflüssige Fragen, Pit! Ich werd’ ausgerechnet mit einem leben, den ich nicht mag! Ich sag’ dir das nur als Einleitung, diese Tatsachen. Tatsachen ängstigen mich nicht, mit Tatsachen werd’ ich fertig. […]

Du weißt, ich hab’ Freunde gehabt – zwei – drei … man hat sich gefallen gegenseitig, man hatte Freude zusammen, und die Haut sagte ja zueinander. Das war natürlich und übersehbar, es hat mir absolut keine Gewissensbisse gemacht und mich nicht beunruhigt. Ich fühlte mich immer sauber und klar, ich war meiner sicher und hatte meinen Willen und eine selbstgezogene Grenze, die so selbstverständlich war, daß man nicht drüber nachzudenken brauchte. Und jetzt – daß ich einen lieb habe – wirklich lieb – zum erstenmal in meinem Leben, gut und ehrlich und zu allem bereit – das wäre schön – und richtig und – aber …“ Gilgis Kopf fällt nach vorn, mit beiden Händen faßt sie Pits Gelenke – ein greller, schmaler Strich ihr Mund, ihre Worte – langsam tropfend, gleichmäßig unbetont, leiernd: „ich habe keine Grenze mehr und keinen Willen, ich kann von heute auf morgen nicht mehr für mich garantieren. Ich glaubte mich unendlich sicher und geborgen in meiner Liebe – jetzt hat sie mich wehrlos gemacht, vollkommen schutzlos – wie ist das möglich, Pit??? Ich bin allen und allem ausgeliefert – an eine Hand, die meinen Nacken streift, wenn sie mir in den Mantel hilft – an einen Blick, eine Stimme … Ich ahnte ja nicht, daß ich so sein könnte – ich verbrenne – ich habe eine quälend körperliche Beziehung zu allen Dingen – wenn ich die Kante des Tisches umschließe, wenn ich eine Blume sehe – wenn ich über diesen Pelz hier streiche … Ich bin mir unsagbar zuwider. Nichts mehr ist sauber und klar und einfach, nicht einmal mehr mein früheres Leben. Vielleicht war alles, was man tat und wollte, nur Flucht vor dem – dem eignen Begehren. Vielleicht hat nichts Wert an sich, vielleicht ist alles Unwahrheit, und alles geschieht nur um dieser Flucht willen … Wo soll das hin? Was geschieht mit einem? Das geht ins Unendliche – ich habe Angst, Pit."

Seite 261

Erich Kästner: Fabian

Am Kurfürstendamm winkte sie einem Taxi, nannte eine Adresse, stieg ein und nötigte ihn, neben ihr Platz zu nehmen. „Aber ich habe nur noch zwei Mark", erklärte er.

„Das macht fast gar nichts", gab sie zur Antwort, und dem Chauffeur rief sie zu: „Licht aus!" Es wurde dunkel. Der Wagen ruckte an und fuhr. Schon in der ersten Kurve fiel sie über ihn her und biß ihn in die Unterlippe. Er schlug mit der Schläfe gegen das Verdeckscharnier, hielt sich den Kopf und sagte: „Aua! Das fängt gut an."

„Sei nicht so empfindlich", befahl sie und überschüttete ihn mit Aufmerksamkeiten.

Ihm kam der Überfall zu plötzlich. Und der Schädel tat

ihm weh. Fabian war nicht bei der Sache. „Ich wollte eigentlich, bevor Sie mich erwürgen, noch einen Brief schreiben", röchelte er.
Sie boxte ihn vors Schlüsselbein, lachte, ohne eine Miene zu verziehen, die Tonleiter hinauf und herunter und strangulierte weiter. Seine Bemühung, sich der Frau zu erwehren, wurde zusehends falsch ausgelegt. Jede Wegbiegung führte zu neuen Verwicklungen. Er beschwor das Schicksal, dem Auto weitere Kurven zu ersparen. Das Schicksal hatte Ausgang.
Als der Wagen endlich hielt, überpuderte die Blonde ihr Gesicht, bezahlte die Fahrt und äußerte, vor der Haustür: „Erstens ist dein Gesicht voller roter Flecken, und zweitens trinkst du bei mir eine Tasse Tee."
Er rieb sich die Lippenpomade von den Backen und sagte: „Ihr Antrag ehrt mich, doch ich muß morgen zeitig im Büro sein."

Lippenpomade: Lippenstift

„Mach mich nicht wütend. Du bleibst bei mir. Das Mädchen wird dich wecken."
[…]

Zweites Kapitel
Es gibt sehr aufdringliche Damen · Ein Rechtsanwalt hat nichts dagegen · Betteln verdirbt den Charakter

Im Fahrstuhl war ein Wandspiegel. Fabian zog das Taschentuch und rieb die roten Flecken aus dem Gesicht. Die Krawatte saß schief. Die Schläfe brannte. Und die blasse Blondine sah auf ihn herunter. „Wissen Sie, was eine Megäre ist?" fragte er. Sie legte den Arm um ihn. „Ich weiß es, aber ich bin hübscher."
Am Türschild stand: Moll. Das Dienstmädchen öffnete. „Bringen Sie uns Tee."

Megäre: eine der Erinyen; griechische Rachegöttinnen, welche die Seelen der Verstorbenen im Hades quälen; auch: wütende, böse Frau, Furie

„Der Tee steht in Ihrem Zimmer."
„Gut. Gehen Sie schlafen!" Das Mädchen verschwand im Korridor.
Fabian folgte der Frau. Sie führte ihn geradenwegs ins Schlafzimmer, schenkte Tee ein, stellte Kognak und Zigaretten zurecht und sagte mit einer umfassenden Geste: „Bediene dich!"
„Mein Gott, ein Tempo haben Sie am Leibe!"
„Wo?" fragte sie.
Er überhörte das. „Sie heißen Moll?"
„Irene Moll sogar, damit Leute mit Gymnasialbildung etwas zu lachen haben. Setz dich. Ich komme gleich wieder."
Er hielt sie zurück und gab ihr einen Kuß.
„Na, es wird ja langsam", meinte sie und entfernte sich.
Er trank einen Schluck Tee und ein Glas Kognak. […]
Was hatte die Frau mit ihm vor? Fabian war zweiunddreißig Jahre alt und hatte sich nachts fleißig umgetan, auch dieser Abend begann ihn zu reizen. Er trank den dritten Kognak und rieb sich die Hände.
Er betrieb die gemischten Gefühle seit langem aus Liebhaberei. Wer sie untersuchen wollte, mußte sie haben. Nur während man sie besaß, konnte man sie beobachten. Man war ein Chirurg, der die eigene Seele aufschnitt.
„So, nun wird der kleine Junge geschlachtet", sagte die Blondine. Sie trug jetzt einen Schlafanzug aus schwarzen Spitzen. Er trat einen Schritt zurück. Sie aber rief „Hurra!" und sprang ihm derart an den Hals, daß er die Balance verlor, kippte und samt der Dame auf den Fußboden zu sitzen kam.
„Ist sie nicht schrecklich?" fragte da eine fremde Stimme.
Fabian blickte verwundert hoch. Im Türrahmen stand,

mit einem Pyjama bekleidet, ein dürrer großnasiger Mensch und gähnte.

„Was wollen Sie denn hier?“ fragte Fabian.

„Entschuldigen Sie, mein Herr, aber ich konnte nicht wissen, daß Sie mit meiner Frau bereits durchs Zimmer kriechen.“

„Mit Ihrer Frau?“

Der Eindringling nickte, gähnte verzweifelt und sagte vorwurfsvoll: „Irene, wie konntest du den Herrn in eine so schiefe Lage bringen! Wenn du schon wünschst, daß ich mir deine Neuerwerbungen anschaue, kannst du sie mir wenigstens gesellschaftsfähig präsentieren. Auf dem Teppich! Das wird dem Herrn sicher nicht recht sein! Und ich schlief so schön, als du mich wecktest … Ich heiße Moll, mein Herr, bin Rechtsanwalt und außerdem“, er gähnte herzzerreißend, „und außerdem der Gatte dieser weiblichen Person, die sich auf Ihnen breitmacht.“

Fabian schob die Blondine von sich herunter, stand auf und ordnete seinen Scheitel. „Hält sich Ihre Gattin einen männlichen Harem? Mein Name ist Fabian.“

Moll kam auf ihn zu und reichte ihm die Hand. „Es freut mich, einen so sympathischen jungen Mann kennenzulernen. Die Umstände sind ebenso gewöhnlich wie ungewöhnlich. Das ist Ansichtssache. Aber falls Sie der Gedanke beruhigt: ich bin daran gewöhnt. Nehmen Sie Platz.“

Fabian setzte sich. Irene Moll rutschte auf die Armlehne, streichelte ihn und sagte zu ihrem Mann: „Wenn er dir nicht gefällt, brech ich den Kontrakt.“ Vertrag

„Aber er gefällt mir ja“, antwortete der Rechtsanwalt.

„Sie reden über mich, als wär ich ein Stück Streuselkuchen oder ein Rodelschlitten“, meinte Fabian.

„Ein Rodelschlitten bist du, mein Kleiner!“ rief die Frau und preßte seinen Kopf gegen ihre volle, schwarz vergitterte Brust.

„Himmeldonnerwetter!“ schrie er. „Lassen Sie mich gefälligst in Ruhe!“

„Du darfst deinen Besuch nicht ärgern, liebe Irene“, erklärte Moll. „Ich werde mit ihm in mein Arbeitszimmer gehen und ihm dort alles Wissenswerte mitteilen. Du vergißt, daß er die Situation als merkwürdig empfinden muß. Ich schicke ihn dir dann wieder herüber. Gute Nacht.“ Der Rechtsanwalt gab seiner Frau die Hand.

[…]

Sie nahmen im Arbeitszimmer Platz. Der Rechtsanwalt zündete sich eine Zigarre an, fröstelte, legte eine Kamelhaardecke über die Knie und blätterte in einem Aktenbündel.

„Mich geht zwar die Sache nichts an“, begann Fabian, „aber was Sie sich von der Frau bieten lassen, steigt auf Bäume. Werden Sie oft von ihr aus dem Bett geholt, um die Liebhaber zu taxieren?“

„Sehr oft, mein Herr. Ursprünglich erwirkte ich mir diese Begutachtung als verbrieftes Recht. Nach dem ersten Jahr unserer Ehe setzten wir einen Kontrakt auf, dessen Paragraph 4 lautet: ‚Die Vertragspartnerin verpflichtet sich, jeden Menschen, mit dem sie in intime Beziehungen zu treten wünscht, zuvor ihrem Gatten, Herrn Doktor Felix Moll, vorzuführen. Spricht sich dieser gegen den Betreffenden aus, so ist Frau Irene Moll angewiesen, unverzüglich auf die Ausführung ihres Vorhabens zu verzichten. Jedes Vergehen gegen den Paragraphen wird mit einer hälftigen Kürzung der finanziellen Monatszuwendung geahndet.‘ Der Kontrakt ist sehr interessant. Soll ich ihn extenso vorlegen?“ Moll holte den Schreibtischschlüssel aus der Tasche.

„Bemühen Sie sich nicht!“ Fabian wehrte ab. „Wissen möchte ich nur, wieso Sie auf den Gedanken verfielen, einen solchen Kontrakt überhaupt aufzusetzen.“

„Meine Frau träumte so schlecht.“

„Wie?“

„Sie träumte. Sie träumte entsetzliche Dinge. Es war offensichtlich, daß ihre sexuellen Bedürfnisse proportional der Ehedauer zunahmen und Wunschträume erzeugten, von deren Inhalt Sie, mein Herr, sich glücklicherweise noch keine Vorstellung machen können. Ich zog mich zurück, und sie bevölkerte ihr Schlafzimmer mit Chinesen, Ringkämpfern und Tänzerinnen. Was blieb mir übrig? Wir schlossen einen Vertrag.“

[…]

„Ich will gehen“, sagte er. „Geben Sie mir den Hausschlüssel!“

„Ist das Ihr Ernst?“ fragte Moll ängstlich. „Aber Irene erwartet Sie doch. Bleiben Sie, um des Himmels willen! Sie wird außer sich geraten, wenn sie sieht, daß Sie gegangen sind! Sie wird denken, ich hätte Sie weggeschickt. Bleiben Sie, bitte! Sie hat sich so darauf gefreut. Gönnen Sie ihr doch das kleine Vergnügen!“

Der Mann war aufgesprungen und packte den Besucher am Jackett. „Bleiben Sie doch! Sie werden es nicht bereuen. Sie werden wiederkommen. Sie werden unser Freund bleiben. Und ich werde Irene in guten Händen wissen. Tun Sie’s mir zu Gefallen.“

„Vielleicht wollen Sie mir auch noch ein sicheres Monatseinkommen garantieren?“

„Darüber ließe sich reden, mein Herr. Ich bin nicht unvermögend.“

„Geben Sie mir den Hausschlüssel, aber etwas plötzlich! Ich eigne mich nicht für den Posten.“
Doktor Moll seufzte, kramte auf dem Schreibtisch, gab Fabian einen Schlüsselbund und sagte: „Jammerschade, Sie waren mir von Anfang an sympathisch. Behalten Sie die Schlüssel ein paar Tage. Vielleicht überlegen Sie sich’s. Ich würde mich jedenfalls sehr freuen, Sie wiederzusehen.“

Die technisierte Welt

Gustav Wunderwald: Fabrik Loewe

Die Neue Sachlichkeit zeichnet sich durch ihre fast ungebrochene Technikbegeisterung aus. Die technische Entwicklung und die Möglichkeiten, die aus ihr resultieren, werden geradezu gefeiert. In Joseph Roths Essay „Bekenntnis zum Gleisdreieck“ (1924) ist der Bahnwächter im Angesicht der überwältigenden Schienenlandschaft, der sinnbildlich die Zukunft gehört, nur noch ein Mittel zum Zweck. Sein kleines Leben erschöpft sich – mit Blick auf das große Ganze – in seiner Funktion als Rädchen im Zugbetrieb. Persönliche Sorgen wie Krankheiten sind Störfaktoren, die das Zusammenspiel zwischen

Mensch und Maschine behindern. Stattdessen müssen sich beide möglichst sensibel aufeinander einstellen, um gemeinsam etwas zu produzieren, z. B. das Teil eines Automobils. (Schreyvogel) Aber nicht nur das Verhältnis des Menschen zur Maschine im Arbeitsprozess ist ein ganz besonderes, auch die Technik, die in den Alltag Einzug gehalten hat, wird von den realen und fiktiven Vertretern der Neuen Sachlichkeit auf signifikante Weise beschrieben und genutzt. Zentral sind – wenig überraschend – das Verhältnis zum eigenen Auto, das heißt die Erlebnisse der Autofahrerinnen und -fahrer mit dem Objekt ihrer Begierde (Hauser/Speyer) und die neuen Kommunikationstechniken. Das Telefon lässt neue soziale Formen entstehen, indem es den Umgang mit Freunden, Bekannten, Geschäftspartnern revolutioniert. (Speyer)

Die Einseitigkeit des Einzelnen als Fabrikarbeiter, der nur noch eine Maschine bediene und vom Produktionsprozess und vom Produkt seiner Arbeit entfremdet sei, wie Marx und Engels formulierten, wird in der Neuen Sachlichkeit als notwendiger Entwicklungsschritt positiv gewertet. (Giese) Entscheidend sei das Ergebnis: Durch die Rationalisierung der Produktion würden die Produkte auch für die Allgemeinheit bezahlbar und die Wohlstandsgesellschaft möglich. Den Dämon Technik zu verteufeln, sei eine Einstellung von vorgestern. (Matzke)

Dennoch gibt es vereinzelt auch kritische Stimmen zur „Technifizierung“; Bertolt Brecht schreibt das ironische Gedicht „700 Intellektuelle beten einen Öltank an“, Erich Kästner weist in seinem Roman „Fabian. Geschichte eines Moralisten“ auf die Folgen der Produktion am laufenden Band für den Arbeitmarkt hin.

Joseph Roth: Bekenntnis zum Gleisdreieck

Seite 261

Ich bekenne mich zum Gleisdreieck. Es ist ein Sinnbild und ein Anfangs-Brennpunkt eines Lebenskreises und phantastisches Produkt einer Zukunft verheißenden Gewalt.

Es ist *Mittelpunkt.* Alle vitalen Energien des Umkreises haben hier Ursprung und Mündung zugleich, wie das Herz Ausgang und Ziel des Blutstromes ist, der durch die Adern des Körpers rauscht. So sieht das Herz einer Welt aus, deren Leben Radriemenschwung und Uhrenschlag, grausamer Hebeltakt und Schrei der Sirene ist. So sieht das Herz der Erde aus, die tausendmal schneller um ihre Achse kreist, als es Tag- und Nachtwechsel uns lehren will; deren unaufhörliche, unsterbliche Rotation Wahnsinn scheint und Ergebnis mathematischer Voraussicht ist; deren rasende Schnelligkeit sentimentalen Rückwärts-Sehern brutale Vernichtung innerlicher Kräfte und heilenden Gleichgewichts vortäuscht, aber in Wirklichkeit lebensspendende Wärme zeugt und den Segen der Bewegung.

In den Gleisdreiecken, Gleisvielecken vielmehr, laufen die großen glänzenden, eisernen Adern zusammen, schöpfen Strom und füllen sich mit Energie für den weiten Weg und die weite Welt: *Aderndreiecke,* Adernvielecke, Polygone, gebildet aus den Wegen des Lebens: *man bekenne sich zu ihnen*!

Vielecke

Sie sind stärker, als der Schwächling, der sie verachtet und fürchtet, sie werden ihn nicht nur überdauern: – sie werden ihn zermalmen. Wen ihr Anblick nicht erschüttert, erhebt und stolz macht, verdient den Tod nicht, den ihm die Gottheit der Maschine bereitet. Landschaft! – was enthält der Begriff? Wiese, Wald, Halm

und Ähre. „Eiserne Landschaft“ ist vielleicht das Wort, das den Tummelplätzen der Maschinen gerecht wird. Eiserne Landschaft, großartiger Tempel der Technik unter freiem Himmel, dem die kilometerhohen Schlote der Fabriken lebendigen, zeugungsträchtigen, Bewegung fördernden Rauch darbringen. Ewiger Gottesdienst der Maschinen, im weiten Umfang dieser Landschaft aus Eisen und Stahl, deren Ende kein menschliches Auge sieht, die der graue Horizont umklammert.
So ist das Reich des neuen Lebens, dessen Gesetze kein Zufall stört und keine Laune verändert, dessen Gang erbarmungslose Regelmäßigkeit ist, in dessen Rädern das Gehirn wirkt, nüchtern aber nicht kalt, die Vernunft, unerbittlich, aber mehr erstarrt. Denn nur der Stillstand erzeugt Kälte; die Bewegung aber, durch Berechnung bis zu den Grenzen der Leistungsfähigkeit gesteigert, schafft immer Wärme. Die Schwäche des Lebendigen, der dem erschlaffenden Fleisch nachgeben muß, ist kein Beweis für seine Lebendigkeit – und die konstante Stärke der eisernen Konstruktion, deren Materie kein Erschlaffen kennt, kein Beweis für Totsein. Es ist im Gegenteil: die höchste Form des Lebens, das Lebendige aus Unnachgiebigem, keiner Laune gehorchendem, nervenlosem Stoff. Im Bereich meines Gleisdreiecks herrscht der Wille des konsequenten Gehirns, der, um des Erfolges sicher zu sein, sich nicht in einen unzuverlässigen Leib verpflanzte, sondern in den Körper von unbedingter Sicherheit: in den Körper der Maschine.
Deshalb ist alles Menschliche in diesem metallenen Bereich klein und schwächlich und verloren, reduziert auf die ihm angemessene Bedeutung eines bescheidenen Mittels zu stolzem Zweck – genau so, wie in der abstrakten Welt der Philosophie und der Astronomie, der

Welt der klaren und großen Weisheiten; da wandelt ein uniformierter Mann, mitten zwischen den verwirrenden Systemen der Geleise, winzig ist der Mensch, in diesem Zusammenhang nur wichtig als Mechanismus. Seine Bedeutung ist nicht größer, als die eines Hebels, seine Wirksamkeit nicht weitreichender, als die einer Weiche. In dieser Welt gilt jede menschliche Ausdrucksmöglichkeit weniger, als die mechanische Zeichengebung eines Instruments. Wichtiger als ein Arm ist hier ein Hebel, mehr als ein Wink ein Signal, hier nützt nicht das Auge, sondern die Laterne, kein Schrei, sondern der heulende Pfiff des geöffneten Ventils, hier ist nicht die Leidenschaft allmächtig, sondern die Vorschrift, das *Gesetz.*

Wie eine kleine Spielzeugschachtel sieht jenes Häuschen aus, das dem Wächter, dem Menschen gehört. So geringfügig ist alles, was sich darin durch ihn, mit ihm abspielt, so nebensächlich, daß er Kinder zeugt und daß sie krank werden, daß er Kartoffeln gräbt und einen Hund füttert, daß seine Frau Dielen scheuert und Wäsche trocknet. Auch die großen Trauerspiele, die in seiner Seele stattfinden, verlieren sich hier, wie die Kleinigkeiten seines Alltags. Sein Ewig-Menschliches ist hindernde Zutat zu seinem Wichtig-Beruflichen.

Dürfen die kleinen Herzschläge noch vernehmbar bleiben, wo der dröhnende einer Welt betäubt? Man sehe in den klaren Richten das Gleisdreieck, das von zehntausend Laternen durchsilberte Tal – es ist feierlich wie der gestirnte Nachthimmel: eingefangen darin, wie in der gläsernen Himmelskugel sind Sehnsucht und Erfüllung. Es ist Etappe und Anfang, Introduktion einer schönen hörbaren Zukunftsmusik. Schienen gleiten schimmernd – langgezogene Bindestriche zwischen Land und Land. In ihren Molekülen hämmern die Klangwellen fern rollender Räder, an den Wegrändern sprießen Wächter in die Höhe und Signale erblühen grün und leuchtend. Dampf entzischt geöffneten Ventilen, Hebel bewegen sich selbständig, das Wunderbare erfüllt sich dank einem mathematischen System, das verborgen bleibt.

So gewaltig sind die Ausmaße des neuen Lebens. Daß die neue Kunst, die es formen soll, den Ausdruck nicht finden kann, ist selbstverständlich. Diese Realität ist noch *zu groß* für eine ihr gemäße Wiedergabe. Dazu reicht keine „getreue" Schilderung. Man müßte die gesteigerte und ideale Wirklichkeit dieser Welt empfin-

Seite 261 f.

den, das platonische „Eidolon" des Gleisdreiecks. Man müßte sich mit Inbrunst zu ihrer Grausamkeit bekennen, in ihren tödlichen Wirkungen die „Ananke" sehen und viel lieber nach ihren Gesetzen untergehen wollen, als nach den „Humanen" der sentimentalen Welt glücklich werden.

griech.: Zwangsläufigkeit; in der griech. Mythologie Personifizierung des unpersönlichen Schicksals

So ein Gleisdreieck von machtvollen Dimensionen wird die zukünftige Welt sein. Die Erde hat mehrere Umformungen durchgemacht – nach natürlichen Gesetzen. Sie erlebt eine neue, nach konstruktiven, bewußten, aber nicht weniger elementaren Gesetzen. Trauer um die alten Formen, die vergehen – ähnlich dem Schmerz

Seite 262

eines Antidiluvialwesens um das Verschwinden der prähistorischen Verhältnisse.

Schüchtern und verstaubt werden die zukünftigen Gräser zwischen metallenen Schwellen blühen. Die „Landschaft" bekommt eine eiserne Maske.

Frankfurter Zeitung, 16. Juli 1924

Friedrich Schreyvogel: Tristan und Isolde Seite 243

Lange hat es sich wie eine gut erfundene Pointe der Luftreisenden angehört und nach Jahren erst ist es als eine richtige Tatsache anerkannt worden: die Arkas-Automobilfabriken sind nach dem Grundriß des menschlichen Körpers gebaut.
Da es sich durchwegs um sehr große Gebäude, Maschinensäle, Hallen und Werkstätten handelt, wird das noch nicht ersichtlich, wenn man vor den Gebäuden steht; die genauen Pläne der Bauten und ihrer Anordnung aber sind außer der Werksleitung kaum jemand bekannt.
Erst von dem Flugzeug aus – man versäumt in den letzten Jahren auch nie mehr, dem Reisenden diesen ungewöhnlichen Anblick zu bieten – zeigt sich das seltsame Bild in voller Klarheit: ein Riesenmensch aus Stein, Eisen, Beton und Glas. […]
In dem Nebeneinander von Gebäuden verschiedener Größe und Farben erkennt man also, übersieht man die Anlage der Automobilfabriken, deutlich einen Menschen von edlem Verhältnis der Körperteile. Die linke Hand ist als vom Körper bedeckt angenommen, die rechte leicht nach vorn geschoben. Die breite Mittelgruppe von Gebäuden, die den Rumpf von den Schultern bis zu den Oberschenkeln darstellt, verjüngt sich nach oben zu einer Verbindungshalle; man erkennt sie bald als Hals. An ihn schließt sich sogleich das Gebäude der Leitung an. Durch wechselnde Verwendung starrer und geschwungener Fassaden tritt es klar als Kopf hervor, der mit freiem Profil rückwärts geneigt ist, als blicke er in die Höhe. Die Beine werden durch schmale Hallen dargestellt, ihre Ausbuchtungen bilden die Gelenke, der breit die Schmalseite überragende Abschluß den Fuß.

Das linke der beiden Beine ist dem Rumpf gegenüber leicht nach rückwärts eingeschwenkt, das rechte greift aus.

Ein Mensch im Schreiten. [...]

Im Herzen des steinernen Menschen ist das Maschinenhaus gebaut, die Kraftanlage, von der noch die fernsten Arbeitshallen abhängig sind. Der Fuß des Werkes ist lahm, wenn dieses Herz versagt, die Hand greift ins Leere.

Ein Rad beherrscht den Maschinensaal. Seine Speichen haben Mannesgröße. Ein Riemen, so breit wie ein starker Rücken, läuft von ihm zu einem Triebwerk, das durch ein Gebäude dem Blick entzogen ist.

Zwei Arbeiter sind vor das große Rad gestellt. Bestimmte Befehle werden ihnen durch den Lautsprecher an der Wand mitgeteilt oder sind aus farbigen Signalen von einer Tafel mit zahlreichen Glühlampen abzulesen. Dann sind Schaltungen an dem großen Rad vorzunehmen, die zwar in ihrem Wesen jedesmal die gleichen bleiben, aber doch noch vieles dem besonderen Geschick der Hand zu vertrauen haben.

Regelmäßige Untersuchungen, die das Werk über alle Ergebnisse des Betriebes anstellt, haben darüber einen Aufschluß gegeben, der nachdenklich stimmt. Man hat in dem Verhältnis von verbrauchter Energie und Leistung der Maschinen Schwankungen festgestellt, die weniger durch ihre technische Bedeutung, als durch ihr besonderes, man könnte sagen menschliches Wesen Aufmerksamkeit fordern. Die Kurve, die sich aus ihnen auf einer Tabelle ergibt, hat zunächst monatelang keine zureichende Erklärung gefunden. Erst als sich ihre graphische Figur dem Statistiker der Werke schon wie ein quälendes Fragezeichen in das Gedächtnis gegraben hatte, hat ein Zufall die Aufhellung gebracht. Der Statistiker ordnet eines Tages ohne gespanntes Denken die Blätter, auf denen die Leistungen und Lohnsummen der Arbeiter in den dafür üblichen Kurven ausgedrückt sind. Vor einem der zahlreichen, einander meist recht ähnlichen Blätter fährt er zusammen. An was erinnert ihn nur gerade dieser Zug der Linien? Er braucht sich nicht lange besinnen. Mit einem Griff in die Lade hat er die noch immer ungelöste Kurve: Leistungsschwankungen der Maschinen bei immer gleichem Einsatz von Betriebskraft hervorgeholt und kann vergleichen. Es ergibt sich, daß man es bei dem Blatt der Arbeiterstatistik mit dem Blatt des Obermaschinenmeisters zu tun hat. Man erkennt, will man nur der jetzt überraschend klaren Sprache der Kurven vertrauen, also einen deutlichen Zusammenhang zwischen der Lebenskraft des Maschinisten und der Leistung der Maschinen. Ebenso eine Wirkung von Leistung und Zustand der Maschine auf den Menschen, dem ihre Wartung und die Verantwortung über sie zugeteilt ist.

Der Obermaschinist Heinrich Wawrinek ist dann Tage hindurch eine allgemein interessante Figur gewesen. Der Generaldirektor läßt ihn rufen. Der Chefarzt der Krankenkasse untersucht ihn. Man horcht ihn über sein Leben aus, das er gerne erzählt. Von der Lehrzeit, von der ersten Fabriksarbeit, von dem Eintritt in das Werk und seiner ersten Begegnung mit der großen Maschine. Wie sie seither miteinander leben, die Maschine und er. Ja, „miteinander leben" hat er gesagt. Dann erzählt er von seiner Frau, von dem kleinen Wohnhaus, das bereits zu zwei Drittel bezahlt ist. Was sonst wichtig ist, steht ohnehin auf dem Lohnblatt. Der Generaldirektor und der Statistiker machen bei dieser Unterredung unaufhörlich ihre Aufzeichnungen, nicken einander bedeutungsvoll zu. Als Wawrinek fragt, was das alles nun eigentlich bedeuten solle, ist man ausweichend, lenkt das Gespräch in eine andere Richtung. Wie er dann ungeduldig wird, kommt er natürlich gleich ins Unrecht und muß noch froh sein, daß man ihn ohne Disziplinarstrafe aus der Kanzlei entläßt.

Wawrinek würde also ganz in unheimlichem Dunkel über die letzten Vorgänge um seine Person tasten, gäbe es nicht zweierlei, eine abendliche Begegnung und einen neuen Menschen, die ihm das Rätsel durchleuchten.

Das eine, die Begegnung, hat sich erst vor zwei Tagen ereignet. Um sieben Uhr, eine Stunde nach Feierabend. Er prüft eben ganz allein die große Maschine ab, faßt an die Schrauben, betastet die Hebel. Da steht im Zwielicht des Herbstabends auf einmal der Generaldirektor in der Türe und schaut ihm lange, ohne ein Wort zu sprechen, bei der Arbeit zu. Erst ist Wawrinek befangen. Der Generaldirektor ist gekommen, wie in der Schrift Boten in den Raum treten, und sie sind gar nicht von dieser Welt, in der sie so frei und glänzend wandeln. Aber dann spürt er bald gar keinen Druck mehr, und sie unterreden sich lange, indes die Dunkelheit vom Himmel fällt. „Wir haben Sie deshalb rufen lassen, lieber Wawrinek", sagt der Generaldirektor, „weil wir darauf gekommen sind, wie überaus wichtig es ist, was für ein Mensch vor der Maschine steht. Die Maschine zieht von uns an, verstehen Sie das?" Worauf Wawrinek das Seine dazu sagt, das diese Wahrheit nur bestätigt, und es wird nach und nach ein schönes und geheimnisvolles Gespräch daraus.

Man ist sich gewiß, daß kein Wort genau so zu nehmen ist, wie man es hört, sondern daß es seinen innersten

Sinn noch verborgen und eingeschlossen hat. Wie man etwa in rauher Jahreszeit ein zartes Kind in grobe und warme Decken hüllt. Reichte man es einem anderen, der müßte genau wissen, daß es jetzt der Kälte wegen entstellt ist. Aber wer wollte es ausziehen, wenn frostiger Windstoß droht? So reichen sie einander nur verhüllt die Wahrheit. Aber beide wissen, was sie unter der Hülle empfangen.

Das zweite, das Wawrinek die Vorgänge, allerdings in der Art greller Laternen beleuchtet, deren Schein aus jedem Ding einen übergroßen und gespenstischen Schatten herauszieht, ist der Arbeiter Franz Machold, bisher Vorarbeiter in der Monturhalle. Seit sieben Tagen aber ihm, Wawrinek, als zweiter Maschinenmeister zugeteilt. Erst sieben Tage sind es, daß sich jedes Rad in der Welt anders dreht wie früher? Ja, genau sieben Tage. Wawrinek brauchte doch nur in seinem kleinen Kalender nachzuschauen, wann er zur Untersuchung beim Chefarzt gewesen ist. Vor acht Tagen, richtig. Gleich am nächsten Tag hat sich dann Machold bei ihm gemeldet. Eine prächtige Maschine, dieser Machold. Wawrinek vergleicht seinen Gehilfen vom ersten Augenblick ihrer Zusammenarbeit an unablässig mit einer Maschine. Wie rasch und leicht die Kolben dieser Füße und Arme ausstoßen, wie leicht das Gebläse dieses Atems sich schließt und öffnet. Wie stark das Kraftwerk dieses Menschen, wie stark sein Herz noch ist. Alle Rohre sind wohl noch blitzblank. Nirgends ist Kesselstein, der den Dampf, das heißt das Blut, am Durchfluß hindert, so daß oben das Herz schon zitternd den Zufluß einmahnt.

Kesselstein? „Frühe Arteriosklerose“ hat der Chefarzt auf einen Zettel geschrieben. Doch was gehen einen Maschinenmeister medizinische Fremdworte an.

Montagehalle

Arterienverkalkung

Seite 276

Heinrich Hauser: Feldwege nach Chicago

Ich liege im Straßengraben, sozusagen mitten in der Landschaft von Texas, blicke von unten in die Eingeweide meines Ford. So ungefähr, denke ich mir, sehen sich Neuverlobte an. Ich glaube, es ist der häßlichste Ford, der je gebaut worden ist. Ein Touring; wie ein Mistkäfer sieht er aus, breit und plump. […]
Es war der billigste Ford, der beim Händler zu haben war, zweihundert Dollar. Als der Monteur den Motor anwarf, stieg eine Staubwolke auf wie ein aufgescheuchter Bienenschwarm. […]
Kam glücklich nach Galveston, passierte die ersten Verkehrspolizisten im gestreckten Galopp wie ein Hase die Flintenläufe bei der Treibjagd. Hielt todmüde und ausgehungert vor einem Fischrestaurant und konnte den verdammten Motor nicht abstellen. Gleich wie herum man den Schlüssel drehte, er polterte weiter, bis ich ihm die Benzinleitung zuschraubte und ihn erdrosselte. […]
Alles war fremd. Das Land, die Fahrweise; Kuppelung und Bremse gingen schwer, wie eingerostet. Der Wagen hat lange gestanden. Manchmal fuhr ich rückwärts aus Versehen, weil ich die Schaltung noch nicht kannte. Ganz mit dem Wagen beschäftigt, verlor ich den Weg, und es dauerte lange, bis ich die Chaussee nach Galveston wiederfand. Aber auf der glatten Bahn wuchs mir das dünne Steuerrad allmählich in die Finger. […]
Ich versuche jeden Morgen einen neuen Trick mit Zündung und Luftklappe vom Vergaser; der Ford hat ein kompliziertes Seelenleben. Man muß seine Hemmung beseitigen. Ich fuhr zu einer Zündlichtstation und schenkte ihm neue Kerzen. […]

frz. Landstraße

Dann bekam der Ford ein Tau an den Schwanz gebunden und rollte von mir gesteuert die Planken herunter, steil und schmal. Seit der Regen ihn etwas gewaschen hat, entpuppt er sich und sieht viel hübscher aus. Ich fange an, ihn zu lieben. […]
Vor mir lag eine Landschaft von Dämmen, Schluchten und Sümpfen, eine schauerlich künstliche Wüste, von den Dammbaumaschinen hinterlassen. Der Ford kletterte wie eine Ziege über so tolle Wege, wie ich noch nie gefahren bin, der Kurbelkasten des Motors grub eine Furche durch den Schlamm, die Räder, wie mit dicker Schokolade überzogen, waren kaum mehr steuerbar. […]
Ich bin erkältet, und auch der Ford ist krank. Bei dem Regen fiel mir auf, wie sehr der Wagen schleuderte. Ich brachte ihn zum Fordhändler; es stellte sich heraus, daß alle Lager der Vorderräder gänzlich ausgeleiert waren und der Bremsbelag verbraucht. Das kostet siebzehn Dollar. Aber als die Rechnung bezahlt war, startete der Wagen nicht, er blieb tot, Kurzschluß, kein Strom. Die Batterie wird nachgesehen – sie ist so kaputt, daß ich eine neue kaufen muß. Vorsichtig geworden, lasse ich weiteruntersuchen: warum ist die Batterie kaputt? Man untersucht die Lichtmaschine und findet, daß sie, statt Strom zu geben, Strom aus der Batterie entnimmt. […]
Hatte den üblichen Fordkummer. Die Maschine verlor alles Öl in reißendem Tempo. Ich zog Schrauben nach, die locker waren, und ließ in der nächsten Garage neue Dichtungen einsetzen. Es ist merkwürdig mit dem Ford: Abends wird er müde. Wenn er vom Land in die Stadt kommt, kann er zunächst nicht steuern. Er kann auch nicht richtig anfahren. Er muß das alles erst wieder lernen, und das beste ist, man läßt ihn ausschlafen.

Werkstatt

Seite 243 f.

Fritz Giese: Girlkultur

Was heißt moderne Technik?
Sie bedeutet Verschwinden des Individuellen im Betriebszusammenhang. Das Individuum darf nicht mehr entscheiden, es wird eingeordnet als Kollektivnummer dem großen Zusammenhang. Allerorten, auch bei uns, kommt diese neue Epoche des kollektiven Arbeitsmenschen (der nicht zugleich ein ebenso uniformer Privatmensch zu sein braucht) heran! Und nur Betriebsphantasten mögen glauben, daß diese neue Entwicklung sich irgendwie aufhalten läßt. Sie ist naturbedingt und -notwendig. Warum es so ist, kann uns hier nicht beschäftigen. (Vgl. mein Buch: „Philosophie der Arbeit“, Halle 1926.) Wir müssen nur wieder erinnern an Befunde, die unmittelbar zum tanzenden Amerika überleiten. Das Schlagwort von der Rationalisierung der Arbeit, also von der durch Vernunft und zweckmäßige Überlegung geregelten Arbeitsweise, kommt in Erinnerung. Und daß Rationalisierung möglich ward, verdanken wir in sehr vielem der Maschine, der Technik. In diese Epoche paßt der Massenmensch – wird Kollektivgeist Forderung und ethischer Grundsatz!
Die Maschine hat zuerst die Abnahme der Handarbeit durch technische Hilfsmittel ermöglicht. Wenn sie aber der Hand das Werk abnahm, arbeitete sie richtiger (für Werte des Allgemeinbedarfs) und billiger. So führte sie zu dem Gedanken der serienweisen Produktion in Konsequenz, und die reihenweise Herstellung von Dingen ergab nicht nur Gewinnsteigerung, sondern auch Verbilligung für den Konsumenten. Solange bloße handwerkliche Tätigkeit vorlag, mußten manche praktische Lebenswerke unerschwinglich für die Menge werden.

Vergessen wir nicht, daß vom Hemd angefangen bis zu Schuh und Rock alles heute in dieser Kollektivausbreitung nur durch die Maschine möglich wurde.

Frank Matzke: Technik

O das Neue, Freunde, ist nicht dies, Seite 262
daß Maschinen uns die Hand verdrängen.
Laßt euch nicht beirrn von Übergängen,
bald wird schweigen, wer das „Neue" pries.
Rilke.

Daß Technik in unserm Dasein eine große Rolle spielt, ist ein Gemeinplatz. Er will besagen, daß bei allen Vorgängen, bei allen Werken und Arbeiten des Menschen immer größere Strecken seinem unmittelbaren Zugriff entzogen und der „Maschine", das heißt der mechanischen Vorrichtung überliefert werden. Während jahrhundertelang das Gebiet des Technischen fast gleich blieb, hat es – im wesentlichen seit der Erfindung der Dampfmaschine – mit einem Ruck seine Grenzen gesprengt und immer stürmischer sich ausgedehnt. Dieses letzte Jahrhundert der fortschreitenden Technifizierung ist daher mit allem Recht als „Zeitalter der Technik" bezeichnet worden.
Auf diese Veränderung – diesen ihm plötzlich gegenüberstehenden, ungeheuer angewachsenen Bereich der Technik – mußte der Mensch reagieren. Er hat es im wesentlichen in drei einander folgenden Stufen getan.
Auf der ersten, der des 19. Jahrhunderts, stand der Mensch ehrfürchtig vor den „Wundern der Technik". Schon diese Bezeichnung war echtes 19. Jahrhundert. Sie hat ein wenig von jener Gefühlsverzuckerung, die

allem anhaftet, das in der Zeit seine Blüte hatte; ein wenig von jener Seelenhaftigkeit, von der wir heute so energisch abrücken. Die Dinge waren neu: Eisenbahn, Dampfschiff, Telephon, Leuchtgas, riesenhafte Eisenbrücken – daher Beachtung fordernd, und – da in vielem unverständlich – rätselhaft, geheimnisvoll. Daß ein Baum wuchs und ein Hund lief, das erschien selbst dem Menschen des 19. Jahrhunderts nicht mehr als Wunder; weil es nicht nur ihn selbst, sondern seine Ahnen schon umgeben hatte, also selbstverständlich war. Dies aber war neu, nie gesehen, stürzte Gewohnheiten um – – hätte da dieses Jahrhundert anders darauf reagieren können als mit „Ehrfurcht" vor „Wundern"?

Kam die zweite Stufe. Die „Wunder" hatten sich immer rücksichtsloser breit gemacht, immer mehr vom Altgewohnten und Vertrauten zerstört – auch das Posthorn war längst verklungen –, die Zahl der Industriearbeiter wuchs und wurde so stark, daß ihre Stimme nicht länger überhörbar war; soziale Fragen waren mit einem Male da – aus dem „Wunder" war der „Dämon" geworden, aus der „Ehrfurcht" der „Haß". Und wo man eben noch vom Fortschritt gesprochen hatte und vom Anbruch eines goldenen Zeitalters, da die Hände des Menschen frei sein würden von Arbeit, da nur ein geringer Teil des Tags noch Tätigkeit heischen würde, da alles Grobe, Schwere und Schwierige die Maschine allein tun würde – wo man eben noch voll gläubiger Zuversicht in eine rötlich schimmernde Ferne sah: da zog jetzt der graue Schleier der Wirklichkeit darüber: der Mensch war nicht frei, sondern „Knecht" der Maschine geworden, unterjocht von ihr, tiefer ins Elend gestürzt als zuvor. – Während die erste Stufe nur noch in der Jugend- und Volksliteratur hereinreicht in die Gegenwart, steht auf der zweiten

Posthorn: früher Signalhorn des Kutschers, der die Post brachte noch eine große Zahl der Menschen von heute. Das sind die Maschinenpessimisten. Die Einen glauben, gegen die „Herrschaft der Maschine“ ankämpfen zu müssen und stoßen „Mahnrufe in elfter Stunde“ aus (wie man so schön sagt); daß dieses Gehaben papieren und also kindisch ist, sehen nur sie selber nicht. Die Andern seufzen nur oder fluchen, ohne eine Änderung der Dinge für möglich zu halten. Eine dritte Gruppe – die kleinste und feinste – hat sich aus der „Dämonie der Maschine“ ein Schau- und Nervenstück gemacht, ein Objekt geistreicher Bemerkungen, ein Sujet „moderner“ Filme. So etwa stellt sich Thea von Harbou „Metropolis“ vor, Seite 262 f. die Maschinenstadt der Zukunft, wo die Maschine den Seite 263 Menschen „frißt“.

Dann kamen wir, und das war die dritte Stufe. Uns ist die Technik weder ein Wunder noch ein Dämon, sondern eine Selbstverständlichkeit. Rundfunk und Fernsehen und Ozeanflüge sind uns keine Wunder mehr; sie sind uns so selbstverständlich geworden, wie schon dem Menschen des 19. Jahrhunderts der wachsende Baum war und der laufende Hund. Denn wir sind unter ihren Werken aufgewachsen, als Säuglinge in Eisenbahnen und Autos gesessen, haben als kleine Kinder schon telephoniert und sehen mit Seelenruhe Raketenflügen in den Weltraum entgegen.

Damit ist die Technik von jener hohen Stelle im Weltbild abgesetzt und steht unten bei den Dienern. Sie ist nur Werkzeug in unserm Leben, und nichts sonst. Von Werkzeugen aber redet man nicht; man bedient sich ihrer zu Zwecken und Zielen, mit denen sie selber nichts zu tun haben. Während der Generation vor uns die Technik noch in den zentralen Gegenden des Denkens und Betrachtens lag, ist sie uns an den Rand gerückt; Radio und

Raketenauto stehen dort, wo Messer und Gabel stehen: im nicht sonderlich geachteten, kaum beachteten Reich der Gebrauchsgegenstände. Gewiß sind sie, solang eine gewisse Neuheit noch an ihnen haftet, einige Grade interessanter als Messer und Gabel; aber es besteht kein Wesensunterschied mehr zwischen ihnen in unserer Stellung zu ihnen; so wie ein Wesensunterschied in ihnen selbst nicht vorhanden ist. Und so empfindet der Arbeiter die Maschine, an der er steht: als Selbstverständlichkeit.
Es ist Angelegenheit von vorgestern, von den „Wundern der Technik“ zu reden; Angelegenheit von gestern, vom „Dämon Maschine“ zu schwätzen. Für heutiges Weltempfinden sind die technischen Dinge ohne erheblichen Belang. Wir leben im Zeitalter der Technik nicht mehr als der Mensch des 18. Jahrhunderts im Zeitalter des Puders und der Perücke.

Seite 245 f.

Wilhelm Speyer: Charlott etwas verrückt

vgl. 88.16

Charlott fuhr durch den südlichen Eingang der Avus, nach Berlin zu. Als der Bahnwärter aus dem Tor stürzte, war Charlott bereits mit siebzig Kilometer an ihm vorbeigefahren. Holk beugte sich heraus, um sein Gesicht zu zeigen. Er winkte mit den mächtigen Handschuhen: Wir sind es! Der Wärter blickte den beiden nach. ‚Das sind zwei Nummern,‘ dachte er.
Holk stülpte sich den Filzhut fest über den Löwenschädel.
„Du solltest Zeichen geben, Charlott!“
„Ich bin nicht aus Magdeburg.“
Das Luftgebläse des Kompressors heulte mit geisterhafter Warnung: ‚Gib acht! Jetzt, Mensch – gib acht!‘ Sie fuhren einhundert.

‚Wenn ich etwas Dummes sage, wird sie sich mit der einen Hand an den Kopf fassen. Ich werde schweigen.‘

Dapolin – Stellin – Stellin – Dapolin – sie sausten an den Reklameschildern dieser Brunnen des stählernen Viehs vorüber, die Buchstaben schlugen wie Blitze in ihr Gehirn. Jeder Baum am Rande zischte und schrie, aber kein reiner Ton entstand, denn der eine stürzte sich in den nächsten, in den dritten, vierten.

Dapolin: bekannte Benzinmarke der Firma „Deutsch-Amerikanische-Petroleum-Gesellschaft“ (DAPG), später Esso

Stellin: Benzinsorte der Firma Rhenania-Ossag Mineralölwerke AG, später Shell

„Ich bin außer mir!“ sagte Charlott.

„Keine Konversation, Schätzlein! Einhundertzehn! Es hat geregnet!“

Charlott zeigte das Dreiviertel-Profil eines lächelnden Knabengesichtes unter dem Cowboyhut. Freilich war das ein Gesicht, wie es die Knaben auf dieser Erde gar nicht haben, sondern eben nur die Frauen unsrer Tage.

„Justus ist bankrott! Du sollst sehen, was das gibt!“

„Das kann dir doch gleichgültig sein!“

„Ich werde ihn wieder heiraten.“

„Schön,“ sagte Holk. Er war einverstanden. In einem Zimmer hätte er geweint. Aber sie fuhren einhundertzwanzig. Nicht aus Besorgnis für sich selber hatte er diese Empfindung in den Kniekehlen, als seien sie mit Kohlensäure gefüllt.

‚Ueberschlägt sie sich jetzt, so sause ich mit sechs Kabolzschüssen durch die Luft und stehe nach dreißig Sekunden auf, ich kenne mich – aber Charlott! Was geschieht mit Charlott?‘

Kabolzschüssen: Purzelbäume schlagen, Rolle vorwärts

Er wimmerte:

„Heirate ihn nur! Du bist ja schließlich schon ganze acht Monate von ihm geschieden.“

„Glaubst du, ich lasse ihn in einer Dachkammer hausen und Maryland rauchen? Ich heirate ihn.“

Maryland: bekannte Zigarettenmarke

„Davon wird er auch nicht liquider. Du hast ja ebensowenig wie er!“

„Das werden wir sehen!“ Charlott fauchte triumphierend.

„Ich habe die Pleite satt! Morgen holen sie mir womöglich diesen geliebten Wagen wieder ab, von dem ich gerade ein Sechstel bezahlt habe!“

Sie näherte ihre Stirn zärtlich dem Steuerrad. „Gutwillig gebe ich den hier nicht heraus! Da strampele ich mit den Beinen!“

Holk schrie:

„Was ist das für ein Unsinn, Schätzlein? Du hast die Pleite satt, und deshalb heiratest du einen bankrotten Mann?“

Charlott sang ein paar ganz wilde Töne über ihre Maschinerie hinweg.

„Ihr werdet euch noch alle über mich wundern!“ Holk hörte es mit Grausen. Ihm war, als habe ein Schwan gesungen.

„Ich habe seine neue Adresse bekommen! Wir holen ihn ab! Wir frühstücken bei Horcher! Haben wir noch Geld?“

„Langsamer, Schätzlein! Wir lassen anschreiben!“

„Schneller!“

Sie fuhren einhundertdreißig.

„Wenn du zum Ausgang kommst, *mußt* du ein Zeichen geben, Liebling!“

„Ich bin 1906 in der Matthäikirchstraße geboren.“

„Gut also!

Nearer, my God, to thee!“

Sie durchquerten mit neunzig Kilometern ohne ein Zeichen das Nordtor. Holk, einer der tapfersten Männer seiner Zeit, Kombattant der größten Schlachten seines

Horcher: zwischen 1904 und 1944 das bekannteste Restaurant in Berlin, Promintentreff

Nearer, my God, to thee: Näher, mein Gott, zu Dir! Gedicht von Sarah Flower Adam (1841), wurde mehrfach als christlicher Choral vertont und wird häufig bei Trauer- oder Gedenkfeiern gespielt.

Kombattant: Mitkämpfer; Angehöriger der Kampftruppen

Jahrhunderts, ihm stand das Haar zu Berge. Fast wäre ihm der Filzhut vor der Gewalt dieses Entsetzens davongeflogen.
Nach fünfzehn Minuten saßen sie bei Horcher zu dritt: Charlott, Holk, ihr Freund von Kindesbeinen und bevorzugter Gefährte der letzten acht Monate, und Justus, der Mann, von dem sie ebenso lange geschieden, wie sie mit Holk neuerdings vereinigt war.
„Wir sind einhundertdreißig gefahren. Ich hole aus meinem Wagen heraus, was ich will!" […]
Holk war nicht der Mann, des Abends nur eine Verabredung zu haben oder irgendwo ruhig an einem Tisch zu sitzen, wenn keine Frau dabei war. Männer langweilten ihn entsetzlich. Er wußte überhaupt nicht, was er mit ihnen sprechen sollte. Zudem war er genötigt, fortgesetzt zu telephonieren. Ein Berliner dieses Zeitalters sagt um zwölf Uhr mittags nicht etwa: ‚Ich werde in einer Stunde bei dir sein,' sondern: ‚Ich rufe dich kurz vor eins noch einmal an.' Kraft einer gütigen Schwäche war Holk unfähig, irgendeine Aufforderung abzulehnen. So kam es, daß er mit drei verschiedenen Parteien in drei Theatern verabredet war und mitten im Stück davonstürzen mußte, während ihm hinter seiner Hornbrille die Augen vor Rührung über irgendeine große Schauspielerleistung oder über ein schönes Stück feucht geworden waren. Wenn er schließlich Konfusionen angerichtet hatte, die sogar ihm das Blut in den Adern gefrieren ließen, so telephonierte er die Menschen geradeswegs aus dem Parkett heraus. […]
Camilla hatte sich mit dem Kopfhörer ihres Telephonapparates bewaffnet, der Stahlreif blitzte in ihrem goldbraunen Haar wie ein Diadem der Technik. […]
Camilla machte zwei ehrerbietige Verbeugungen gegen

den Apparat hin und schob die linke Muschel des Hörrohrs vom Ohr fort.

„Guten Tag, beloved Holk!“ sagte sie, und sie legte die gespreizte Hand militärisch an die Schläfe. „Ich muß nur noch sechsmal rasch telephonieren. Bitte bediene du dich mit dem andern Apparat. Außerdem muß ich noch bis heute abend die fünfundzwanzig Phasen von Branoschewski skizzieren, denn natürlich ist noch nicht das geringste gemacht worden, ich weiß überhaupt noch gar nicht, wer Branoschewski eigentlich ist.“ Holk ließ sich das nicht zweimal anbieten. Einen Besuch machen und telephonieren zu dürfen, ohne daß man ihn deshalb auszankte, das war die Seligkeit auf Erden. Er setzte sich sogleich an den Telephonapparat gegenüber, und nun erklangen die Amtsbezeichnungen, Rufnummern, Gespräche und kleine Reklamationen wie Vogelgezwitscher im Raum. Es war, als suchten umherflatternde, wild im Fluge sich kreuzende Schwalben in diesem Zimmer ihr Nest zu bauen.

Camilla ist Kriminalpsychologin und soll das Täterprofil Branoschewskis erstellen.

Nachdem Holk dreimal zum Frühstück und doppelt so oft zum Abend verabredet war, hatte er allerdings zum Schluß geradezu grauenhaftes Pech. Er verlangte zwanzigmal eine bestimmte Rufnummer: Charlotts. Aber sie war besetzt, sie war mindestens fünfundzwanzig Minuten lang besetzt. Holk ließ sich die Störungsstelle kommen. Er sah und hörte nichts mehr in seinem zornigen Eifer, dieses Teilnehmers nun endlich einmal habhaft zu werden. Aber der Teilnehmer spricht. Besetzt. Immer wieder besetzt … Camilla warf ihm sanft tröstende und etwas höhnische Blicke zu. Sie legte mitten in einem sehr langen Gespräch ihre Hand auf den Schalltrichter.

„Immer noch besetzt, Holkemännchen?“

Holk sah sie mit einem Blick stummen Jammers an, und Camilla setzte mit einem grausam aufblitzenden Triumph in den schönen grauen Augen das eigene Gespräch weiter fort.

Bertolt Brecht: 700 Intellektuelle beten einen Öltank an

Ohne Einladung
Sind wir gekommen
Siebenhundert (und viele sind noch unterwegs)
Überall her
Wo kein Wind mehr weht
Von den Mühlen, die langsam mahlen, und
Von den Öfen, hinter denen es heißt
Daß kein Hund mehr vorkommt.

Und haben Dich gesehen
Plötzlich über Nacht
Öltank.

Gestern warst Du noch nicht da
Aber heute
Bist nur Du mehr.

Eilet herbei, alle
Die ihr absägt den Ast, auf dem ihr sitzet
Werktätige!
Gott ist wiedergekommen
In Gestalt eines Öltanks.

Du Häßlicher
Du bist der Schönste!

Tue uns Gewalt an
Du Sachlicher!

Lösche aus unser Ich!
Mache uns kollektiv!
Denn nicht wie wir wollen
Sondern wie Du willst.

Du bist nicht gemacht aus Elfenbein und Ebenholz,
sondern aus
Eisen.
Herrlich, herrlich, herrlich!
Du Unscheinbarer!

Du bist kein Unsichtbarer
Nicht unendlich bist du!
Sondern sieben Meter hoch.
In Dir ist kein Geheimnis
Sondern Öl.
Und Du verfährst mit uns
Nicht nach Gutdünken, noch unerforschlich
Sondern nach Berechnung.

Was ist für Dich ein Gras?
Du sitzest darauf.
Wo ehedem ein Gras war
Da sitzest jetzt Du, Öltank!
Und vor Dir ist ein Gefühl
Nichts.

Darum erhöre uns
Und erlöse uns von dem Übel des Geistes.

Im Namen der Elektrifizierung
Der Ratio und der Statistik!

Erich Kästner: Fabian

Seite 261

Von der anderen Seite des Platzes näherte sich eine merkwürdige Gestalt: ein alter Herr, mit einem weißen Knebelbart und mit einem schlechtgerollten Schirm. Statt eines Mantels trug er eine grünliche, verschossene Pelerine, und der Kopf gipfelte in einem steifen grauen Hut, der vor Jahren schwarz gewesen sein mochte. Der Pelerinenträger steuerte auf die Bank zu, ließ sich, eine Begrüßungsformel murmelnd, neben Fabian nieder, hustete umständlich und zeichnete mit dem Schirm Kreise in den Sand. Er machte einen der Kreise zu einem Zahnrad, brachte dessen Mittelpunkt mit dem Zentrum eines anderen Kreises durch eine Gerade in Verbindung, komplizierte die Skizze durch Kurven und Linien immer mehr, schrieb Formeln daneben und darüber, rechnete, strich durch, rechnete von neuem, unterstrich eine Zahl zweimal und fragte: „Verstehen Sie was von Maschinen?"

Knebelbart: ein Kinnbart wird mit einem gezwirbelten Schnurrbart kombiniert

Pelerine: Schulterumhang, der häufig zusätzlich am Mantel befestigt wurde

„Bedaure", sagte Fabian. „Wer mich sein Grammophon aufziehen läßt, kann sicher sein, daß es nie mehr funktioniert." […]

Grammophon: Abspielgerät; Vorläufer des Plattenspielers

Der alte Herr fuhr mit der Spitze seines schlechtgerollten Schirmes so lange über den Sand, bis die Rechnung weggewischt war. „Vielleicht verstehen Sie mich, da Sie von Maschinen nichts verstehen", sagte er. „Ich bin ein sogenannter Erfinder, Ehrenmitglied von fünf wissenschaftlichen Akademien. Die Technik verdankt mir erhebliche Fortschritte. Ich habe der Textilindustrie dazu verholfen, pro Tag fünfmal soviel Tuch herzustellen wie früher. An meinen Maschinen haben viele Leute Geld verdient, sogar ich.“ Der alte Herr hustete und zupfte sich nervös am Spitzbart. „Ich erfand friedliche Maschinen und merkte nicht, daß es Kanonen waren. Das konstante Kapital wuchs unaufhörlich, die Produktivität der Betriebe nahm zu, aber, mein Herr, die Zahl der beschäftigten Arbeiter nahm ab. Meine Maschinen waren Kanonen, sie setzten ganze Armeen von Arbeitern außer Gefecht. Sie zertrümmerten den Existenzanspruch von Hunderttausenden. Als ich in Manchester war, sah ich, wie die Polizei auf Ausgesperrte losritt. Man schlug mit Säbeln auf ihre Köpfe. Ein kleines Mädchen wurde von einem Pferd niedergetrampelt. Und ich war daran schuld.“ Der alte Herr schob den steifen Hut aus der Stirn und hustete. „Als ich zurückkam, stellte mich meine Familie unter Kuratel. Es paßte ihnen nicht, daß ich Geld wegzuschenken begann und daß ich erklärte, ich wolle mit Maschinen nichts mehr zu schaffen haben. Und dann ging ich fort. Sie haben zu leben, sie wohnen in meinem Haus am Starnberger See, ich bin seit einem halben Jahr verschollen. […]

Arbeitnehmer, die im Arbeitskampf vom Arbeitgeber ohne Lohnfortzahlung von der Arbeit ausgeschlossen werden

Vormundschaft

„Ich dachte daran, nach Rußland zu fahren und mich zur Verfügung zu stellen. Aber ohne Paß darf man nicht hinüber. Und wenn man meinen Namen erfährt, hält man mich erst recht zurück. In meiner Brusttasche sind Skizzen und Berechnungen für eine Webstuhlanlage, die alle bisherigen Textilmaschinen in den Schatten stellt. Millionenwerte stecken in meiner geflickten Tasche. Aber lieber will ich verhungern.“

Sportler und Sportlerinnen

Anton Räderscheidt: Die Tennisspielerin

In der Weimarer Republik erreicht der Sport eine bisher nie gekannte Popularität. Neben das Turnen, das seit Turnvater Jahn, also seit dem frühen 19. Jahrhundert eine große Rolle in Deutschland spielt, tritt der angelsächsische Sport: Tennis, Segeln, Rudern, Golf, Fußball, Leichtathletik und Boxen. Die Begeisterung für den Sport zeigt sich nicht nur auf dem Sportplatz, sondern auch in den Medien. Überall wird über Sportereignisse berichtet, in Zeitungen und Zeitschriften, sogar im Kino.

Die Vertreter der Neuen Sachlichkeit setzten sich auf vielfältige Weise mit diesem Phänomen auseinander. Teils indem sie selbst berichten, wie Egon Erwin Kisch in seiner Reportage „Elliptische Tretmühle“, die ein

Sechstagerennen in Berlin beschreibt, teils indem sie Gedichte über Sportgrößen verfassen, wie Hannes Küpper über den Schwimmmeister Johnny Weißmüller. Dabei wird der Boxkampf zum religiösen Erweckungserlebnis (Paul Gurk), das Leben zum Sportfest in allen Disziplinen (Carola Neher) und der Sport zum utopischen Gesellschaftsmodell, denn am Startbalken sind alle gleich (Frank Thiess/Marieluise Fleißer). Es zählt nur die Leistung und nicht die soziale Herkunft: Der Bäcker besiegt den Arzt im Schwimmwettbewerb, die Sekretärin gewinnt gegen ihren Arbeitskollegen das Tennismatch.
Viele Helden der neusachlichen Romane sind Sportler. Der Mathematiker Ulrich in Robert Musils Roman „Der Mann ohne Eigenschaften (1931/32) beginnt seinen Tag ebenso mit einem Sportprogramm wie Irmgard Keuns Sekretärin Gilgi. Ulrich erkennt im Sport sogar eine Nähe zur Mathematik. Als Wissenschaftler gehe er wie ein Sportler vor und auch andere Berufsgruppen näherten sich der Sportlogik an. Eine noch größere Rolle spielt der Sport in Marieluise Fleißers Roman „Eine Zierde für den Verein. Ein Roman vom Rauchen, Sporteln, Lieben und Verkaufen" (1931). Gustl Gillich, der Verlobte der Hauptprotagonistin Frieda Geier, geht ganz in seinem Sportverein auf. Er ist als mehrfacher Regionalmeister im Kraulen eine Zierde für seinen Verein und ein Star in seiner Kleinstadt.
Trotz aller positiven Darstellungen des Sports fehlt es in den vorliegenden Texten nicht an kritischen Zwischentönen oder auch direkter Kritik. Siegfried Kracauer widerspricht der These, der Sport könne durch die Nivellierung sozialer Unterschiede Vorbild für eine gerechtere Welt sein. Er sieht den Sport eher als Gefahr für das solidarische Handeln.

Paul Gurk: Boxkampf

In die riesige Kirche des Sports schoß die Masse der Gläubigen, durch die Schächte der Eingänge geformt und gepreßt, in einem schwarzen Strahl und spritzte bis in die Dachsparren der Halle empor. Wo zog noch eine Religion mit solcher Inbrunst Zehntausende an ihren Altar? Ließ sie in Zungen reden, eine neue, umgeformte ekstatische Sprache des Schreis, Wut und Verehrung zugleich, über jede Schranke hinweg, und ließ sie sieden im eigenen Gefühl? Der Altar aber ist der Ring aus vier gespannten Seilen, dem erhöhten Schafott ähnlich, und über ihm schwebt der neue Gral, die Jupiterlampe, die mit ihrem bläulichen Lichtgezisch von unerhörter Helligkeit die Wandlung über die schwarze Masse mit den ausgelöschten und bereiten Gehirnen herabträuft. Es gibt nur einen Gott: Muskel! Und Tempo ist sein Prophet! – […]

Seite 263

sehr helle Bogenlampe für Film- und Fernsehaufnahmen

In der Halle pfiffen die Ventilatoren. Der Zigarettenqualm wurde fortgeschleudert, zu Nebelringen geformt, hinausgequirlt, auf daß reine Luft beim Beginn der Kämpfe sei. In den Gängen um den Ring tobten die Photographen und Filmkameraträger, startbereit, gierig auf den Moment der Präsentation der Helden wartend. Und dann kam auch der Einzug der Presse, des Bleistifts vom Fach, des Stenogrammheftes, das das Mark saugt aus den acht Runden, den zweimal zehn Runden und den großen, seit Monaten von Millionen ersehnten fünfzehn Runden, kam die Besatzung für die hilfreiche Ecke der beiden Heroen, aus der Masseur, Manager, Arzt, Trainingspartner hervorschießen und das Idol zurechtmachen für die nächste Runde. – […]

Notizheft für die Kurzschrift Stenografie

Die Halle bebte. Zwei riesige Kerle wurden triumphierend hereingeführt. Von den geduckten, massiven Nacken hing der Flanellmantel herab. Das Megaphon schrie: „Einhundertvierundachtzig Pfund Ringgewicht – einhunderteinundachtzigdreizehntel Pfund Ringgewicht! Worte, Blitzlicht, Sturm der Filmmänner, Handschuhe auslosen, das Trikot, Wirbel der Fäuste, Klatschen, Hetzen Gebrüll … […]

„Sechs – sieben – acht", klopfte die Stimme. Dann hob sich der Muskelberg und tastete in das Licht. – „Kinnhaken!" tobte die Füllung der Halle. Wieder schlug der Körper zu Boden. Dann kam das eherne Schüttern eines Gongs. – […]

„Bravo", brüllte es jetzt in der zweiten Runde. „Noch so'n Schwinger, und die Wand hat ein neues Tapetenmuster!" Der kleinere von den Riesen, der Mann aus hundert Kämpfen, der fast schon ein alter Mann von beinahe vierzig Jahren ist, ging zu Boden. Bei sechs war er wieder hoch und deckte ab, bis der Gong rettete. Jetzt war das Fieber da. Die Wetten kamen, ob er die dritte, die sechste Runde überstehen würde … […]

Boxschlag, der mit angewinkeltem, steif gehaltenem Arm ausgeführt wird, wobei das Körpergewicht des Angreifers der Verstärkung dient

„Er hält sich. Er wird immer besser. Die achte Runde war klar für ihn! – Natürlich, man muß auch mit dem Kopf boxen!" Drei Jünglinge prügelten sich. Die Ordnungspolizei wischte den randalisierenden Fleck fort. Eine ganze Schar von Herren behauptete, der Ringrichter hätte vier Sekunden zu spät zu zählen angefangen. „Er war schon in der ersten Runde knock-out!" „Gemeinheit – Schiebung!", heulte es. Dann ging ein befreiendes Aufatmen bis unter die Decke der Halle. Endlich war es eine nahe Sache. In der zehnten Runde wurde dem jungen Boxer das Auge geöffnet. – […]

Möglichkeit, einen Kampf zu gewinnen; dem am Boden liegenden Boxer gelingt es nicht innerhalb von 10 Sekunden wieder auf die Beine zu kommen

Megaphon! „Nach Punkten gewonnen!" Der Gürtel wird umgelegt. Rasen läuft vom Grund bis zum letzten

Sparren der Halle. Frauen und Rosen werfen sich hinab. Hände donnern. Fäuste schwingen sich über einem Schaum von roten Köpfen. Im Glanz steht der junge Boxer da, die Brust zwei genietete Stahlplatten, die Arme hängende Kurbelstangen auf gespreizten Trägern, die Ohren abstehend, um den Mund ein jauchzendes Grinsen, das linke Auge geschlossen, die Haare verklebt vom dunkelnden Blut, den Dampf des Kampfes um sich: der neue Heros der Stadt! – Der alte Mann Eckenpenn besorgte einigen prominenten Herren die Garderobe. –

Hannes Küpper: Der fliegende Fisch

Der fliegende Fisch, so nennt man ihn
In Florida, Chicago, Paris, Rom, Berlin.
Den großen Sekunden-Widersacher,
Johnny, der Zähneschmelzlacher. Seite 263
Alle Wasser werden zur schäumenden Gischt.
Wenn Johnny sie durchschneidet, der fliegende Fisch.

Mißtrauische flüstern sich Worte ins Ohr
Von einem heimlichen Magnet, Propeller, Motor.
Denn es ginge über eines Menschen Kraft,
Daß einer hundert Yards in Sekunden schafft.
Die Wasser würden nur zur schäumenden Gischt,
Wenn Johnny sie durchschneidet, der fliegende Fisch.

Längeneinheit in den USA und England, 91,44 cm

Wenn Johnny schwimmt, steht immer an Land
Miß Mary, die Tochter vom Grapesfruit-Lieferant.
Well, sagt sie, Johnny, that is a boy.
Sie sagt's ihm täglich, immer aufs neu.
Die Wasser werden dann zur schäumenden Gischt,
Wenn Johnny sie durchschneidet, der fliegende Fisch.

Die Titanic hatt so viele tausend Tonnen.
Was aber hat sie damit gewonnen?
Denn was ist solch großer Nachen
Gegen Johnny Weißmüllers Zähneschmelzlachen.
Wo die Wasser werden zur schäumenden Gischt,
Wenn Johnny sie durchschneidet, der fliegende Fisch.

Seite 263

Egon Erwin Kisch: Elliptische Tretmühle

Zum zehnten Male, Jubiläum also, wütet im Sportpalast in der Potsdamer Straße das Sechstagerennen. Dreizehn Radrennfahrer, jeder zu einem Paar gehörend, begannen am Freitag um neun Uhr abends die Pedale zu treten, siebentausend Menschen nahmen ihre teuer bezahlten Plätze ein, und seither tobt Tag und Nacht, Nacht und Tag das wahnwitzige Karussell. An siebenhundert Kilometer legen die Fahrer binnen vierundzwanzig Stunden zurück, man hofft, sie werden den Weltrekord drücken, jenen historischen Weltrekord, als in sechs nächtelosen Tagen von 1914 zu Berlin die Kleinigkeit von 4260,960 Kilometern zurückgelegt wurde, worauf der Weltkrieg ausbrach.

Sechs Tage und sechs Nächte lang schauen die dreizehn Fahrer nicht nach rechts und nicht nach links, sondern nur nach vorn, sie streben vorwärts, aber sie sind immer auf dem gleichen Fleck, immer in dem Oval der Rennbahn, auf den Längsseiten oder auf den fast senkrecht aufsteigenden Kurven, unheimlich übereinander, manchmal an der Spitze des Schwarmes, manchmal an der Queue und manchmal – und dann brüllt das Publikum: „Hipp, hipp!“ – um einige Meter weiter; wenn aber einer eine Runde oder zwei voraushat, ist er wieder dort, wo er war, er klebt wieder in dem Schwarm der

frz. Schwanz

dreizehn. So bleiben alle auf demselben Platz, während sie vorwärts hasten, während sie in rasanter Geschwindigkeit Strecken zurücklegen, die ebenso lang sind wie die Diagonalen Europas, wie von Konstantinopel nach London und von Madrid nach Moskau. Aber sie kriegen keinen Bosporus zu sehen und keinen Lloyd George, keinen Escorial und keinen Lenin, nichts von einem Harem und nichts von einer Lady, die auf der Rotten Row im Hyde Park reitet, und keine Carmen, die einen Don José verführt, und keine Sozialistin mit kurzem schwarzem Haar und Marxens „Lehre vom Mehrwert“ im Paletot. Sie bleiben auf derselben Stelle, im selben Rund, bei denselben Menschen – ein todernstes, mörderisches Ringelspiel. Und wenn es zu Ende, die hundertvierundvierzigste Stunde abgeläutet ist, dann hat der erste, der, dem Delirium tremens nahe, lallend vom Rade sinkt, den Sieg erfochten, ein Beispiel der Ertüchtigung.

Seite 263

Seite 263 f.

Seite 264

Endstadium der Alkoholabhängigkeit, geht einher mit Störungen des Bewusstseins, der Wahrnehmung und der Motorik

Sechs Tage und sechs Nächte drücken dreizehn Paar Beine auf die Pedale, das rechte Bein auf das rechte Pedal, das linke Bein auf das linke Pedal, sind dreizehn Rücken abwärts gebogen, während der Kopf ununterbrochen nickt, einmal nach rechts, einmal nach links, je nachdem, welcher Fuß gerade tritt, und dreizehn Paar Hände tun nichts als die Lenkstange halten; manchmal holt ein Fahrer unter dem Sitz eine Flasche Limonade hervor und führt sie an den Mund, ohne mit dem Treten aufzuhören, rechts, links, rechts, links. Ihre dreizehn Partner liegen inzwischen erschöpft in unterirdischen Boxen und werden massiert. Sechs Tage und sechs Nächte. Draußen schleppen Austrägerinnen die Morgenblätter aus der Expedition, fahren die ersten Waggons der Straßenbahnen aus der Remise, Arbeiter gehen in die Fabriken, ein Ehemann gibt der jungen Frau den

Versand- und Auslieferungsabteilung

Straßenbahndepot

Morgenkuß, ein Polizist löst den anderen an der Straßenecke ab, ins Café kommen Gäste, jemand überlegt, ob er heute die grau-schwarz gestreifte Krawatte umbinden soll oder die braun gestrickte, der Dollar steigt, ein Verbrecher entschließt sich endlich zum Geständnis, eine Mutter prügelt ihren Knaben, Schreibmaschinen klappern, Fabriksirenen tuten die Mittagspause, im Deutschen Theater wird ein Stück von Georg Kaiser gegeben, das beim Sechstagerennen spielt, der Kellner bringt das Beefsteak nicht, ein Chef entläßt einen Angestellten, der vier Kinder hat, vor der Kinokasse drängen sich hundert Menschen, ein Lebegreis verführt ein Mädchen, eine Dame läßt sich das Haar färben, ein Schuljunge macht seine Rechenaufgaben, im Reichstag gibt es Sturmszenen, in den Sälen der Philharmonie ein indisches Fest, in den Häusern sitzen Leute auf dem Klosett und lesen die Zeitung, jemand träumt, bloß mit Hemd und Unterhose bekleidet in einen Ballsaal geraten zu sein, ein Gymnasiast kann nicht schlafen, denn er wird morgen den pythagoräischen Lehrsatz nicht beweisen können, ein Arzt amputiert ein Bein, Menschen werden geboren und Menschen sterben, eine Knospe erblüht und eine Blüte verwelkt, ein Stern fällt und ein Fassadenkletterer steigt eine Häuserwand hinauf, die Sonne leuchtet und Rekruten lernen schießen, es donnert und Bankdirektoren amtieren, im Zoologischen Garten werden Raubtiere gefüttert und eine Hochzeit findet statt, der Mond strahlt und die Botschafterkonferenz faßt Beschlüsse, ein Mühlenrad klappert und Unschuldige sitzen im Kerker, der Mensch ist gut und der Mensch ist schlecht – während die dreizehn, ihren Hintern auf ein sphärisches Dreieck aus Leder gepreßt, unausgesetzt rundherum fahren, unaufhörlich rundherum, immer-

Seite 264 f.

eleganter, reicher Greis, der dem Luxus und den sinnlichen Genüssen frönt

fort mit kahlgeschorenem Kopf und behaarten Beinen nicken, rechts, links, rechts, links.
Gleichmäßig dreht sich die Erde, um von der Sonne Licht zu empfangen, gleichmäßig dreht sich der Mond, um der Erde Nachtlicht zu sein, gleichmäßig drehen sich die Räder, um Werte zu schaffen – nur der Mensch dreht sich sinnlos und unregelmäßig beschleunigt in seiner willkürlichen, vollkommen willkürlichen Ekliptik, um nichts, sechs Tage und sechs Nächte lang. Der Autor von Sonne, Erde, Mond und Mensch schaut aus seinem himmlischen Atelier herab auf das Glanzstück seines Œuvres, auf sein beabsichtigtes Selbstporträt, und stellt fest, daß der Mensch – so lange, wie die Herstellung des Weltalls dauerte – einhertritt auf der eignen Spur, rechts, links, rechts, links – Gott denkt, aber der Mensch lenkt, lenkt unaufhörlich im gleichen Rund, wurmwärts geneigt das Rückgrat und den Kopf, um so wütender angestrengt, je schwächer seine Kräfte werden, und am wütendsten am Geburtstage, dem sechsten der Schöpfung, da des Amokfahrers Organismus zu Ende ist und, hipp, hipp, der Endspurt beginnt. Das hat Poe nicht auszudenken vermocht: daß am Rand seines fürchterlichen Mahlstroms eine angenehm erregte Zuschauermenge steht, die die vernichtende Rotation mit Rufen anfeuert, mit hipp-hipp! Hier geschieht es, und hier erzeugen sich zweimal dreizehn Opfer den Mahlstrom selbst, auf dem sie in den Orkus fahren.

Seite 265

in der griech. Mythologie die Unterwelt

Ein Inquisitor, der solche Tortur, etwa „elliptische Tretmühle“ benamst, ausgeheckt hätte, wäre im finstersten Mittelalter selbst aufs Rad geflochten worden – ach, auf welch ein altfränkisches, idyllisches Einrad! Aber im zwanzigsten Jahrhundert muß es Sechstagerennen geben. *Muß!* Denn das Volk verlangt es. Die Rennbahn mit

den dreizehn strampelnden Trikots ist Manometerskala einer Menschheit, die mit Wünschen nach äußerlichen Sensationen geheizt ist, mit dem ekstatischen Willen zum Protest gegen Zweckhaftigkeit und Mechanisierung. Und dieser Protest erhebt sich mit der gleichen fanatischen Sinnlosigkeit wie der Erwerbsbetrieb, gegen den er gerichtet ist. Preise werden gestiftet, zum Beispiel zehn Dollar für die ersten in den nächsten zehn Runden. Ein heiserer Mann mit dem Megaphon ruft es aus, sich mit unfreiwillig komischen, steifen Bewegungen nach allen Seiten drehend, und nennt den Namen des Mäzens, der fast immer ein Operettenkomponist, ein Likörstubenbesitzer oder ein Filmfabrikant ist oder jemand, auf dessen Ergreifung eine Prämie ausgesetzt werden sollte. Ein Pistolenschuß knallt, es beginnt der Kampf im Kampfe, hipp, hipp, die dreizehn sichtbar pochenden Herzen pochen noch sichtbarer, Beine treten noch schneller, rechts, links, rechts, links, Gebrüll des Publikums wird hypertrophisch, hipp, hipp, man glaubt in einem Pavillon für Tobsüchtige zu sein, ja beinahe in einem Parlament, der geschlossene Schwarm der Fahrer zerreißt. Ist es ein Unfall, wenn der Holländer Vermeer in der zweiten Nacht in steiler Parabel vom Rad saust, mitten ins Publikum? Nein: out. Ändert es etwas, daß Tietz liegenbleibt? Nein, es ändert nichts, wenn die Roulettkugel aus dem Spiel schnellt. Man nimmt eine andere. Wenn einer den Rekord bricht, so wirst du Beifall brüllen, wenn einer den Hals bricht – was geht's dich an? Hm, ein Zwischenfall. Oskar Tietz war Outsider vom Start an. Das Rennen dauert fort. Die lebenden Roulettbälle rollen. „Hipp, Huschke! Los, Adolf!" – „Gib ihm Saures!" – „Schiebung!!"
Von morgens bis mitternachts ist das Haus voll, und von mitternachts bis morgens ist der Betrieb noch toller.

überspannt

Teun Vermeer (1887 – unbekannt), niederländischer Radrennprofi von 1919–1929

Oskar Tietz (1895–1975), deutscher Radrennprofi, gewann 1923 das Sechstagerennen in Berlin

Adolf Huschke (1891–1923), einer der erfolgreichsten deutschen Straßenradrennprofis, verunglückte im August 1923 beim Radrennen ‚Rund um Berlin' tödlich

Eine Brücke überwölbt hoch die Rennbahn und führt in den Innenraum; die Brückenmaut beträgt zweihundert Mark pro Person. Im Innenraum sind zwei Bars mit Jazzbands, ein Glas Champagner kostet dreitausend Papiermark, eine Flasche zwanzigtausend Papiermark. Nackte Damen in Abendtoilette sitzen da, Verbrecher im Berufsanzug (Frack und Ballschuhe), Chauffeure, Neger, Ausländer, Offiziere und Juden. Man stiftet Preise. Wenn der Spurt vorbei ist, verwendet man die Aufmerksamkeit nicht mehr auf die Kurve, sondern auf die Nachbarin, die auch eine bildet. Sie lehnt sich in schöner Pose an die Barriere, die Kavaliere schauen ins Dekolleté, rechts, links, rechts, links. Das Sechstagerennen des Nachtlebens ist es. Im Parkett und auf den Tribünen drängt sich das werktätige Volk von Berlin, Deutschvölkische, Sozialdemokraten, rechts, links, rechts, links, alle Plätze des Sportpalastes sind seit vierzehn Tagen ausverkauft. Logen und Galerien lückenlos besetzt, rechts, links, rechts, links, Bezirke im Norden und Süden müssen entvölkert sein, Häuser leer stehen, oben und unten, rechts und links.

Papiermark: während der Inflation (1919–1923) häufig verwendeter Begriff in Abgrenzung von der wertstabilen Goldmark

Neger: dunkelhäutiger Mensch, heute hat der Begriff eine stark abwertende Konnotation

Deutschvölkische: Deutschvölkische Freiheitspartei (DVFP), völkische Partei seit 1922, radikaler Ableger der Deutschnationalen Volkspartei

Und mehr als die Hälfte der Plätze sind von Besessenen besessen, die – die Statistik stellt es triumphierend fest – vom Start bis zum Finish der Fahrer in der hundertvierundvierzigsten Stunde ausharren. In Berliner Sportkreisen ist es bekannt, daß sogar die unglücklichen Ehen durch die Institution der Six Days gemildert sind. Der Pantoffelheld kann sechs Tage und sechs Nächte von daheim fortbleiben, unkontrolliert und ohne eine Gardinenpredigt fürchten zu müssen. Selbst der eifersüchtigste Gatte läßt seine Frau ein halbes Dutzend Tage und Nächte unbeargwöhnt und unbewacht; sie kann gehen, wohin sie will, rechts, links, rechts, links, ruhig bei ihrem Freunde essen, trinken und schlafen, denn der Gatte ist mit Leib und Seele beim Sechstagerennen. Von dort rühren sich die Zuschauer nicht weg, ob sie nun Urlaub vom Chef erhalten oder sich im Geschäft krank gemeldet, ob sie ihren Laden zugesperrt oder die Abwicklung der Geschäfte den Angestellten überlassen haben, ob sie es versäumen, die Kunden zu besuchen, ob sie streiken oder ohnedies arbeitslos sind. Es gehört zur Ausnahme, daß ihr Vergnügen vorzeitig unterbrochen wird, wie zum Beispiel das des sportfreudigen Herrn Wilhelm Hahnke, aus dem Hause Nr. 139 der Schönhauser Straße. Am dritten Renntage verkündete nämlich der Sprecher durch das Megaphon, rechts, links, rechts, links, den siebentausend Zuschauern: „Herr Wilhelm Hahnke, Schönhauser Straße 139, soll nach Hause kommen, seine Frau ist gestorben!“

Carola Neher: Sport

Ich liebe den Sport
Tous les sports d’été et d’hiver *(alle Sommer- und Wintersportarten)*
Eishockey
Eiscremesoda *(Eiscreme mit Mineralwasser)*
Bob mit Bobby
Germans
Playing Golf in Germany
Und Polo in Brioni!

Ich ritt in Baden-Baden
Um fünf Uhr früh die Oos entlang
Ich fuhr einen kleinen Steyrwagen *(österreichische Automarke)*
In Wien zuschanden
Ich segelte auf dem Wannsee

Schwamm am Lido
Und bin sogar (wenn auch widerstrebend)
  den Watzmann hinaufgeklettert.

Ich kann Spagat
Rad fahren
Rad schlagen,
Ich laufe gern Eis
Aber noch lieber: Gefahren.

Ich flog
Aus meinem ersten Engagement
Und mit dem Wasserflugzeug
Von Triest nach Venedig.
Motorrad rasselte ich den Feldberg hinunter
An einer scharfen Kurve
Wär es beinah schief gegangen.

Ich tanze
Black and White bottom Seite 265
Und manchem auf der Nase herum.

Ich spiele
Klavier
Poker
Wasserball
Erdball
Und Theater.

Ich habe etliche Herzen
Knock-out geschlagen. Seite 265
Ski-heil!

Frank Thiess: Die Geistigen und der Sport

Im Sportsmann hat sich etwas wie ein neuer Typ aus den Berufen abgespalten. Wieder können wir die Erscheinung feststellen, daß nicht der Stand die Zusammengehörigkeit bestimmt, sondern die spezielle Geistesrichtung sie zustande bringt. Sportsleute, die sich als solche fühlen, finden wir tatsächlich in allen Klassen. Mögen diese Männer sonst die gewohnte, echtdeutsche klassentrennende Haltung beobachten, im Bezirk ihrer sportlichen Ausübung kennen sie Herkunft und Titel nicht mehr. Notieren wir einstweilen diese sozial ausgleichende Tendenz des Sports und fixieren wir auch noch den Gedanken, daß beim Sportsmann (oder der Sportsfrau) ein zweites Motiv wesenlos zu werden scheint, das sich sonst durch den gesamten kulturellen Volkskörper flicht: die Scheidung von aristokratischer und plebejischer Gesittung, also von Führung und Masse. Es gibt Lehrer und es gibt Schüler, es gibt Könner und Nichtskönner, aber es regiert merkwürdigerweise im Sport nicht das Gesetz von primärer und sekundärer Schichtung, das bei dem Studium sonstiger Kulturphänomene nicht übersehen werden kann. Allem Anschein nach ist hier eine organische Bildung (man gestatte mir, sie organisch zu nennen, obwohl ich vordem Vergleiche aus der Geologie zu Hilfe zog) im Werden, die ihre volksbestimmende Form noch nicht gefunden hat.

gewöhnlicher, volkstümlicher Gesittung

Marieluise Fleißer:
Eine Zierde für den Verein

Seite 255 f.

Da haben sie auf dem Plan einen blutjungen Springer, ihren einzigen von Format, einen gewissen Riebsand. Er hat den Spitznamen Rih nach dem Pferd Old Shatterhands, weil er silberweiß an Haut ist.

Plan: ebener (Sportkampf-) Platz, hier Schwimmanlage des Vereins

Beim Sport ist es nicht gesagt, daß jener seine Sache am besten macht, der sie am längsten geübt hat. Rih z. B. hat im vergangenen Jahr, wenige Wochen, nachdem er den ersten sportlichen Sprung seines Lebens versuchte, die Landesmeisterschaft im Kunstspringen gemacht.

Zuvor war er niemand, ein ganz nett durchtrainierter Turner. Als er am Abend mit dem Personenzug vierter Klasse von München nachhause fuhr, war er sozusagen eine Kanone. [...]

Er ist ein Glücksfall. Eines Tages fing er zu springen an und machte seine Sache gut, wie die anderen sagen. Aber er kann sich nicht selber beurteilen. Er hat kein Gefühl dafür, wann er schlechter springt. Fremde Springer hat er dreimal in seinem Leben, zuletzt bei seinem Kampf in München gesehen. Das kann so bleiben. Er nimmt sonst bloß fremde Unarten an. Aber da ist er nun ein Mann von überraschend guten Anlagen und kann im Verein und in der ganzen Stadt niemand finden, der seine Technik abschleift.

Wenn er sich im Verein beim Springen beobachten läßt, um seine Fehler zu erfahren, reagiert jeder eine andere Theorie an ihm ab und macht ihn unsicher. Es ist ein Jammer um das erlesene Zuchtmaterial. Das sind die Nöte der Abschnürung, von denen sie in den großen Städten keine Ahnung haben.

Der Gillich versteht noch am meisten, aber er ist doch als

Krauler geboren und sieht alles durch seinen Schwimminstinkt.

Jetzt muß ich ganz dumm fragen. Wo hat denn der Gillich seine Schwimmtechnik her? Wo Gott sie ihm anfliegen ließ. Aus der Deuligwoche.

Wochenschau der Deutschen Lichtbild-Gesellschaft, einer staatsnahen Filmgesellschaft in Berlin, die über politische, gesellschaftliche und kulturelle Ereignisse informierte

Es ist doch für was gut, wenn die großen Wettkämpfe gefilmt werden. Man kann im Kino was lernen. Der eine sieht es, der andere sieht es eben nicht. Es gibt glückliche Veranlagungen, die das Weiterführende am Erfolg des anderen im Nu erfassen.

Am meisten hat der Gillich daraus entnommen für seine Wende. [...]

Seine Mutter zeiht ihn der schweren Sünde, weil er am Sonntag die Kirche versäumt, und Rih verteidigt sich mit lahmen Sätzen, fühlt sich jedoch nicht als der Ketzer, für den seine Mutter ihn hinstellt.

jemand, der die Glaubenswahrheiten der christlichen Großkirchen ablehnt und in deren Augen eine Irrlehre vertritt

Noch brennt ein Licht in ihm. Er ist statt kirchenfromm nur eben leibfromm geworden.

Die Mutter versteht das nicht, wie bitter nötig er seinen Sonntag hat. Jeder Sonntag muß ihn aus den Unklarheiten einer ganzen Woche retten.

„Nur nicht nachlassen," sagt Rih. „Feilen, feilen und noch einmal feilen."

Rih versteht nicht, daß es Großstädter gibt, welche die Gelegenheit haben und sie nicht ausnützen. Er nimmt sich ein warnendes Beispiel am Lebenswandel von inzwischen verschollenen Kanonen. Denn warum sind sie verschollen? Selbstsicherheit ist der Tod der Entwicklung.

„Ich weiß, daß ich nichts weiß," betet Rih.

[...]

An diesem Samstagnachmittag kann er über mangelnde Beteiligung im Volk nicht klagen. Der Steg ist brechend voll, soweit er dem Publikum freigegeben wird. Der Rasenhang ist schwarz von Männlein und Weiblein. Auch wenn nicht Sonntag ist, stehn sie sogar auf dem Dach über den Ankleidekabinen und stehn auf dem Wall. [...] Auf der Mauerkrone stehen mindestens vierhundert Menschen und haben die Absicht, sich an dem, was geboten wird, ohne Eintritt zu erletzen. „Die sehen von da drüben auch nicht schlechter wie hier."

ergötzen, genießen

„Was soll ich machen?" jammert der Obmann. „Der Wall ist nicht käuflich. Wir haben seinerzeit nehmen müssen, was um ein Spottgeld zu haben war. Wir haben uns die Umgebung nicht aussuchen können. Natürlich ist es ein Fehler in der Anlage von vornherein. Das sind eben die Nachteile von einem Zufallsgelände."

„Wir können sie von dort nicht vertreiben. Aber wir können an ihre besseren Instinkte appellieren und um eine freiwillige Zuwendung ersuchen. Es steht ja nicht lauter Geschwerl oben. Ich kann mit dem bloßen Auge manchen Bürger erkennen, der sich genieren wird, wenn man ihn daraufhin anspricht." [...]

bayrische Mundart: Gruppe von sozial niedrig gestellten Menschen

Dieser Gustl in seiner Voraussicht, er nahm sich wahrhaftig einen Klingelbeutel zu leihen. Er entsendet seinen gewandtesten Schüler über das Wasser. [...]

Der Wigg hat das größte Vergnügen an der Überraschung. Er paddelt hinüber wie das Osterbetzerl mit dem Stab; das Glöcklein am Beutel klingelt idyllisch bei der Wasserreise. Der dünne Ton kündet den Zaunspatzen schon von weitem an, was ihnen bevorsteht. [...]

bayerische Mundart: Osterlamm

Die Leute, die gespendet haben, erwarten dafür, daß es endlich losgeht. Sie pfeifen und scharren. Auf dem Fuße folge der Lohn.

Die Glocke tönt. Über den Ankleidekabinen geht ein Brett hoch mit Riesenbuchstaben: Lernt Schwimmen! Kraulgustl brüllt aus der hohlen Hand seine Worte über

den Plan, die denselben Anreiz unter die Masse tragen. Er ist nicht der geborene Sprecher, doch meint er es ehrlich. Auch macht er es kurz und schmerzlos. Bravo!
„Gut Naß!"
„Gut Naß!" schallt es aus reißender Kehle zurück. Das sind keine kleinen Angestellten und Verkäufer mehr, keine Anfänger im Beruf, die so mancher zwiebeln darf. Das sind die entfesselten Barbaren der Kleinstadt, welche die augenblickliche Formel ihres Heils ins Ohr von Unberufenen heulen.
Wir sind die wahren Menschen, aber ihr seid erst Frösche, könnte das heißen.
Die Erkenntnis durchzuckt Gustl mit Macht.
Schön ist, wenn man sich von den Getreuen umgeben weiß und der eigene Gedanke von ihrem Echo vervielfältigt auf einen eindringt.

Seite 265 f.

Robert Musil: Der Mann ohne Eigenschaften

13
Ein geniales Rennpferd reift die Erkenntnis, ein Mann ohne Eigenschaften zu sein
Es ist nicht unwesentlich, daß sich Ulrich sagen durfte, in seiner Wissenschaft nicht wenig geleistet zu haben. Seine Arbeiten hatten ihm auch Anerkennung eingebracht. Bewunderung wäre zu viel verlangt gewesen, denn selbst im Reiche der Wahrheit hegt man die Bewunderung nur für ältere Gelehrte, von denen es abhängt, ob man Bewunderung und Professur erreicht oder nicht. Genau gesprochen, er war das geblieben, was man eine Hoffnung nennt, und eine Hoffnung nennt man in der Republik der Geister die Republikaner, das sind jene Menschen, die sich einbilden, man dürfe seine

ganze Kraft der Sache widmen, statt einen großen Teil von ihr auf das äußere Vorwärtskommen zu verwenden; sie vergessen, dass die Leistung des Einzelnen gering, das Vorwärtskommen dagegen ein Wunsch aller ist, und vernachlässigen die soziale Pflicht des Strebens, bei der man als Streber beginnen muß, damit man in den Jahren des Erfolgs eine Stütze uns Strebe abgeben kann, an deren Gunst sich andere emporarbeiten.

Und eines Tages hörte Ulrich auch auf, eine Hoffnung sein zu wollen. Es hatte damals schon die Zeit begonnen, wo man von Genies des Fußballrasens oder des Boxrings zu sprechen anhub, aber auf mindestens zehn geniale Entdecker, Tenöre oder Schriftsteller entfiel in den Zeitungsberichten noch nicht mehr als höchstens ein genialer Centre-half oder großer Taktiker des Tennissports. Der neue Geist fühlte sich noch nicht ganz sicher. Aber gerade da las Ulrich irgendwo, wie eine vorverwehte Sommerreife, plötzlich das Wort „das geniale Rennpferd“. Es stand in einem Bericht über einen aufsehenerregenden Rennbahnerfolg, und der Schreiber war sich der Größe des Einfalls vielleicht gar nicht bewußt gewesen, den ihm der Geist der Gemeinschaft in die Feder geschoben hatte. Ulrich aber begriff mit einemmal, in welchem unentrinnbaren Zusammenhang seine ganze Laufbahn mit diesem Genie der Rennpferde stehe. Denn das Pferd ist seit je das heilige Tier der Kavallerie gewesen, und in seiner Kasernenjugend hatte Ulrich kaum von anderem sprechen hören als von Pferden und Weibern und war dem entflohn, um ein bedeutender Mensch zu werden, und als er sich nun nach wechselvollen Anstrengungen der Höhe seiner Bestrebungen vielleicht hätte nahefühlen können, begrüßte ihn von dort das Pferd, das ihm zuvorgekommen war.

Centre-half: Vorstopper, Innenverteidiger

Sommerreife: Gebräuchlich im Zusammenhang mit Früchten: sommerreife Früchte

Kavallerie: zu Pferde kämpfende Soldaten

Das hat wohl gewiß zeitlich seine Berechtigung, denn es ist noch gar nicht lange her, dass man sich unter einem bewunderungswürdigen männlichen Geist ein Wesen vorgestellt hat, dessen Mut sittlicher Mut, dessen Kraft die Kraft einer Überzeugung, dessen Festigkeit die des Herzens und der Tugend gewesen ist, das Schnelligkeit für etwas Knabenhaftes, **Finten** für etwas Unerlaubtes, Beweglichkeit und Schwung für etwas der Würde Zuwiderlaufendes gehalten hat. Zum Schluß ist dieses Wesen allerdings nicht mehr lebendig, sondern nur noch in den Lehrkörpern von Gymnasien und in allerhand schriftlichen Äußerungen vorgekommen, es war zu einem ideologischen Gespenst geworden, und das Leben mußte sich ein neues Bild der Männlichkeit suchen. Da es sich danach umsah, machte es aber die Entdeckung, daß die Griffe und Listen, die ein erfinderischer Kopf in einem logischen Kalkül anwendet, wirklich nicht sehr verschieden den Kampfgriffen eines hart geschulten Körpers sind, und es gibt eine allgemein seelische Kampfkraft, die von Schwierigkeiten und Unwahrscheinlichkeiten kalt und klug gemacht wird, ob sie nun die dem Angriff zugängliche Seite einer Aufgabe oder eines körperlichen Feindes zu erraten gewohnt ist. Sollte man einen großen Geist und einen Boxlandesmeister psychotechnisch analysieren, so würden in der Tat ihre Schlauheit, ihr Mut, ihre Genauigkeit und Kombinatorik sowie die Geschwindigkeit der Reaktionen auf dem Gebiet, das ihnen wichtig ist, wahrscheinlich die gleichen sein, ja sie würden sich in den Tugenden und Fähigkeiten, die ihren besonderen Erfolg ausmachen, voraussichtlich auch von einem berühmten Hürdenpferd nicht unterscheiden, denn man darf nicht unterschätzen, wie viele bedeutende Eigenschaften ins Spiel gesetzt

List, Täuschung

werden, wenn man über eine Hecke springt. Nun haben aber noch dazu ein Pferd und ein Boxmeister vor einem großen Geist voraus, daß sich ihre Leistung und Bedeutung einwandfrei messen läßt und der Beste unter ihnen auch wirklich als der Beste erkannt wird, und auf diese Weise sind der Sport und die Sachlichkeit verdientermaßen an die Reihe gekommen, die veralteten Begriffe von Genie und menschlicher Größe zu verdrängen.

Was Ulrich angeht, muß man sogar sagen, dass er in dieser Sache seiner Zeit um einige Jahre voraus gewesen ist. Denn gerade in dieser Art, bei der man seinen Rekord um einen Sieg, einen Zentimeter oder ein Kilogramm vermehrt, hatte er die Wissenschaft betrieben. Sein Geist sollte sich als scharf und stark beweisen und hatte die Arbeit der Starken geleistet. Diese Lust an der Kraft des Geistes war eine Erwartung, ein kriegerisches Spiel, eine Art unbestimmten herrischen Anspruches an die Zukunft. Es erschien ihm ungewiß, was er mit dieser Kraft zu Ende führen werde; man konnte alles mit ihr machen und nichts, ein Erlöser der Welt werden oder ein Verbrecher. Und so ist ja wohl ungefähr auch allgemein die seelische Lage beschaffen, aus deren Vorhandensein die Welt der Maschinen und Entdeckungen immer neuen Nachschub erhält. Ulrich hatte die Wissenschaft als eine Vorbereitung, Abhärtung und Art von Training betrachtet. Wenn es sich ergab, daß dieses Denken zu trocken, scharf, eng und ohne Ausblick war, so mußte man es eben so hinnehmen wie den Ausdruck von Entbehrung und Anspannung, der bei großen Körper- und Willensleistungen auf einem Gesicht liegt. Er hatte jahrelang die geistige Entbehrung geliebt. Er haßte die Menschen, die nicht nach dem Nietzsche-Wort „um der Wahrheit willen an der Seele Hunger leiden" können Seite 266 nen; die Umkehrenden, verzagten, Weichlichen, die ihre Seele mit Faseleien von der Seele trösten und sie, weil ihr Verstand angeblich Steine statt Brot gibt, mit religiösen, philosophischen und erdichteten Gefühlen ernähren, die wie in Milch aufgeweichte Semmeln sind. Seine Meinung war, man befinde sich in diesem Jahrhundert mit allem Menschlichen auf einer Expedition, der Stolz verlange, dass man allem unnützen Fragen ein „Noch nicht" entgegensetze und ein Leben mit Interimsgrundsätzen, aber im Bewußtsein eines Ziels führe, das später Kommende erreichen werden. Die Wahrheit ist, dass die Wissenschaft einen Begriff der harten, nüchternen geistigen Kraft entwickelt hat, der die alten metaphysischen und moralischen Vorstellungen des Menschengeschlechtes einfach unerträglich macht, obgleich er an ihre Stelle nur die Hoffnung setzen kann, daß ein ferner Tag kommen wird, wo eine Rasse geistiger Eroberer in die Täler der seelischen Fruchtbarkeit niedersteigt.

Semmeln: Brötchen

Interimsgrundsätzen: Übergangsgrundsätzen

metaphysischen: jenseits der materiellen Welt und damit außerhalb jeder sinnlichen Erfahrung liegend

Das geht aber nur so lange gut, wie man nicht gezwungen wird, den Blick aus seherischer Ferne auf gegenwärtige Nähe zu richten, und den Satz lesen muß, daß inzwischen ein Rennpferd genial geworden ist. Am nächsten Morgen stand Ulrich mit dem linken Fuß auf und fischte mit dem rechten unentschlossen nach dem Morgenpantoffel. Das war in einer anderen Stadt und Straße gewesen als der, wo er jetzt wohnte, aber erst vor wenigen Wochen. Auf dem braunen Asphaltglanz unter seinem Fenster schossen schon die Autos vorbei; die Reinheit der Morgenluft fing an, sich mit der Säuerlichkeit des Tags zu füllen, und es erschien ihm unaussprechlich unsinnig, nun in dem milchfarbenen Licht, das durch die Vorhänge fiel, damit zu beginnen, daß er wie gewöhnlich seinen nackten Körper nach vorn und hinten biege, ihn mit den Bauchmuskeln von der Erde aufhebe und wieder hinlege und schließlich die Fäuste gegen einen Boxball prasseln lasse, wie es so viele Menschen zu der gleichen Stunde tun, ehe sie in ihr Büro gehen. Ein Stunde täglich, das ist ein Zwölftel des bewußten Lebens, und sie genügt, um einen geübten Leib in dem Zustand eines Panthers zu erhalten, der jedes Abenteuer gewärtig ist; aber sie wird hingeben für eine sinnlose Erwartung, denn niemals kommen die Abenteuer, die einer solchen Vorbereitung würdig wären. Ganz das gleiche ist mit der Liebe der Fall, auf die der Mensch in der ungeheuerlichsten Weise vorbereitet wird, und schließlich entdeckte Ulrich noch, dass er auch in der Wissenschaft einem Manne glich, der eine Bergkette nach der anderen überstiegen hat, ohne ein Ziel zu sehen. Er besaß Bruchstücke einer neuen Art zu denken wie zu fühlen, aber der anfänglich so starke Anblick des Neuen hatte sich in immer zahlreicher werdende Einzelheiten verloren, und wenn er geglaubt hatte, von der Lebensquelle zu trinken, so hatte er jetzt fast alle seine Erwartungen ausgetrunken. Da hörte er mitten in einer großen und aussichtsreichen Arbeit auf. Seine Fachgenossen kamen ihm zum Teil wie unerbittlich verfolgungssüchtige Staatsanwälte und Sicherheitschefs der Logik vor, zum Teil wie Opiatiker und Esser einer seltsam bleichen Droge, die ihnen die Welt mit der Vision von Zahlen und dinglosen Verhältnissen bevölkerte. „Bei allen Heiligen!“ dachte er „ich habe doch nie die Absicht gehabt, mein ganzes Leben lang Mathematiker zu sein?“

Opiumsüchtiger

Aber welche Absicht hatte er eigentlich gehabt? In diesem Augenblick hätte er sich nur noch der Philosophie zuwenden können. Aber die Philosophie in dem Zu-

Seite 267

stand, worin er sich damals befand, erinnerte ihn an die Geschichte der Dido, wo eine Ochsenhaut auf Riemen geschnitten wird, während es sehr ungewiß blieb, ob man auch wirklich ein Königreich damit umspannt; und was sich von Neuem ansetzt, war von ähnlicher Art wie das, was er selbst getrieben hatte, und vermochte ihn nicht zu verlocken. Er konnte nur sagen, daß er sich von dem, was er eigentlich hatte sein wollen, weiter entfernt fühlte als in seiner Jugend, falls es ihm nicht überhaupt ganz und gar unbekannt geblieben war. In wundervoller Schärfe sah er, mit Ausnahme des Geldverdienens, das er nicht nötig hatte, alle von seiner Zeit begünstigten Fähigkeiten und Eigenschaften in sich, aber die Möglichkeit ihrer Anwendung war ihm abhandengekommen; und da es schließlich, wenn schon Fußballspieler und Pferde Genie haben, nur noch der Gebrauch sein kann, den man von ihm macht, was einem für die Rettung der Eigenheit übrigbleibt, beschloß er, sich ein Jahr Urlaub von seinem Leben zu nehmen, um eine angemessene Anwendung seiner Fähigkeiten zu suchen.

[…]

39

Ein Mann ohne Eigenschaften besteht aus Eigenschaften ohne Mann

Allein Ulrich kam an diesem Abend nicht. Nachdem ihn Direktor Fischel eilig verlassen hatte, beschäftigte ihn wieder die Fragen seiner Jugend, warum alle uneigentlichen und im höheren Sinn unwahren Äußerungen von der Welt so unheimlich begünstigt werden. „Man kommt gerade dann immer einen Schritt vorwärts, wenn man lügt“ dachte er; „das hätte ich ihm auch noch sagen sollen.“

Ulrich war ein leidenschaftlicher Mensch, aber man darf

dabei unter Leidenschaft nicht das verstehen, was man im einzelnen die Leidenschaft nennt. Es mußte wohl etwas gegeben haben, das ihn immer wieder in diese hineingetrieben hatte, und das war vielleicht Leidenschaft, aber im Zustand der Erregung und der erregten Handlungen selbst war sein Verhalten zugleich leidenschaftlich und teilnahmslos. Er hatte so ziemlich alles mitgemacht, was es gibt, und fühlte, dass er sich noch jetzt jederzeit in etwas hineinstürzen könnte, das ihm gar nichts zu bedeuten brauchte, wenn es bloß seinen Aktionstrieb reizte. Mit weniger Übertreibung durfte er darum von seinem Leben sagen, dass sich alles darin so vollzogen habe, wie wenn es mehr zueinander gehörte als zu ihm. Auf A war immer B gefolgt, ob das nun im Kampf oder in der Liebe geschah. Und so mußte er wohl auch glauben, daß die persönlichen Eigenschaften, die er dabei erwarb, mehr zueinander als zu ihm gehörten, ja jede einzelne von ihnen hatte, wenn er sich genau prüfte, mit ihm nicht inniger zu tun, als mit anderen Menschen, die sie auch besitzen mochten.

Aber ohne Zweifel wird man trotzdem durch sie bestimmt und besteht aus ihnen, auch wenn man mit ihnen nicht einerlei ist, und so kommt man sich manchmal im ruhenden Verhalten genau so fremd vor wie im bewegten. Wenn Ulrich hätte sagen sollen, wie er eigentlich sei, er wäre in Verlegenheit geraten, denn er hatte sich so wie viele Menschen noch nie anders geprüft als an einer Aufgabe und im Verhältnis zu ihr. Sein Selbstbewusstsein war weder beschädigt worden, noch war es verzärtelt und eitel, und es kannte nicht das Bedürfnis nach jener Wiederinstandsetzung und Ölung, die man Gewissenserforschung nennt. War er ein starker Mensch? Das wußte er nicht; darüber befand er sich vielleicht in einem verhängnisvollen Irrtum. Aber sicher war er immer ein Mensch gewesen, der seiner Kraft vertraute. Auch jetzt zweifelte er nicht daran, daß dieser Unterschied zwischen dem Haben der eigenen Erlebnisse und Eigenschaften und ihrem Fremdbleiben nur ein Haltungsunterschied sei, in gewissem Sinn ein Willensbeschluß oder ein gewählter Grad zwischen Allgemeinheit und Personhaftigkeit, auf dem man lebt. Ganz einfach gesprochen, man kann sich zu den Dingen, die einem widerfahren oder die man tut, mehr allgemein oder mehr persönlich verhalten. Man kann einen Schlag außer als Schmerz auch als Kränkung empfinden, wodurch er unerträglich wächst; aber man kann ihn auch sportlich aufnehmen, als Hindernis, von dem man sich weder einschüchtern noch in blinden Zorn bringen lassen darf, und dann kommt es nicht selten vor, daß man ihn überhaupt nicht bemerkt. In diesem zweiten Fall ist aber nichts anderes geschehen, als daß man ihn in einen allgemeinen Zusammenhang, nämlich den der Kampfhandlung, eingeordnet hat, wobei sich sein Wesen abhängig von der ersten Aufgabe erwies, die er zu erfüllen hat. Und gerade diese Erscheinung, daß ein Erlebnis seine Bedeutung, ja seinen Inhalt erst durch seine Stellung in einer Kette folgerichtiger Handlungen erhält, zeigt jeder Mensch, der es nicht als ein nur persönliches Geschehnis, sondern als eine Herausforderung seiner geistigen Kraft ansieht. Auch er wird, was er tut, dann schwächer empfinden; aber wunderlicherweise nennt man das, was man beim Boxen als überlegene Geisteskraft empfindet, nur kalt und gefühllos, sobald es bei Menschen, die nicht boxen können, aus Neigung zu einer geistigen Lebenshaltung entsteht. Es sind da eben noch allerhand Unterscheidungen gebräuchlich, um je nach Lage ein allgemeines oder ein persönliches verhalten anzuwenden und zu fordern. Einem Mörder wird es, wenn er sachlich vorgeht, als besondere Rohheit ausgelegt; einem Professor, der in den Armen seiner Gattin an einer Aufgabe weiterrechnet, als knöcherne Trockenheit; einem Politiker, der über vernichtete Menschen in die Höhe steigt, je nach dem Erfolg als Gemeinheit oder Größe; von Soldaten, Henkern und Chirurgen dagegen fordert man geradezu diese Unerschütterlichkeit, die man an anderen verurteilt. Ohne daß man sich weiter auf die Moral dieser Beispiele einzulassen brauchte, fällt die Unsicherheit auf, mit der jedes Mal ein Kompromiß zwischen sachlich richtigem und persönlich richtigem Verhalten geschlossen wird.

Diese Unsicherheit gab der persönlichen Frage Ulrichs einen weiteren Hintergrund. Man ist früher mit besserem Gewissen Person gewesen als heute. Die Menschen glichen den Halmen im Getreide; sie wurden von Gott, Hagel, Feuersbrunst, Pestilenz und Krieg wahrscheinlich heftiger hin und her bewegt als jetzt, aber im ganzen, stadtweise, landstrichweise, als Feld, und was für den einzelnen Halm außerdem noch an persönlicher Bewegung übrig blieb, das ließ sich verantworten und war eine klar abgegrenzte Sache. Heute dagegen hat die Verantwortung ihren Schwerpunkt nicht im Menschen, sondern in den Sachzusammenhängen. Hat man nicht bemerkt, daß sich die Erlebnisse vom Menschen unabhängig gemacht haben? Sie sind aufs Theater gegangen; in die Bücher, in die Berichte der Forschungsstätten und Forschungsreisen, in die Gesinnungs- und Religionsgemeinschaften, die bestimmte Arten des Erlebens auf Kosten der anderen ausbilden wie in einem sozialen Experimentalversuch, und sofern die Erlebnisse sich nicht gerade in der Arbeit befinden, liegen sie einfach in der Luft; wer kann denn heute noch sagen, daß sein Zorn wirklich sein Zorn ist, wo ihm so viele Leute dreinreden und es besser verstehen als er?! Es ist eine Welt von Eigenschaften ohne Mann entstanden, von Erlebnissen ohne den, der sie erlebt, und es sieht beinahe aus, als ob im Idealfall der Mensch überhaupt nichts mehr privat erleben werde und die freundliche Schwere der persönlichen Verantwortung sich in ein Formelsystem von möglichen Bedeutungen auflösen solle. Wahrscheinlich ist die Auflösung des anthropozentrischen Verhaltens, das den Menschen so lange Zeit für den Mittelpunkt des Weltalls gehalten hat, aber nun schon seit Jahrhunderten im Schwinden ist, endlich beim Ich selbst angelangt, denn der Glaube, am Erleben sei das wichtigste, daß man es erlebe, und am Tun, daß man es tue, fängt an, den meisten Menschen als eine Naivität zu erscheinen. Es gibt wohl noch mehr Leute, die ganz persönlich leben; sie sagen „Wir waren gestern bei dem und dem“ oder „Wir machen heute das und das“, und ohne daß es sonst noch Inhalt oder Bedeutung zu haben braucht, freuen sie sich darüber. Sie lieben alles, was mit ihren Fingern in Berührung tritt, und sind so rein Privatperson, wie das nur möglich ist; die Welt wird Privatwelt, sobald sie mit ihnen zu tun bekommt, und leuchtet wie ein Regenbogen. Vielleicht sind sie sehr glücklich; aber diese Art Leute erscheint den anderen gewöhnlich schon absurd, obgleich es noch keineswegs sicher ist, warum, – Und mit einemmal mußte sich Ulrich angesichts dieser Bedenken lächelnd eingestehen, daß er mit alledem ja doch ein Charakter sei, auch ohne einen zu haben.

der Mensch als Mittelpunkt aller Dinge

Siegfried Kracauer: Die Angestellten

Greift der Bildzauber von außen die Massen an, so ist der Sport, ist die ganze Kultur des Körpers, die auch zum Brauch des Wochenendes geführt hat, eine Hauptform ihrer Existenz. Zweifellos erfüllt die systematische Durchbildung des Körpers die Mission, das lebensnotwendige Gegengewicht gegen die vermehrten Anforderungen der modernen Wirtschaft herzustellen. Die Frage ist aber, ob es beim heutigen Sportbetrieb nur um diese freilich unerläßliche Durchbildung geht. Ob nicht am Ende dem Sport auch darum heute ein so ausgezeichneter Platz in der Hierarchie der Kollektivwerte angewiesen wird, weil er den Massen die willkommene und von ihr voll ausgenutzte Möglichkeit der Zerstreuung bietet. Der Zerstreuung in des Wortes entscheidender Bedeutung und auch des Glanzes. Denn als Sportgrößen können es zahlreiche Leute zu Ansehen bringen, die sonst anonyme Gemeine in der Angestelltenarmee blieben. Die Masse selbst ist es, die zu den Sportflächen drängt. Glaubten nicht etliche Großbetriebe eigene Werksportvereine zu benötigen, die Gesellschaft als Ganzes müßte kaum noch den Sporteifer anstacheln, um sich zu erhalten. Ein einsichtiger Fabrikant beklagt sich im Gespräch mit mir darüber, daß der Sport das ganze Interesse der jungen Leute beschlagnahme. „Sie sagen, daß man nur einmal lebt, wenn ich sie an die Arbeit erinnere", fügt er hinzu. So begehrlich kann aber das natürliche Leben, das man nur einmal lebt, dann allein sein, wenn es der Erkenntnis ausweicht, wenn es dem Bewußtsein der Zusammenhänge entrinnen möchte, in denen es steht. Indem es aufrauscht, versprüht es auch, und wo nur einmal gelebt wird, wird wenig gelebt. Der bereits zitierte

Seite 267

Essay Lederers, „Die Umschichtung des Proletariats", greift in diesem einen Punkt ganz gewiß fehl. „Die Ausbreitung des Sports … macht sicher", schreibt Lederer, „löst Komplexe auf oder läßt sie gar nicht erst entstehen und schafft eine Vororganisation der Masse, in welche der einzelne sich aktiv einfügt, seine Funktion erhält, die er betätigt, in der ein freier und gemeinsamer Wille alle eint… Soll man annehmen, daß Menschen, die in ihrer Welt Bescheid wissen, sie immer besser bewältigen, und übersehen, daß diese in der Sphäre praktischer Lebensgestaltung das ihnen gesetzte Schicksal ohne einen Versuch der Umgestaltung dauernd ertragen werden?" Man muß es beinahe annehmen, und alles in allem trifft eher das Gegenteil zu. Die Ausbreitung des Sports löst nicht Komplexe auf, sondern ist unter anderem eine Verdrängungserscheinung großen Stils; sie fördert nicht die Umgestaltung der sozialen Verhältnisse, sondern ist insgesamt ein Hauptmittel der Entpolitisierung.

Großstadtbilder

George Grosz: Großstadtbilder

Die Großstadt wird in den Texten der Neuen Sachlichkeit zum Sinnbild für die Modernisierung der Gesellschaft. Besonders Berlin wird zu *der* Pilotstadt der Moderne stilisiert. Viele Romane spielen ganz oder teilweise in Berlin, viele Autoren schreiben auch in Zeitungen und Zeitschriften immer wieder über diese Stadt.

Sensibel werden die Veränderungen nach dem Ersten Weltkrieg registriert. Berlin verliert seinen militärischen Habitus, es wird zur Wiege der Demokratie und sozialer Gleichberechtigung (Heinrich Mann/Wilhelm Speyer). Der Städter ist modern, er geht ins Kino und telefoniert ständig (Kurt Tucholsky); er lässt sich durch den „Rummelplatz" Großstadt treiben, wie Fabian in Kästners gleichnamigem Roman, erlebt den turbulenten Verkehr, nutzt Taxi und Bus, um hierhin und dorthin zu gelangen; er ist geblendet von Lichtreklame und Werbung, arbeitet im Büro oder Kaufhaus und bevölkert die Orte der modernen Freizeitindustrie. Die Großstadt bietet Freiheit, der Abend gehört dem Vergnügen. Irmgard Keuns Protagonistin Doris aus dem Roman „Das kunstseidene Mädchen" sucht mit dem „Resi" ein weltweit bekanntes Ballhaus auf, mit großem Orchester und Wasserspielen. Nicht im „Resi" gewesen zu sein, hieße, nicht in Berlin gewesen zu sein. Hier gab es Formen modernster Kontaktanbahnung mit Tischtelefonen und Rohrpost. Doris und Fabian sitzen im Café und lesen Zeitung, sie genießt den Blick auf den tosenden Verkehr am Potsdamer Platz.
Die Großstadt hat aber auch ihre Schattenseiten. Alles ist in ihr flüchtig, schnell und unpersönlich (Tucholsky). Und für die Provinzstädte bedeutet sie Konkurrenz, indem sie die Käufer in ihre weitaus attraktiveren Geschäfte zieht. Insgesamt zeigt sie den jungen Menschen ein Lebensmodell, das sie in ihrer Heimat nicht finden werden, aber ewig ersehnen. Der Kontrast zwischen Metropole und Provinz bietet Stoff für dramatische Verwicklungen, wie in Marieluise Fleißers Roman „Eine Zierde für den Verein", der in Ingolstadt spielt, unweit der Großstadt München.

Heinrich Mann: Berlin

Wie sieht es aus? Zugegeben, nicht schöner als 1913 oder selbst 1918, – wenn Schönheit nur Glanz und Fülle wäre. Die Straße ist als Bild viel ärmer geworden. Zwischen den stehengebliebenen Dekorationen der reichen Zeiten bewegt sich ein im ganzen mißfarbenes Gewimmel ohne alle Üppigkeit an Gliedern, Wangen und Bekleidung. Umhaucht wird das Gewimmel von den Ausströmungen der großartigen Privatautos, die heutzutage wie alter Schweiß riechen: wohl der Schweiß, mit dem sie verdient wurden … Die Schaufenster zeigen gewohnheitsmäßig große Aufmachung; näher betrachtet aber sind auch die anspruchsvollen noch bescheiden. Provinzstädte bieten manchmal Protzigeres. Ausgleich und Nivellierung scheinen früher in Berlin zu beginnen. Was verschlagen am Ende die paar tausend Schieber. Anderswo prägen sie eine Stadt.

Nivellierung: Ausgleich von Unterschieden

verschlagen: verbauen; durcheinander bringen

Schieber: Schwarzmarkthändler

Äußere Schönheit wird auch dadurch nicht gefördert, daß neue Rummelplätze entstanden sind, zuweilen an den unerwartetsten Stellen, zum Beispiel mitten in der Friedrichstraße, als wäre sie die Hauptverkehrsader einer Wildweststadt. Rummelplätze und Likörstuben, letztere mit Versuchen einer eigenen Stilisierung ihres Rahmens, sind im Straßenbild eine Überraschung. Der Drang nach Schwindelgefühlen muß das neu geschichtete Volk mit Macht befallen haben, daß es so viele Karussells benötigte und so viel Sprit. Was aber die mehr in das Geistige hineinspielenden Freuden angeht, sie werden nicht verschmäht; Kinos sind immer voll, Theater meistens. Nur hat das Gebotene sich anzupassen an den Zustand von Menschen, die zu viel erlebten letzthin. Neu darf es sein, vorausgesetzt, daß es rein äußerlich bleibt. Stark

Sprit: Alkohol

darf es sein unter der Bedingung, daß es sich aufdrängt. Fein – sei es lieber nicht.

„Wir sind verdammt durcheinander gemischt worden in jedem Sinn. So plötzlich reich ist noch schwerer zu ertragen als so plötzlich arm, am schwersten das Beisammenleben der Vertauschten. So plötzlich und oft so früh den Trieb befreit von Bedenken, ist auch keine üble Leistung. Ungerechnet, daß wir auf dem Vulkan leben, zumindest an seinem Fuß. Wie lange ist es her, daß wir Minenwerfer gegeneinander richteten und einen Haß, gegen den der Haß auf England geschminkt aussah. Was will man mehr von uns, wir halten durch, noch ganz anders als im Krieg: halten die ganze Unsicherheit des heutigen Daseins durch, den tiefen Sturz des öffentlichen Selbstgefühls und den öffentlichen Ruin, der doppelt quält, weil er nie, nie sich offen erklärt; ertragen uns selbst und einander, ja, sind noch gut gelaunt. Nur nicht mehr neue Zumutungen! Schon gar nicht geistige! In unserer Lage können sämtliche geistige Fähigkeiten nur ein Ziel haben: vergessen. Wir sind Bewohner der Stadt, die seit langen Jahren heftiger erschüttert wird als irgendein anderer Menschenort.“ – Dies ist der Zustand.

Daher auf den Bühnen der Theater die vielen Treppenbauten und das viele Geschrei, genau wie auf den Bühnen des Lebens.
übersinnliches
Ob politisches, metaphysisches, soziales oder wirtschaftliches Bedürfnis, jedes befriedigt am besten der, der den steilsten Standpunkt einnimmt und der Lauteste ist. Heftig gepackt werden und aus allen Nöten sein! Nichts anderes fühlten sie gewiß, die zu Wulle oder Klante liefen.
Seite 267
Seite 267
Käme aber im Gegenteil ein großer Heiliger, der für Menschenliebe und Verabscheuung des Geldgewinnes würbe, er hätte noch dichteren Zulauf – eine Weile. Wir sind niemals lange aus der Not.

Sie wissen 1921 nicht mehr, wohin mit sich. Das ist es: sie haben zu zweifeln angefangen. Nichts aber fördert mehr das gesittete Zusammenleben als der Zweifel. Er macht duldsam. Wer starke Erlebnisse gehabt hat, die einander widersprachen – und dies ist unser Fall –, verträgt endlich Widerspruch. Auch die andern dürfen nun da sein, sich äußern, sogar handeln. In den Häusern Berlins begegnen einander kaiserliche Exzellenzen und sozialistische Würdenträger: Menschen, die vor längerer oder kürzerer Zeit sich gegenseitig als Verräter abgetan haben würden. Jetzt fallen ihre Reden und Gegenreden, ohne Unheil anzurichten; zuweilen sind sie schon einer Meinung oder wissen selbst nicht mehr, welcher. Genau so spielt in den Theatern ein Stück, aus dessen hübschen Bildern jählings die soziale Revolte den Arm über das Parkett hinstößt, – und morgen ein anderes, das ganz und gar nur nationaler Schwung ist. Sehr feindliche Stücke, aber dasselbe Parkett, vielseitig, duldsam und abgekämpft, beklatscht beide. […]

Schranken sind gefallen. Die Revolution mag schwach und von kurzem Atem gewesen sein, Schranken sind dennoch gefallen, die Klassen sind sich näher. Berlin, wo sie, auf ihrem Kampffeld eng zusammengedrängt, sich genauer beobachten als irgend sonst, hat Klassen, die einander zu kennen angefangen haben. Wie neu! Auch die Reichen wissen häufig von dem Leben der Armen; schon viele von ihnen sind überzeugt von der Notwendigkeit eines Ausgleichs. […]

Gemeint ist die Novemberrevolution 1918/19 in Deutschland, in deren Verlauf Kaiser Wilhelm II. abdankte und die erste demokratische Republik in Deutschland ausgerufen wurde.

Und diese Welt Gleichlebender liest täglich dasselbe, hat dieselben Schauspieler vor Augen, im Ohr dieselben Laute. Unermüdlich beurteilt einer den andern, beim Vorübertreiben im Meer der Straßen, – bis alle einander ähneln in ihren verfeinerten, kritischen und tapferen

Gesichtern, bis alle die unverkennbare, besondere Sprache sprechen, die man nirgends im Land spricht: eine überaus durchgebildete Schriftsprache, zugleich höflich und unerbittlich scharf, geschärft an Menschenbeobachtung. Neue Worte entstehen eben hier, die Sprache lebt überwach hier, wie der Mensch. Gebildete Wendungen, Literatur, wie man sagt, finden sich im Alltagsgebrauch selbst der kleinen Leute. Überall blüht die eigentlich menschliche Form, Eindrücke zu überwinden: die Ironie. […]

Berlin, heute ohne Glanz und Fülle, ist unvergleichlich schöner als vor den Katastrophen. Man muß es ihm leise sagen: das Schönste ist, daß es nichts davon ahnt. Die Katastrophen erlösten es, indem sie es entblößten. Die große Stadt war früher eingeengt in den eisernen Gürtel Militarismus. Die Monarchie stand Wache vor ihrer „guten Stadt“, die große Stadt lebte scheinbar von Gnaden der Monarchie. Jetzt lebt sie aus eigener Kraft und auf ihre eigene Verantwortung. Was sie erfuhr letzthin, war weder glorreich noch dekorativ. Kaiser und großer Kanzler verschafften ihr vor Zeiten ganz andere Hochstimmungen. Aber vor allen siegreichen Einzügen von 1871 haben die schweren, schweren Schicksale von 1921 dies voraus: sie werden auf eigenen Schultern hingenommen, werden selbst verantwortet. Dies nun entscheidet: allein gewesen sein im Schwersten, ganz ohne Schutz und Herzenserhebung durch Autoritäten, große Führer und höhere Wesen – allein und nackt im eigenen, gemeinsamen Schicksal. Dies ist die Schule der Demokratien. Was so gelernt wird, sitzt. Berlin war voran in dieser Schule. […]

Wilhelm I. (1797–1888), seit 1861 König von Preußen und seit 1871 deutscher Kaiser.

Seite 267 f.
Seite 268
Seite 268

Die Zukunft Deutschlands wird heute andeutungsweise vorausgelebt von Berlin. Wer Hoffnung fassen will, blicke dorthin. Die große Stadt hat nicht Zeit, zu greinen und sich zu sperren gegen die neuen Tatsachen. Sie läßt entfernte Reichsteile greinend und sich sperrend die Pickelhaube auftragen, die sie abgelegt hat, – indes sie selbst unter dem Feuerregen der neuen Tatsachen, angepaßt und tapfer, den Weg geht, den Gott will. Wer hier die bestehende Wirklichkeit des Lebens schmäht und verkennt, ist gewöhnlich gekauft und lügt. Berlin weiß auch nichts von den traurigen Unsittlichkeitsschnüfflern, die einen ganzen Karneval von Prozessen aufbieten, um dem unbefangenen Dasein der großen Stadt von irgendeiner Seite beizukommen. Unbefangenheit jeden Erlebens, die Fähigkeit, auch dem Schlimmen noch Nutzen abzugewinnen, Nutzen des Denkens und Fühlens: so beweist sich eine veredelte Lebenstüchtigkeit. Gleichnis Berlin ist jedes der abertausend Mädchen, die, schlank, hurtig und keß, nach ihrer Arbeitsstätte eilen. Das billige Kleid hat Schick und Pli, selbst abgenutzte Hände sind feingliedrig und gewandt. Den fehlenden Farben der Wangen ist dreist ein wenig nachgeholfen, aber die Augen stehen ganz von selbst voll Lebensmut.

greinen: klagen, jammern

Pickelhaube: vor allem von der preußischen Infanterie getragener visierloser Helm mit einer längeren Metallspitze

Pli: Schliff; Weltgewandtheit

Berlin wird Verherrlicher finden, die es noch niemals kannte. Das Heldengedicht Berlins wird erst in der jetzt kommenden Epoche zu schreiben sein. Die große Stadt wird unwiderstehlich für sich werben im ganzen Reich, wie bisher mit ihren zeitgemäßen Eigenschaften: nur daß es andere, bessere sein werden als vordem. Die Länder, die sie nachahmen, werden das Vorbild nicht, wie wohl früher, mit Abneigung betrachten, sondern mit Stolz. Die ungeheure Menschenwerkstatt Berlins wird das kommende Geschlecht Deutschlands an sich ziehen in nie gesehenem Maße, und die nach seinem Geist Geformten bis in die entfernten Reichsteile zurückschicken. Die Vereinheitlichung Deutschlands wird, sicherer als durch Gesetze, durch die werbende Kraft des Zivilisationsherdes geschehen, der das zu sich selbst hinangewachsene Berlin ist. Ja, Berlin wird, so wenig es sich dies je träumen ließ, die geliebte Hauptstadt sein.

Seite 245 f.

Wilhelm Speyer: Charlott etwas verrückt

In jener Epoche begann Berlin ein Gesicht zu zeigen, das Liebe erweckte. Die ehemals verschämte Zuneigung des Bewohners zu seiner Stadt und das schlechte Gewissen dieser Zuneigung waren einem offenen, fast leidenschaftlichen Bekenntnisse gewichen. Der Pariser hatte aus dem antiken Athen die weihevolle Empfindung für eine Ecke, einen Kandelaber, eine Brücke übernommen, an denen nichts Bemerkenswertes, nichts Heiliges zu spüren gewesen war, als eben diese Empfindung ihrer Weihe. Es war nicht einmal nötig, daß eine große Erinnerung waltete, es bedurfte nicht eines vom Mordstahl niedergesunkenen Henris, nicht der über das Pflaster hingerollten Menschenköpfe noch des aufgetürmten Hausgerätes als Brustwehr einer neuen, glühenden Freiheit – ohne dies waltete das Gefühl von etwas ahnungsvoll Bedeutendem; aus eigener Machtvollkommenheit, ganz durch sich selber waren aus leeren Orten seelenerfüllte Stätten geworden.

mehrarmiger Kerzenständer, Lampe, Straßenbeleuchtung

Seite 268

Etwas Aehnliches zeigte sich nun auch in Berlin. Die friedhofartig stille Bucht am Landwehrkanal, vor dem Klub in der Von-der-Heydt-Straße, der ehemaligen Gesandtschaft Chinas, das südlich in die freie Luft gestellte Leben des Kurfürstendamm-Boulevards, die Kandelaber der Linden, die Auffahrt vor dem Hotel Esplanade, das in den Asphalt eingefügte Flammenmal an der Hitzig-,

Prachtboulevard ‚Unter den Linden' in Berlin

Seite 268

Ecke Tiergartenstraße, die immer schöner werdende Umgebung Berlins mit den neuentdeckten Flußläufen, Kanälen, Seen, jüngst geschaffenen Siedlungen und Sportplätzen – dergleichen Orte werden fortan dem Deutschen bemerkenswert und teuer sein, werden selbst in dem Bewohner unserer stumpfsten und störrischsten Provinzen ein ehrerbietiges Verlangen nach seiner Hauptstadt erwecken und als beständige Reize in die schöne Literatur übergehen.

Auch zeigten sich jetzt die ersten Ansätze zu einem demokratischen Großstadt-Frohsinn. In den Gliedern dieser einst so ungelenken Stadt voll protestantischer Staats- und Militärphilosophie zuckte ein anglimmendes Feuer. Ein Wille zum Leichtsein, zumal in den Frühlings- und Sommermonaten, begann dem Leib der Metropole die ersten, nicht mehr ganz unbeholfenen Bewegungen mitzuteilen. Sogar die Polizeibeamten hatten gelernt, zuweilen zu lachen, wenn es Verwirrung gab. Sie brüllten nicht mehr mit gesträubten Schnurrbarthaaren auf umgestülpter Lippe. Es waren großgewachsene, mit den Gebärden ihrer deutenden Arme hochaufgereckte disziplinierte und dennoch im alten Sinne unmilitärische Gestalten. Die froh und frei bewegte, täglich zunehmende Schönheit der Frauen und Kinder aller Stände stand außer Zweifel. So also zerstörte die große Stadt die Schönheit nicht, sondern sie erweckte sie, sie förderte sie und ließ sie strahlend gedeihen. In den Straßen wurde nicht mehr der sauere Bürger mit der allzu abgebürsteten Kleidung und der allzu gründlich gesteiften Wäsche sichtbar. Der Kleidungssinn war weniger dramatisch, war demokratischer und daher eleganter geworden. Nichts hatte am Tage noch Geltung, was unbequem war und gegen den herrschenden Sportsgeist rebellierte. In dieser

gestärkte

Hinsicht – und nicht nur in dieser allein – vollführt der Bewohner einer Millionenstadt seine neue Rückkehr zur Natur. Die Gewohnheiten seines Ferienlebens wünscht er ein wenig in die Stadt mit hinüberzunehmen, den gelösten Lebenszustand seines Wochenendes über den Arbeitstag hin auszubreiten. Freilich waren in keiner Epoche die politischen Gegensätze schärfer gewesen. Aber der Mensch lebt nicht von Politik allein, sondern auch von dem lebendigen Brote seiner humanen Instinkte, zu denen es ihn um so gewaltiger hinzieht, je mehr er durch die Katastrophen der Zeit ihrer entwöhnt worden ist. Die ersten, freilich noch allzu zarten Ansätze eines Bestrebens zur Eintracht, zu kameradschaftlicher Volksstadtgemeinschaft wurden in dieser Weltstadt erkennbar, ein ‚Trotzdem!' über den Grüften der Politik, die fortan nicht mehr von unten her mit ihrer Totenhand das Schicksal der Metropolis lenken durfte, sondern zu ihrer aus einem blühenden Leib entstammenden, willig dienenden, heiter gehorchenden Tochter werden sollte.

griech.: Metropole, Weltstadt

Kurt Tucholsky: Berlin! Berlin!

Über dieser Stadt ist kein Himmel. Ob überhaupt die Sonne scheint, ist fraglich; man sieht sie jedenfalls nur, wenn sie einen blendet, will man über den Damm gehen. Über das Wetter wird zwar geschimpft, aber es ist kein Wetter in Berlin.

Straße

Der Berliner hat keine Zeit. Der Berliner ist meist aus Posen oder Breslau und hat keine Zeit. Er hat immer etwas vor, er telefoniert und verabredet sich, kommt abgehetzt zu einer Verabredung und etwas zu spät – und hat sehr viel zu tun.

In dieser Stadt wird nicht gearbeitet –, hier wird geschuftet. (Auch das Vergnügen ist hier eine Arbeit, zu der man sich vorher in die Hände spuckt, und von dem man etwas haben will.) Der Berliner ist nicht fleißig, er ist immer aufgezogen. Er hat leider ganz vergessen, wozu wir eigentlich auf der Welt sind. Er würde auch noch im Himmel – vorausgesetzt, daß der Berliner in den Himmel kommt – um viere ‚was vorhaben'.

Manchmal sieht man Berlinerinnen auf ihren Balkons sitzen. Die sind an die steinernen Schachteln geklebt, die sie hier Häuser nennen, und da sitzen die Berlinerinnen und haben Pause. Sie sind gerade zwischen zwei Telefongesprächen oder warten auf eine Verabredung. Oder haben sich – was selten vorkommt – mit irgend etwas verfrüht – da sitzen sie und warten. Und schießen dann plötzlich, wie der Pfeil von der Sehne – zum Telefon – zur nächsten Verabredung.

Diese Stadt zieht mit gefurchter Stirn – sit venia verbo! – ihren Karren im ewig selben Gleis. Und merkt nicht, daß sie ihn im Kreise herumzieht und nicht vom Fleck kommt.

Der Berliner kann sich nicht unterhalten. Manchmal sieht man zwei Leute miteinander sprechen, aber sie unterhalten sich nicht, sondern sie sprechen nur ihre Monologe gegeneinander. Die Berliner können auch nicht zuhören. Sie warten nur ganz gespannt, bis der andere aufgehört hat, zu reden, und dann haken sie ein. Auf diese Weise werden viele berliner Konversationen geführt.

Die Berlinerin ist sachlich und klar. Auch in der Liebe. Geheimnisse hat sie nicht. Sie ist ein braves, liebes Mädel, das der galante Ortsliederdichter gern und viel feiert.

Der Berliner hat vom Leben nicht viel, es sei denn, er

verdiente Geld. Geselligkeit pflegt er nicht, weil das zu viel Umstände macht – er kommt mit seinen Bekannten zusammen, beklatscht sich ein bisschen und wird um zehn Uhr schläfrig.

Der Berliner ist ein Sklave seines Apparats. Er ist ein Fahrgast, Theaterbesucher, Gast in den Restaurants und Angestellter. Mensch weniger. Der Apparat zupft und zerrt an seinen Nervenenden, und er gibt hemmungslos nach. Er tut alles, was die Stadt von ihm verlangt – nur leben … das leider nicht.

Der Berliner schnurrt seinen Tag herunter, und wenns fertig ist, dann ists Mühe und Arbeit gewesen. Weiter nichts. Man kann siebzig Jahre in dieser Stadt leben, ohne den geringsten Vorteil für seine unsterbliche Seele.

[…]

Als der Redakteur bis hierher gelesen hatte, runzelte er leicht die Stirn, lächelte freundlich und sagte wohlwollend zu dem vor ihm stehenden jungen Mann: „Na, na, na! Ganz so schlimm ist es denn aber doch nicht! Sie vergessen, daß auch Berlin doch immerhin seine Verdienste und Errungenschaften hat! Sachte, sachte! Sie sind noch jung, junger Mann!“

Und weil der junge Mann ein wirklich höflicher junger Mann war, wegen seiner bescheidenen Artigkeit allgemein beliebt und hochgeachtet, im Besitze etwas eigenartiger Tanzstundenmanieren, die er im vertrauten Kreise für gute Formen ausgab, nahm er den Hut ab (den er im Zimmer aufbehalten hatte), blickte gerührt gegen die Decke und sagte fromm und fest: „Gott segne diese Stadt!“

Fabian saß in einem Café namens Spalteholz und las die Schlagzeilen der Abendblätter: Englisches Luftschiff explodiert über Beauvais, Strychnin lagert neben Linsen, Neunjähriges Mädchen aus dem Fenster gesprungen, Abermals erfolglose Ministerpräsidentenwahl, Der Mord im Lainzer Tiergarten, Skandal im Städtischen Beschaffungsamt, Die künstliche Stimme in der Westentasche, Ruhrkohlenabsatz läßt nach, Die Geschenke für Reichsbahndirektor Neumann, Elefanten auf dem Bürgersteig, Nervosität an den Kaffeemärkten, Skandal um Clara Bow, Bevorstehender Streik von 140 000 Metallarbeitern, Verbrecherdrama in Chikago, Verhandlungen in Moskau über das Holzdumping, Starhembergjäger rebellieren. Das tägliche Pensum. Nichts Besonderes.
Er nahm einen Schluck Kaffee und fuhr zusammen. Das Zeug schmeckte nach Zucker. Seitdem er, zehn Jahre war das her, in der Mensa am Oranienburger Tor dreimal wöchentlich Nudeln mit Sacharin hinuntergewürgt hatte, verabscheute er Süßes. Er zündete sich eilig eine Zigarette an und rief den Kellner.
[…]
Bitte zahlen!“
[…]
„Eine Tasse Kaffee, ein Butterbrot, fünfzig, dreißig, achtzig, neunzig Pfennig“, deklamierte der andere.
Fabian legte eine Mark auf den Tisch und ging. Er hatte keine Ahnung, wo er sich befand. Wenn man am Wittenbergplatz auf den Autobus I klettert, an der Potsdamer Brücke in eine Straßenbahn umsteigt, ohne deren Nummer zu lesen, und zwanzig Minuten später den Wagen verläßt, weil plötzlich eine Frau drinsitzt, die

Seite 261

Das englische Luftschiff R101 geriet am 4. Oktober 1930 auf dem Weg nach Indien in der Nähe von Beauvais in Brand und stürzte ab.

Am 17. Juli 1928 wurde die Lebedame Katharina Fellner im Lainzer Tiergarten in Wien ermordet.

Seite 268

Seite 268 f.

Putschversuch des oberösterreichischen Heimatschutzes am 12. September 1931.

Süßstoff

Friedrich II. (1712–1796), preußischer König, Vertreter des aufgeklärten Absolutismus

Friedrich dem Großen ähnelt, kann man wirklich nicht wissen, wo man ist.

Er folgte drei hastig marschierenden Arbeitern und geriet, über Holzbohlen stolpernd, an Bauzäunen und grauen Stundenhotels entlang, zum Bahnhof Jannowitzbrücke. Im Zug holte er die Adresse heraus, die ihm Bertuch, der Bürochef, aufgeschrieben hatte: Schlüterstraße 23, Frau Sommer. Er fuhr bis zum Zoo. Auf der Joachimsthaler Straße fragte ihn ein dünnbeiniges, wippendes Fräulein, wie er drüber dächte. Er beschied das Anerbieten abschlägig, drohte mit dem Finger und entkam.

Die Stadt glich einem Rummelplatz. Die Häuserfronten waren mit buntem Licht beschmiert, und die Sterne am Himmel konnten sich schämen. Ein Flugzeug knatterte über die Dächer. Plötzlich regnete es Aluminiumtaler. Die Passanten blickten hoch, lachten und bückten sich. Fabian dachte flüchtig an jenes Märchen, in dem ein kleines Mädchen sein Hemd hoch hebt, um das Kleingeld aufzufangen, das vom Himmel fällt. Dann holte er von der steifen Krempe eines fremden Hutes einen der Taler herunter. „Besucht die Exotikbar, Nollendorfplatz 3, Schöne Frauen, Nacktplastiken, Pension Condor im gleichen Hause“, stand darauf. Fabian hatte mit einem Male die Vorstellung, er fliege dort oben im Aeroplan und sehe auf sich hinunter, auf den jungen Mann in der Joachimsthaler Straße, im Gewimmel der Menge, im Lichtkreis der Laternen und Schaufenster, im Straßengewirr der fiebrig entzündeten Nacht. Wie klein der Mann war. Und mit dem war er identisch!

Seite 269

vgl. 26.58

Er überquerte den Kurfürstendamm. An einem der Giebel rollte eine Leuchtfigur, ein Türkenjunge war es, mit den elektrischen Augäpfeln. Da stieß jemand heftig gegen Fabians Stiefelabsatz. Er drehte sich mißbilligend

um. Es war die Straßenbahn gewesen. Der Schaffner fluchte.
„Passense auf!“ schrie ein Polizist.
Fabian zog den Hut und sage: „Werde mir Mühe geben.“

Irmgard Keun: Das kunstseidene Mädchen

Seite 245

Ich habe eine Angst, ich könnte wie dem Rannowsky seine Weiber werden. Berlin verursacht mir Müdigkeit. Wir haben gar kein Geld, Tilli und ich. Wir liegen im Bett wegen Hunger. Und ich habe Verpflichtungen an Therese. Arbeiten kann ich nur mit Schwierigkeiten, weil ich ja keine Papiere habe und darf auf keiner Polizei gemeldet werden, denn ich bin doch auf der Flucht. Und man wird schlecht behandelt und ganz billig, wenn man sich anmerken läßt, daß es einem schlecht geht. Ein Glanz will ich werden. Heute gehen wir ins „Resi“ – ich bin eingeladen von Franz, der arbeitet in einer Garage.
Das ist die Liebe der Matrosen … und rrrrr macht das Telefon, das ist an allen Tischen. Mit ganz echten Nummern zum Drehen. Berlin ist so schön, ich möchte ein Berliner sein und zugehören. Das ist gar kein Lokal, das „Resi“, das hinten in der Blumenstraße ist – das ist lauter Farbe und gedrehtes Licht, das ist ein betrunkener Bauch, der beleuchtet wird, es ist eine ganz enorme Kunst. Sowas gibt es nur in Berlin. Man denke sich alles rot und schillernd noch und noch und immer mehr und wahnsinnig raffiniert. Und Weintrauben leuchten, und auf Stangen sind große Terrinen, aber der Deckel wird von einem Zwischenraum getrennt – und es glitzert, und wasserartige Fontänen geben so ganz feinsinnige Strahlen. Aber das Publikum ist keine höchste Klasse.

Rannowsky: Zuhälter im Roman

Tilli: enge Freundin von Doris in Berlin, bei der diese zwischenzeitlich lebt

Therese: Doris' Freundin aus der Kleinstadt

Seite 269

Seite 269 f.

Es gibt Rohrpost – da schreibt man Briefe und tut sie in Röhren und in ein Wandloch, da kommt ein Zugwind und weht sie zum Bestimmungsort. Ich war von der ungeheuren Aufmachung wie berauscht.
Der Garagenfranz bestellte mir einen italienischen Salat und Wein. Und wenn er mal raus mußte, klingelte mein Apparat, ich werde so furchtbar gern angerufen – wenn ich ein Glanz bin, habe ich ein vollständig eignes Telefon, das klingelt, und ich mache: Hallo – so mit gepreßtem Doppelkinn und wahnsinnig gleichgültig wie ein Generaldirektor.
Das ist die Liebe der Matrosen … und die Decke, die man auf die großzügigste Weise dekoriert hat, drehte sich nach rechts, und der Boden, worauf man tanzt, nach links – jawohl Herr Kapitän, jawohl Herr Kapitän … da wirste betrunken ohne zu trinken.
Franz hatte schlappe Haare und gebeugten Rücken wegen seiner Mutter, die er erhält, und drei kleinen Brüdern. Er geht sehr selten mal aus, und wenn er es tut, muß er trinken, weil er sonst nicht den Mut hat, richtig froh zu sein, und um zu vergessen, daß er Geld ausgibt für sich. Denn er hängt an seiner Familie. Und das merkte ich nach und nach, mir schmeckte der Wein nicht. Ich hätte sein mögen mit einem, der nachts Geld ausgeben kann, das ihm morgens nicht fehlt.
Das „Resi" war so bunt, wir waren ganz schwer und dunkel, da machte uns das „Resi" auch bunt. Ich habe Karussell gefahren auf der Vogelwiese und mit der Rohrpost eine Flasche Kognak bekommen, die haben wir Karl seiner Mutter mitgebracht – und begleitet von einem Schreiben mit Lebensart. Ich treffe ihn morgen am Wittenbergplatz. Er ist klein und wibbelig und hat Augen wie angebrannter Plüsch.

Rummelpatz, Kirmes in Berlin

Nachher bin ich mit Franz, weil ich nicht wollte, daß er so viel umsonst ausgegeben hat. Erst hat er gedrängt, und nachher war er enttäuscht, weil er ein Mädel wollte, das sich nicht so schnell herbeiläßt. Ich hatte es ja nur gut gemeint.
Ich friere und geh jetzt schlafen. Aber das „Resi" war so schön – das ist die Liebe der Matrosen – jawohl Herr Kapitän, jawohl Herr Kapi – gute Nacht, ihr herrlichen bunten Farben.
Mein Leben ist Berlin, und ich bin Berlin. […]
Ich liebe Berlin mit einer Angst in den Knien und weiß nicht, was morgen essen, aber es ist mir egal – ich sitze bei Josty am Potsdamer Platz, und es sind Säulen von Marmor und eine Weite. Alle Leute lesen Zeitungen und auch ausländische und bedeutend gedruckt, und sie haben so eine Ruhe, indem sie sitzen, als wenn ihnen alles gehört, denn sie können bezahlen. Ich ja auch heute.
Ich bin immer gegangen am Leipziger Platz und Potsdamer. Aus Kinos kommt eine Musik, das sind Platten, auf denen vererbt sich die Stimme von Menschen. Und alles singt.

Künstlercafé am Potsdamer Platz von 1880–1930, das vor allem von Vertretern des Expressionismus und der Neuen Sachlichkeit besucht wurde.

Marieluise Fleißer: Eine Zierde für den Verein

Seite 255 f.

Der Roman spielt in Ingolstadt.

Die Altstadt hat neun Kirchen, ein Männer- und zwei Frauenklöster. Sie hat vier Hauptstraßen, die genau im Zentrum ein Kreuz bilden. Die beiden Balken sind von einem Stadttor bis zum anderen einen Kilometer lang. Sie hat zwischen diesen Balken ein Gewirr von alten, oft krummen Gassen, die nach Zünften benannt sind oder andere altertümelnde Namen tragen. […]
Sie hat einen volkstümlichen Heiligen, dem man nach-

Handwerker mussten im Mittelalter Zünften angehören, um ihren Beruf ausüben zu können (z. B. Zunft der Bäcker).

sagt, daß er jeden Brand durch dreimaliges Pochen voranmeldet und der seit vier Jahrhunderten durch seine Fürbitte verhütet hat, daß bei einem Brand mehr wie ein einziges Haus in Flammen aufging. Der Heilige liegt in der Unteren Pfarr begraben, Nachbarn haben sein Pochen in der Nacht schon oft gehört. [...]

Sie hat ein weites Hinterland, das Ackerbau und Hopfenzucht treibt, das aber der Stadt als Käufer mehr und mehr untreu wird, seitdem die direkten Agenten der Industrie das flache Land überschwemmen. Sie hat einen regelmäßigen Viehmarkt, der viel zu oft wegen eingeschleppter Maul- und Klauenseuche gesperrt und an einen anderen Ort verlegt wird, so daß die Kaufkraft des ganzen Landstrichs abwandert. Sie liegt weit entfernt von den Industriezentren des Reichs, zahlt hohe Fracht – und Transportkosten. Sie liegt gefährlich nahe der Landeshauptstadt, deren leistungsfähige Warenhäuser ihren Geschäften durch Prospekte und Inserate systematisch Konkurrenz machen. [...]

Viruserkrankung bei Rindern und Schweinen

München

Sie hat Volksschulen und Mittelschulen, eine Gewerbeschule, eine Sonntagsschule für Dienstmädchen. Sie hat zwei Sportvereine, verschiedene Innungen und als lebendigen Überrest aus dem Mittelalter die mächtige Zunft der Schornsteinfegermeister. Sie hat im alten Kern vier privilegierte Apotheken.

freiwilliger Zusammenschluss selbständiger Handwerker

Sie hat noch ein paar Stadtbauern, die sich selbst ernähren können, viele ehrsame Handwerksmeister, die von den Fabriken abgewürgt werden, viele kleine Kaufleute, die bereits im halben Angestelltenverhältnis zu den Konzernen stehn mit vorgeschriebenen Preisen, sie hat alteingeführte Qualitätsgeschäfte, die von den auswärtigen Warenhäusern, wenn auch nicht in der Güte, so doch im Preis unterboten werden.

Alle diese Leute, die durch die Inflation ihr in besseren Zeiten erspartes Vermögen verloren, haben ihre Kinder unter persönlichen Opfern etwas lernen lassen. Ihre Töchter gehen in Handelsschulen, kommen als Lehrlinge in Bankbetrieben unter und werden abgebaut, wenn sie ihr volles Gehalt zu beanspruchen haben. Ihre Söhne studieren, werden Ärzte, die sich keine genügend tragfähige Praxis schaffen, weil zu viele sich die Patienten streitig machen. Sie werden Lehrer und nicht ins Lehrfach zugelassen. Sie werden Chemiker, Ingenieure, die in der Heimat keine Beschäftigung finden, weil dort keine Industrie ist, im Reich nur schwer Beschäftigung finden, weil es zu viele Arbeitslose gibt und weil sie weitab vom Schuß leben. Der Massenandrang nach den gehobenen Berufen hat sich in den vergangenen fünfzehn Jahren gerächt. Die akademische Bildung ist in dem Maße entwertet, als sie sich verbreitert hat. Seite 270
Als Studierende haben die jungen Menschen Jahre in der Großstadt verbracht. Es wird ihnen zu eng in den Verhältnissen zu Hause. Im besten Fall passen sie sich äußerlich an. Aber ein Keim in ihnen, die Unzufriedenheit bleibt, zwingt sie zu einer zerstörerischen Hellsichtigkeit, zu den unwillkürlichen Vergleichen.
Zugegeben, in jedem Beruf kommen die Tüchtigen durch verzweifelte Auswahl nach oben. Aber hier in der gedrosselten Stadt entscheidet oft nur die Beziehung, das Privileg der Kaste, der bloße Zufall, wer zuerst da war.
Das macht es den jungen Menschen so schwer. Wenn man sie damit abspeist, daß sie sich in einer besonders schwierigen Übergangszeit befinden, daß sie ein Massenschicksal erleiden, dann verlangen sie, daß dies Massenschicksal alle ohne Unterschied trifft. Sie stoßen sich daran, daß es die ungerecht Bevorzugten gibt. Sie

fallen Gedanken anheim, die wie Keimstoffe in der Luft schwirren und an Anarchie und Verbrechen streifen. Sie spielen mit dem Vorsatz zu irgendeinem gewaltsamen Handeln, sogar um den Preis, daß es nachher noch schlimmer wird, einfach um sich Luft zu schaffen. Die Gemeinschaft hält sie notdürftig in der äußerlich vorgezeichneten Bahn. Aber es schwelt, bald wird es brennen.

Um nicht müßig zu gehen, springen sie in Gelegenheitsberufe ein, zu denen man leicht Zutritt findet, weil man in ihnen schwer was erreicht. Sie werden Reisende, Vertreter von Firmen, Agenten auf eigene Rechnung, immer mit einem Fuß draußen, wissend, daß man sie zum alten Eisen schmeißt, wenn sie verbraucht sind. Ein Härtekrampf bildet sich in den Edelsten unter ihnen, Frieda Geier hat ihn. Sie kennt die seltsamen Handlungen der Verzweiflung.

Kurt Tucholsky: Augen in der Großstadt

Wenn du zur Arbeit gehst
am frühen Morgen,
wenn du am Bahnhof stehst
mit deinen Sorgen:
dann zeigt die Stadt
dir asphaltglatt
im Menschentrichter
Millionen Gesichter:
Zwei fremde Augen, ein kurzer Blick,
die Braue; Pupillen, die Lider –
Was war das? Vielleicht dein Lebensglück …
vorbei, verweht, nie wieder.

Du gehst dein Leben lang
auf tausend Straßen;
du siehst auf deinem Gang,
die dich vergaßen.
Ein Auge winkt,
die Seele klingt;
du hast's gefunden,
nur für Sekunden …
Zwei fremde Augen, ein kurzer Blick,
die Braue, Pupillen, die Lider –
Was war das? Kein Mensch dreht die Zeit zurück …
vorbei, verweht, nie wieder.

Du mußt auf deinem Gang
durch Städte wandern;
siehst einen Pulsschlag lang
den fremden Andern.
Es kann ein Feind sein,
es kann ein Freund sein,
es kann im Kampfe dein
Genosse sein.
Es sieht hinüber
und zieht vorüber …
Zwei fremde Augen, ein kurzer Blick,
die Braue, Pupillen, die Lider –
Was war das? Von der großen Menschheit ein Stück!
Vorbei, verweht, nie wieder.

Von Sekretärinnen, Buchhaltern und Verkäuferinnen

Die Vorstellung von den ‚Goldenen Zwanziger Jahren', einer Welt der Vergnügungskultur mit Filmpalästen, Restaurants, Cafés, Tanzsälen, Jazzkapellen und Revuegirls, prägt das populäre Bild der Weimarer Republik bis heute. In der Vergnügungskultur suchen die Angestellten, nicht die Arbeiter, Entspannung und Freude jenseits des Berufes. Wir sehen diese Welt durch die Augen von Irmgard Keuns Protagonistin Doris aus dem Berlin-Roman „Das kunstseidene Mädchen" – wir stehen vor dem Kempinsky auf dem Kurfürstendamm, passieren den Gloriafilmpalast, lassen das KaDeWe rechts liegen und kehren in ein kleines russisches Restaurant ein. Aber diese schöne Fassade ist in der Endphase der Weimarer Republik brüchig geworden. Die Aufstiegsträume der Angestellten (Gilgi) sind ausgeträumt, sie entpuppen sich als Scheindasein (Kästner, Kaléko), und der Amüsierbetrieb wird von Siegfried Kracauer als „Asyl für Obdachlose" bezeichnet. Obdachlosigkeit ist hier in einem geistig-politischen Sinne gemeint – der Angestellte wisse nicht, wo er gesellschaftlich stehe, nämlich auf derselben Stufe wie der Arbeiter. Das unterschiedliche Bewusstsein von Arbeitern und Angestellten macht Hans Fallada in seinem Roman „Kleiner Mann – was nun?" von 1932 kenntlich, indem er den Helden Johannes Pinneberg, einen Buchhalter und späteren Verkäufer, seine proletarischen Schwiegereltern kennen lernen lässt.

Die Zeitromane der Neuen Sachlichkeit schildern auch die Arbeitslosigkeit, die spätestens seit 1930 zu einer nicht mehr zu leugnenden Tatsache geworden ist. Die Arbeitslosen werden im Straßenbild sichtbar, jeder kennt jemanden, der seine Stelle verloren hat, viele haben Angst. Und dies spiegelt sich in den literarischen Texten wider. Fast alle Protagonisten aus den seit 1931 erschienenen neusachlichen Romanen haben eines gemeinsam: Sie werden arbeitslos. Fabian, der Held aus Kästners gleichnamigem Roman, wird mit der absurden Bürokratie der Arbeitsämter konfrontiert – bevor er verarmen kann, stirbt er. Johannes Pinneberg hingegen erlebt alle Stadien des sozialen Abstiegs und der drückenden Armut. Was aus ihm wird? Der Leser erfährt es nicht. Die Weimarer Republik und die Neue Sachlichkeit sind an ihr historisches Ende gelangt.

Siegfried Kracauer: Die Angestellten

„Das steht doch schon alles in den Romanen", erwiderte eine Privatangestellte, als ich sie bat, mir aus ihrem Büroleben zu erzählen. Ich lernte sie sonntags während der Bahnfahrt nach einem Berliner Vorort kennen. Sie kam von einem Hochzeitsgelage, das einen vollen Tag gedauert hatte, und war, wie sie selbst gestand, ein wenig beduddelt. Unaufgefordert plauderte sie ihren Chef aus, einen Seifenfabrikanten, bei dem sie bereits drei Jahre als Privatsekretärin arbeitete. Er sei Junggeselle und bewundere ihre schönen dunklen Augen. […]

angetrunken

Es steht nicht alles in den Romanen, wie die Privatangestellte meint. Gerade über sie und ihresgleichen sind Auskünfte kaum zu erlangen. Hunderttausende von Angestellten bevölkern täglich die Straßen Berlins, und doch ist ihr Leben unbekannter als das der primitiven Völkerstämme, deren Sitten die Angestellten in den Filmen bewundern. Die Funktionäre der Angestelltenverbände blicken, wie es nicht anders sein kann, nur selten über das Detail hinaus auf die Konstruktion der Gesellschaft. Die Unternehmer sind im allgemeinen keine unvoreingenommenen Zeugen. Die Intellektuellen sind entweder selbst Angestellte, oder sie sind frei, und dann ist ihnen der Angestellte seiner Alltäglichkeit wegen gewöhnlich uninteressant. Hinter die Exotik des Alltags kommen auch die radikalen Intellektuellen nicht leicht. Und die Angestellten selber? Sie am allerwenigsten haben das Bewußtsein ihrer Situation. Aber ihr Dasein verläuft doch in voller Öffentlichkeit? Durch seine Öffentlichkeit ist es, dem „Brief Ihrer Majestät" in E. A. Poes Erzählung gleich, erst recht vor Entdeckung geschützt. Niemand bemerkt den Brief, weil er obenauf

Seite 270 f.
Seite 271

liegt. Freilich sind gewaltige Kräfte im Spiel, die es hintertreiben möchten, daß einer hier etwas bemerkt.

Dabei wäre es längst an der Zeit, daß das Licht der Öffentlichkeit auf die öffentlichen Zustände der Angestellten fiele. Ihre Lage hat sich seit den Jahren vor dem Krieg von Grund auf verändert.

Schon rein zahlenmäßig: es gibt heute in Deutschland 3,5 Millionen Angestellte, von denen 1,2 Millionen Frauen sind. Im gleichen Zeitraum, in dem sich die Zahl der Arbeiter noch nicht verdoppelt hat, haben sich die Angestellten annähernd verfünffacht. Auf jeden fünften Arbeiter kommt gegenwärtig ein Angestellter. Auch die öffentlichen Beamten haben einen starken Zuwachs erfahren. […]

Daß gerade so viele Frauen in die Angestelltenberufe geströmt sind, läßt sich noch im besonderen aus der Erhöhung des Frauenüberschusses, den wirtschaftlichen Folgen von Krieg und Inflation und dem Bedürfnis der neuen Frauengeneration nach wirtschaftlicher Selbständigkeit erklären.

Der dialektische Umschlag der Quantität in die Qualität ist nicht ausgeblieben. Oder inhaltlich ausgedrückt: die Qualität ist in die Quantität umgeschlagen. Ursache dieses Umschlages ist die vielgenannte Rationalisierung. Seit der Kapitalismus besteht, ist innerhalb der ihm gezogenen Grenzen schon immer rationalisiert worden, aber die Rationalisierungsperiode 1925 bis 1928 bezeichnet doch einen besonders wichtigen Abschnitt. Sie hat das Eindringen der Maschine und der Methoden des „fließenden Bandes“ in die Angestelltensäle der Großbetriebe bewirkt. Durch diese nach amerikanischem Muster vorgenommene Umstellung – sie ist noch lange nicht abgeschlossen – erhalten große Teile der neuen

Seite 271

In den 20er Jahren wurde in Deutschland erstmals am Fließband produziert.

Angestelltenmassen eine gegen früher herabgeminderte Funktion im Arbeitsprozeß. Es gibt heute un- und angelernte Angestellte in Menge, die eine mechanische Tätigkeit versehen. (In den seit kurzem entstandenen Einheitspreisgeschäften etwa werden die Obliegenheiten der Verkäuferin mechanisiert.) Aus den ehemaligen „Unteroffizieren des Kapitals" ist ein stattliches Heer geworden, das in seinen Reihen mehr und mehr Gemeine zählt, die untereinander austauschbar sind.

Seite 267

Kein Geringerer als Emil Lederer nennt es „eine objektive Tatsache, wenn man behauptet, daß die Angestellten das Schicksal des Proletariats teilen". Ja, er wagt die Aussage: „… der gesellschaftliche Raum, in dem wir noch die moderne Sklaverei finden …, ist heute nicht mehr der Betrieb, in welchem die große Masse der Arbeiter arbeitet, sondern dieser soziale Raum ist das Bureau"*. Über das Quantum der Sklaverei hier und dort läßt sich streiten, aber die Proletarisierung der Angestellten ist nicht zu bezweifeln. Jedenfalls gelten für breite, im Angestelltenverhältnis befindliche Schichten ähnliche soziale Bedingungen wie für das eigentliche Proletariat. Es hat sich eine industrielle Reservearmee der Angestellten gebildet. […] Ferner ist die Existenzunsicherheit gewachsen und die Aussicht auf Unabhängigkeit nahezu völlig geschwunden. Kann danach der Glaube aufrechterhalten werden, daß die Angestelltenschaft so etwas wie ein „neuer Mittelstand" sei? Man wird sehen, daß die für Angestellte produzierten Illusionen auf reichliche Nachfrage stoßen.

Immerhin ist der Wirklichkeitssinn der Angestellten durch ihre gedrückte materielle Lage geschärft worden. Durchschnittsgehälter, die für Ausgelernte bei unter 150 Mark anheben und für berufsältere Kräfte in gehobenen Stellungen kaum je 500 Mark erreichen, nötigen sie dazu, sich mindestens in ökonomischer Hinsicht als Arbeitnehmer zu fühlen. Das Einkommen der weiblichen Angestellten ist übrigens in der Regel 10 bis 15 Prozent niedriger. [...]

Das sind ein paar Tatsachen. Sie umreißen notdürftig das Gebiet, in das diese kleine Expedition gehen soll, die vielleicht abenteuerlicher als eine Filmreise nach Afrika ist. Denn indem sie die Angestellten aufsucht, führt sie zugleich ins Innere der modernen Großstadt. Sombart hat einmal bemerkt, daß unsere großen deutschen Städte heute keine Industriestädte, sondern Angestellten- und Beamtenstädte seien. Wenn das von einer Stadt gilt, so von Berlin. Hier ist der wirtschaftliche Prozeß, der die Angestelltenmassen aus sich herausgesetzt hat, am weitesten gediehen; hier finden die entscheidenden praktischen und ideologischen Auseinandersetzungen statt; hier wird besonders auffällig die Gestalt des öffentlichen Lebens von den Bedürfnissen der Angestellten und denen bestimmt, die ihrerseits diese Bedürfnisse bestimmen möchten. Berlin ist heute die Stadt der ausgesprochenen Angestelltenkultur; das heißt einer Kultur, die von Angestellten für Angestellte gemacht und von den meisten Angestellten für eine Kultur gehalten wird. Nur in Berlin, wo die Bindungen an Herkunft und Scholle so weit zurückgedrängt sind, daß das Weekend große Mode werden kann, ist die Wirklichkeit der Angestellten zu erfassen. Sie ist auch ein gut Teil von der Wirklichkeit Berlins. [...]

Seite 271

Boden der Heimat; Heimat

Der Durchschnittsarbeiter, auf den so mancher kleine Angestellte gern herabsieht, ist diesem oft nicht nur materiell, sondern auch existentiell überlegen. Sein Leben als klassenbewußter Proletarier wird von vulgärmarxis-

vereinfachte, dadurch auch verfälschte Form der marxistischen Theorie tischen Begriffen überdacht, die ihm immerhin sagen, was mit ihm gemeint ist. Das Dach ist allerdings heute reichlich durchlöchert.

Die Masse der Angestellten unterscheidet sich vom Arbeiter-Proletariat darin, daß sie geistig obdachlos ist. Zu den Genossen kann sie vorläufig nicht hinfinden, und das Haus der bürgerlichen Begriffe und Gefühle, das sie bewohnt hat, ist eingestürzt, weil ihm durch die wirtschaftliche Entwicklung die Fundamente entzogen worden sind. Sie lebt gegenwärtig ohne eine Lehre, zu der sie aufblicken, ohne ein Ziel, das sie erfragen könnte. Also lebt sie in Furcht davor, aufzublicken und sich bis zum Ende durchzufragen.

Seite 271

Nichts kennzeichnet so sehr dieses Leben, das nur in eingeschränktem Sinne Leben heißen darf, als die Art und Weise, in der ihm das Höhere erscheint. Es ist ihm nicht Gehalt, sondern Glanz. Es ergibt sich ihm nicht durch Sammlung, sondern in der Zerstreuung. „Warum die Leute so viel in Lokale gehen?“, meint ein mir bekannter Angestellter, „doch wohl deshalb, weil es zu Hause elend ist und sie am Glanz teilhaben wollen.“ […]

„Die Mädels kommen meist aus geringem Milieu und werden vom Glanz angelockt.“ Sie begründet dann höchst merkwürdig die Tatsache, daß die Mädels im allgemeinen ernste Unterhaltungen meiden. „Ernste Unterhaltungen“, sagte sie, „zerstreuen nur und lenken von der Umwelt ab, die man genießen möchte.“ Wenn einem ernsten Gespräch zerstreuende Wirkungen beigemessen werden, ist es mit der Zerstreuung unerbittlicher Ernst.

Seite 272
Allgemeiner Freier Angestelltenbund

So müßte es nicht sein. Otto Suhr, der Wirtschaftspolitiker des Afa-Bundes, zieht aus den Ergebnissen, zu denen er auf Grund einer in seiner Schrift „Die Lebenshaltung der Angestellten“ (Freier Volksverlag, Berlin 1928) verarbeiteten Enquete über das Haushaltbudget von Angestellten gelangt, den Schluß, daß die Angestellten zwar weniger Geld auf ihre Ernährung als ein Durchschnittsarbeiter verwendeten, dafür aber die sogenannten Kulturbedürfnisse höher als dieser veranschlagten. Der Angestellte gibt nach Suhr für den Kulturbedarf mehr aus als für Wohnung einschließlich Heizung und Beleuchtung sowie Kleidung und Wäsche zusammengenommen. Zu den „Kulturbedürfnissen“ zählen neben der Gesundheit, den Verkehrsmitteln, Geschenken, Unterstützungen usw. unter anderem auch Rauchwaren. Wirtshäuser, geistige und gesellige Veranstaltungen. Bewußt oder wahrscheinlich mehr noch unbewußt sorgt nun die Gesellschaft dafür, daß diese Nachfrage nach Kulturbedürfnissen nicht zur Besinnung auf die Wurzeln echter Kultur und damit zur Kritik an den Zuständen führe, durch die sie mächtig ist. Sie unterbindet nicht den Drang, im Glanz und in der Zerstreuung zu leben, sie fördert ihn, wo und wie sie nur kann. […] Auch sie ist auf Ablenkungen angewiesen. Da sie den Ton angibt, wird es ihr um so leichter, die Angestellten in dem Glauben zu halten, daß ein zerstreutes Dasein zugleich das höhere sei. Sie setzt sich als das Höhere, und wenn das Gros der Abhängigen sie zum Vorbild nimmt, ist es schon beinahe dort, wo sie es haben will. […]

Erhebung, Untersuchung

So stolzieren im Schaufenster eines bedeutenden Warenhauses Mannequinpuppen in billigen Konfektionskleidern zwischen vornehmen Orchideen einher, so verschafft im Lunapark eine Autorennbahn den unteren Gehaltsempfängern das Vergnügen, sich als Herrenfahrer fühlen zu dürfen. Kleine Wirkungen, große Ursachen.

Den Massen gegenüber genügt die zarte Zeichensprache nicht. Wo sie wie in Berlin zusammenströmen, werden denn auch eigene Asyle für die Obdachlosen geschaffen. Asyle im wörtlichen Sinne sind jene gigantischen Lokale, in denen man, wie ein Plauderer sich in einem Berliner Mittagsblatt einmal ausdrückte, „für billiges Geld den Hauch der großen Welt verspüren kann“. Das mehr den Provinzfremden zubestimmte Haus Vaterland, das ebenfalls mit gehobenen Gehaltsempfängern rechnende Resi (Residenz-Kasino), das Moka-Efti-Unternehmen auf der Friedrichstraße – sie und ihresgleichen hat ein untrüglicher Instinkt ins Leben gerufen, um den Hunger der Weltstadtbevölkerung nach Glanz und Zerstreuung zu stillen. Aus dem Geschäftsbetrieb in den Amüsierbetrieb, ist ihre unausgesprochene Devise. [...]

Seite 272

1929 eröffnetes Tanzlokal, das berühmt war für seine Jazz-, Tanz- und Swingmusik. Es war kein ausgeprägter Künstlertreff, sondern ein Lokal für Jedermann.

Café in Berlin; Schweizer Kaffeemaschinenhersteller

Daß die Pläsierkasernen erst seit kurzem ihre Anziehungskraft ausüben, ist alles andere eher denn ein Zufall. Sie haben die zahllosen Likörstuben aus den Inflationsjahren abgelöst und sind gleich nach der Stabilisierung der Wirtschaft emporgetrieben worden. In demselben Augenblick, in dem die Betriebe rationalisiert werden, rationalisieren jene Lokale das Vergnügen der Angestelltenheere. Auf meine Frage, warum sie die Masse versorgen, gibt mir ein Angestellter die bittere Antwort: „Weil das Leben der Leute viel zu ausgepowert ist, als daß sie noch etwas mit sich anzufangen vermöchten.“ [...] in den gemeinten Lokalen ist die Masse bei sich selber zu Gast; und zwar nicht nur aus Rücksicht auf den geschäftlichen Nutzen des Unternehmens, sondern auch um ihrer uneingestandenen Ohnmacht willen. Man wärmt sich aneinander, man tröstet sich gemeinsam darüber, daß man der Quantität nicht entrinnen kann. Ihr anzugehören, wird durch die hochherrschaftliche Umgebung erleichtert. Sie ist besonders feudal im Haus Vaterland, das am vollkommensten den Typus verkörpert, der auch in den Kinopalästen und in den Etablissements der unteren Zwischenschichten annähernd durchgehalten wird. Seinen Kern bildet eine Art von gewaltiger Hotelhalle, über deren Teppiche die Gäste des Adlon schreiten dürften, ohne sich gedemütigt zu fühlen. Sie übertreibt den Stil der neuen Sachlichkeit, denn nur das Modernste ist gut genug für unsere Massen. Nicht schlagender könnte sich das Geheimnis der neuen Sachlichkeit enthüllen als hier. Hinter der Pseudostrenge der Hallenarchitektur nämlich grinst Grinzing hervor. Nur einen Schritt in die Tiefe, und man weilt mitten in der üppigsten Sentimentalität. Das aber ist das Kennzeichen der neuen Sachlichkeit überhaupt, daß sie eine Fassade ist, die nichts verbirgt, daß sie sich nicht der Tiefe abringt, sondern sie vortäuscht. Wie die Verwerfung des Alters, so entspringt sie dem Grauen vor der Konfrontation mit dem Tod. Der Raum, in dem der Heurige genossen wird, bietet einen herrlichen Fernblick auf das nächtliche Wien. Matt hebt sich der Stephansturm vom gestirnten Himmel ab, und eine innerlich beleuchtete Elektrische entgleitet über die Donaubrücke. In anderen Räumen, die an die neue Sachlichkeit angrenzen, fließt der Rhein, glüht das Goldene Horn, dehnt sich fern im Süden das schöne Spanien. Die Beschreibung der Sehenswürdigkeiten erübrigt sich um so mehr, als sich den unübertrefflichen Angaben des Haus-Vaterland-Prospektes kein Wort hinzufügen oder abnehmen läßt. Dort heißt es etwa vom Löwenbräu: „Bayerische Landschaft: Zugspitze mit Eibsee – Alpenglühen – Einzug und Tanz der

Seite 272

Stadtteil Wiens und Weinanbaugebiet, bekannt für seine Heurigen.

hier Weinlokal, in dem bevorzugt junger Wein ausgeschenkt wird

Turm des Stephansdom in Wien

Bucht des Bosporus in Istanbul

Münchner Brauerei, es wurden und werden viele Gaststätten unter diesem Namen betrieben.

Junge, Bursche

vgl. 139.164–65

Dekoration, die (meist) die (Theater-) Bühne nach oben abschließt

bayerischen Bua'm. Schuhplattlerpaare …"; oder von der Wildwest-Bar: „Prärielandschaften an den großen Seen – Arizona – Ranch – Tänze – Cowboylieder und -tänze – Neger-Cowboy-Jazzband – Federnde Tanzfläche." Das Vaterland umfaßt den ganzen Erdball. Es hängt mit der Monotonie in den Betrieben zusammen, daß die Panoramen des 19. Jahrhunderts in allen diesen Lokalen wieder zu so hohen Ehren kommen. Je mehr die Monotonie den Werktag beherrscht, desto mehr muß der Feierabend aus seiner Nähe entfernen; vorausgesetzt, daß die Aufmerksamkeit von den Hintergründen des Produktionsprozesses abgelenkt werden soll. Der genaue Gegenschlag gegen die Büromaschine aber ist die farbenprächtige Welt. Nicht die Welt, wie sie ist, sondern wie sie in den Schlagern erscheint. Eine Welt, die bis in den letzten Winkel hinein wie mit einem Vakuumreiniger vom Staub des Alltags gesäubert ist. Die Geographie der Obdachlosenasyle ist aus dem Schlager geboren. Obwohl er nur über eine vage Ortskenntnis verfügt, sind die Panoramen doch meistens exakt ausgeführt; eine Pedanterie, die darum nicht überflüssig ist, weil im Zeitalter des Verkehrs auch der tarifmäßige Urlaub schon eine Kontrolle mancher Landschaften an Ort und Stelle ermöglicht. Bei den Soffitten handelt es sich freilich weniger um wirkliche Fernen als um die erträumten Märchengefilde, in denen die Illusionen leibhaftig Figur geworden sind. Der Aufenthalt zwischen diesen Wänden, die die Welt bedeuten, läßt sich als eine Gesellschaftsreise für Angestellte ins Paradies definieren. Dem entspricht haarscharf die Einrichtung des Moka-Efti-Lokales, dessen räumliche Ausschweifungen hinter denen des Hauses Vaterland kaum zurückstehen. Eine Rolltreppe, zu deren Funktionen vermutlich gehört, den leichten Aufstieg in die höheren Schichten zu versinnlichen, befördert immer neue Scharen von der Straße weg unmittelbar nach dem Orient, den Säulen und Haremsgitter markieren. Der Phantasiepalast gleicht übrigens auch darin einem Wunschbild, daß er nicht sehr solid konstruiert ist; statt auf dem Untergrund festen Kapitals erhebt er sich auf kurzfristigem englischem Wechselkredit. Man sitzt hier oben nicht, man reist. „Nicht hinauslehnen!" steht an den Zugfenstern geschrieben, durch die man auf lauter sonnige Ansichtspostkartenlandschaften blickt. In Wirklichkeit sind sie Wandfüllungen, und der naturgetreu nachgebildete Korridor eines internationalen Schlafwagenzuges ist nichts weiter als ein langer schmaler Gang, der zwei mohammedanische Säle miteinander verbindet. Die in der Warenhaus-Propagandaschrift angerufenen Lichtfluten wirken überall im Ensemble mit. Sie werden im Resi papageienbunt durch den Raum geschickt und überspielen das dortige Heidelberger Schloß mit einer Farbenpracht, deren die untergehende Sonne nicht fähig wäre. So sehr gehören sie zu den Bestimmungsmerkmalen dieser Lokale, daß der Gedanke sich aufdrängt, die Lokale seien während des Tages überhaupt nicht vorhanden. Abend für Abend erstehen sie neu. Die eigentliche Macht des Lichts aber ist seine Gegenwart. Es entfremdet die Masse ihres gewohnten Fleisches, es wirft ihr ein Kostüm über, das sie verwandelt. Durch seine geheimen Kräfte wird der Glanz Gehalt, die Zerstreuung Rausch. Wenn der Kellner es ausknipst, scheint freilich der Achtstundentag gleich wieder herein.

Alle Veranstaltungen, die in einer Beziehung zu den unorganisierten Angestelltenmassen stehen, und nicht minder alle Bewegungen dieser Massen selbst sind heute zweideutiger Art. Eine Nebenbedeutung haftet ihnen an, die sie oft von ihrer ursprünglichen Bestimmung entfernt. Unter dem Druck der herrschenden Gesellschaft werden sie zu Obdachlosenasylen in übertragenem Sinn. Außer ihrem eigentlichen Zweck erhalten sie noch den andern, die Angestellten an den der Oberschicht erwünschten Ort zu bannen und sie von kritischen Fragen abzulenken, zu denen sie im übrigen ja auch kaum einen starken Zug verspüren.

Seite 245

Irmgard Keun: Das kunstseidene Mädchen

Und da lebe ich in Berlin für mich erstens und dann für den Brenner. […] Ich bringe ihm Berlin, das in meinem Schoß liegt.

blinder Nachbar von Doris, den sie regelmäßig besucht

Fragt er mich: „Liebe Volksliederstimme, wo warst du heute?"
„Ich war – auf dem Kurfürstendamm."
„Was hast du gesehen?"
Und da muß ich doch viele Farben gesehen haben: „Ich habe gesehen – Männer an Ecken, die verkaufen ein Parfüm, und keinen Mantel und kesses Gesicht und graue Mütze, – und Plakate mit nackten rosa Mädchen – keiner guckt hin – ein Lokal mit so viel Metall und wie eine Operation, da gibt es auch Austern – und berühmte Photographen mit Bildern in Kästen von enormen Leuten ohne Schönheit. Manchmal auch mit."
[…]
„Was hast du gesehen?"
„Ich habe gesehen – ein Mann mit einem Plakat um den Hals: ‚Ich nehme jede Arbeit' – und ‚jede' dreimal rot unterstrichen – und ein böser Mund, der zog sich

nach unten mehr und mehr – es gab eine Frau ihm zehn Pfennig, die waren gelb, und er rollte sie auf das Pflaster, das Schein hat durch Reklame von Kinos und Lokalen. Und das Plakat war weiß mit schwarz drauf. Und viele Zeitungen und sehr bunt und das Tempo rosa-lila und Nachtausgabe mit rotem Strich und ein gelber Querschnitt – und sehe das Kempinsky mit edlem Holz und Taxis davor mit weißen Karos und Chauffeure mit eingeknicktem Kopf, weil sie ja immer warten. Und von innen Spiegel und was von Klub. Und Menschen eilen. Und Vorgärten von Kaffees, die sind ein Winter und drinnen Musik. Und auch mal Bars und ein großes Licht hoch über der Erde von Kupferberg Sekt – und einer mit Streichhölzern und auf der Erde mit schwarzen Beinen – quer übers Pflaster und Schachteln von Streichhölzern, die sind blau mit weiß und kleiner roter Rand –"

Zweistöckiges Weinrestaurant, das mit halben Portionen für den halben Preis ein breites Publikum anlockte

(Taxi-) Fahrer oder Privatfahrer

„Was siehst du noch, was siehst du noch?"

„Ich sehe – gequirlte Lichter, das sind Birnen dicht nebeneinander – Frauen haben kleine Schleier und Haar absichtlich ins Gesicht geweht. Das ist die moderne Frisur – nämlich: Windstoß – und haben Mundwinkel wie Schauspielerinnen vor großen Rollen und schwarze Pelze und drunter Gewalle – und Schimmer in den Augen – und sind ein schwarzes Theater oder ein blondes Kino. Kinos sind ja doch hauptsächlich blond – ich rase da mit und in meinem Feh, der ist grau und weich – und ganz rasende Füße, meine Haut wird rosa, die Luft ist kalt und heiße Lichter – ich sehe, ich sehe – meine Augen erwarten ein Ungeheures – ich habe Hunger auf was Herrliches und auch auf ein Rumpsteak so braun mit weißem Meerrettich und so Stäbchenkartoffeln, das sind in die Länge gezogene Bratkartoffeln – und manch-

grauer Pelzmantel aus dem Fell des russischen Eichhörnchens

mal liebe ich ein Essen so, daß ich es in die Hand nehmen möchte und reinbeißen und nicht immer essen mit Messer und Gabel –"

„Was siehst du noch, was siehst du noch?"

„Ich sehe – mich in Spiegeln von Fenstern, und dann finde ich mich hübsch, und dann gucke ich die Männer an, und die gucken auch – und schwarze Mäntel und dunkelblau und im Gesicht viel Verachtung – das ist so bedeutend – und sehe – da ist die Gedächtniskirche und mit Türmen so grau wie Austernschalen – ich kann Austern essen hochfein – der Himmel hat ein rosa Gold im Nebel – es treibt mich drauf zu – man kann nicht ran wegen der Autos – ein roter Teppich liegt im Betrieb, weil am Nachmittag eine blödsinnige Hochzeit war – der Gloriapalast schillert – ein Schloß, ein Schloß – es ist aber Kino und Kaffee und Berlin W – um die Kirche sind schwarze eiserne Ketten – und drüben das Romanische Café mit den längeren Haaren von Männern! Und da verkehrte ich einmal Abend für Abend mit einer geistigen Elite, was eine Auswahl ist, was jede gebildete Individualität aus Kreuzworträtseln weiß. Und wir bildeten alle einen Kreis. Und das Romanische Café ist eigentlich nicht anzuerkennen. Und jeder sagt: Gott, dieses Lokal, wo diese herabgekommenen Literaten sitzen, man sollte da nicht mehr hingehn. Und gehen dann doch hin. Ich bildete mich ungeheuer, und es war, als wenn ich eine fremde Sprache lerne. […]

Gloriapalast: eines der größten und bedeutendsten Kinos im Berlin der 20er und 30er Jahre mit 1.200 Sitzplätzen

Romanisches Café: ehem. Künstlerlokal in Berlin am Kurfürstendamm

„Was noch, was noch?"

„Und eine Ampel, die wechselt grün und rot und gelb – so riesige Augen und Autos warten vor ihr – ich gehe durch die Tauentzien – und Geschäfte mit rosa Korsetts verkaufen in einem auch grüne Pullover – wieso? Und Krawatten und der gestreifte Bademantel eines Mannes im Fenster – und ich gehe – es sind braune Schuhe und ein Automatenrestaurant mit Walkürenradiomusik und Brötchen, wie ein Stern arrangiert – und Delikatessen, die man sich schämt, nicht zu kennen – in der Stadtküche. Und bei Zuntz vorbei riecht es nach Kaffee, er liegt klein und braun in südländischen großen, schaligen Körben, es ist ja alles wunderbar – und breite Wege mit Schienen und gelben Bahnen. Und Menschen am KaDeWe, das ist so groß und mit Kleidern und Gold und an der Tür viele elegante kleine Hunde an Leinen, die warten auf Damen, die kaufen drinnen – und enorm viereckig – und ein kleiner Wittenbergtempel, da fährt unten im Bauch die Untergrund – es leuchtet ein großes Riesen-U. […]

bekannte deutsche Kaffeemarke, die 1932 zwölf Kaffeestuben und 55 Verkaufsstellen in Berlin betrieb

Kaufhaus des Westens, legendäres 1907 eröffnetes Kaufhaus, heute das größte Warenhaus Kontinentaleuropas

„Was hast du gesehen, was hast du –"
Ich packe meine Augen aus – was sah ich denn noch?
„Ich ging weiter die Ansbacher rein – da funkeln Steine in einem Geschäft, welche heißen Amethyst, was sich doch direkt lila anhört, nicht wahr?"
„Und was noch, was noch?" […]
„In der Nürnberger ist ein Lokal mit gerafften Gardinen und nur für Russen – eine Tapete wie blaugefrorene Kirschen mit sonnigen Blumen – so lustig – und ein altes, russisches Moskau als Bild und eine winzige Mutter Gottes in der Ecke. Und kleine Lampen – ein bißchen weiß und ein bißchen rot – wenn einer sehr groß ist, stößt er mit dem Kopf an die Decke. Ich bin ganz allein und lerne die Speisekarte auswendig wegen russischer Fremdworte zu dem Klang einer Musik. Ich trinke Gelbes, das heißt Narsan – es gibt Schachly vom Kaukasus und Watruschki oder so mit Käse. Die Mädchen haben weiße, kleine Schürzen und sind hübsch wie Lockenpuppen mit Kulleraugen und russischer Sprache – und

russisches Mineralwasser

russische Quarktaschen

können gut durch vornehmes Gesicht jedem beweisen, sie sind Generalfrauen. Kleine schwarze Zahnbürsten haben Männer über Lippen – die Kapelle singt – es ist eine Sprache wie weiche, fließende Mayonnaise – Gott, so süß. Die Decke ist graugrün geschibbert – ich sehe, ich sehe – die Generalkellnerinnen sind so hübsch – die Musik hat Glatzen und Geigen – eine mit gelber Bluse lacht russisch – Männer sind froh ohne Frauen und betrunken ohne Wünsche und streicheln sich gegenseitig die Schultern aus besoffener Liebe zu allem – ein querer Spiegel am Ende – man sieht blaß drin aus aber hübsch – sie haben tiefe Augen und braun wie die Geige – so was täuscht – ein schöner Mann hat eine dicke Frau nach Kaulquappenart – alte Männer geben Küsse aufeinander – zick-zack ist die Musik – wie Pauls gesammelte Seesterne kleben getrocknete Lampen an der Decke – die Musik ist geblümt wie ein Chiffonkleid, das immer schnell zerreißt – überhaupt, Herr Brenner – sehen Sie, man sollte nie Kunstseide tragen mit einem Mann, die zerknautscht dann so schnell, und wie sieht man aus dann nach sieben reellen Küssen und Gegenküssen? Reine Seide – und die Musik –"

gesprenkelt, meliert

Kleid aus hauchzartem, schleierartigem Gewebe, zumeist Kunstfaser oder Seide

„Was noch, was noch –"

Reine Seide – und Hubert küßte mich mal leidenschaftlich auf die Augen, vielmehr auf die Hautlappen darüber – ich hatte auf jeder Augenklappe so einen kleinen roten Fleck – und Angst zu Hause – ich durfte die Klappen nicht bewegen Sonntagmittag beim Essen – und ich gestiert, bis mir Tränen kamen – „was guckste denn, wie 'ne Verrückte", sagt mein Vater – und ich immer die Augen starr – und so stier gucke ich jetzt auch immer, weil ich so viel sehen muß.

Doris' erster Freund, den sie liebte, der sie aber wegen einer ‚guten Partie' verließ

„Hellgraue Anzüge heben schwarze Männer auf dämo-

nisch, rote Krawatten machen sie komisch – meine Augen sind ausgesehen – Sie, Sie, Sie –"
„Was noch, was noch?"
„Die Frauen sind schön in Berlin und gepflegt mit Schulden.
Ich tanze, ja ich tanze – die Luft erstickt mich – ein Russe ist mit mir – das ist ein Emigrant – wie er spricht – die Worte stolpern ihm rauh und weich, wie so ein Mercedesrad über holpriges Pflaster rollt – er hat keine Haare – seine Augen sind jung und hart. Und so schlank. Und die Frau mit weißem Gesicht und Erdbeermund gegenüber zieht den Skunks hoch über der linken Schulter so mit einer Art – die sagt glatt mit der linken Hand zu meinem Russen: ‚Du Affe gehst mich ja nichts an, aber ich wollte doch – du gefällst mir!' – so mit vornehmer Verachtung. Du Biest! Denke ich – ‚interessante Frau' sagt der Russe. – ‚Krumme Beine leider', sage ich kalt. – ‚Wie sehen Sie das?' ‚An der ängstlichen Art, wie sie ihr Glas festhält und mal zur Toilette will und sich nicht traut.' – Na, wenn mir eine was will, kann ich sie vielleicht vornehm schlecht machen, ohne Ahnung und einfach drauf los, da kriege ich einen Verstand. Und küssen uns beim Tanzen – in einer Bar – Cocktails sind auch bunt – wie gebleichte Zitronenfalter – man kriegt Kopfschmerzen nach –"

Skunks: Pelzmantel aus Stinktierfell

Irmgard Keun: Gilgi – eine von uns

Seite 241

Gilgi sitzt in der Straßenbahn. Eigentlich wollte sie zu Fuß gehen, hat aber keine Zeit mehr dazu. Neben ihr, vor ihr die Reihe der Angestellten. Müde Gesichter, verdrossene Gesichter. Alle sehen einander ähnlich. Gleichheit des Tageslaufs und der Empfindungen hat ihnen den Szenenstempel aufgedrückt. Jemand zugestiegen – sonst noch jemand ohne Fahrschein? Keiner tut gern, was er tut. Keiner ist gern, was er ist. Kleine Blasse mit den hübschen Beinen, lägst du jetzt nicht lieber im Bett und schliefst dich aus? Braunes Mädchen mit den Wandervogelschuhen, scheint ein schöner Tag heute zu werden – würdest du nicht lieber im Stadtwald spazieren laufen und die zahmen Rehe mit den Kastanien füttern, die du im Herbst gesammelt hast?

Seite 272

Sonst noch jemand ohne Fahrschein – sonst noch jemand ohne Fahrschein? Sie fahren ins Geschäft. Tag für Tag ins Geschäft. Ein Tag gleicht dem andern. Klingelingling – man steigt aus, man steigt ein. Man fährt. Fährt und fährt. Achtstundentag, Schreibmaschine, Stenogrammblock, Gehaltskürzung, Ultimo – immer dasselbe, immer dasselbe. Gestern, heute, morgen – und in zehn Jahren.

Ihr Jungen, ihr unter dreißig, habt auch ihr nur dieses hoffnungsarme Frühmorgengesicht? Morgen ist Sonntag. Werden da nicht am Nachmittag kleine Wunschbilder in euren Augen brennen? Nicht wahr, junger Mann, man kauft sich nicht so eine schöne, strahlend gelbe Krawatte, wenn man nicht heimlich glaubt, eines Tages Chef mit Privatauto und ausländischem Bankguthaben zu sein? Braves Fräulein aus guter Familie, nicht wahr, Sie würden die bunte Halskette nicht umbinden, wenn Sie nicht wünschten, daß einer kommt, der findet, daß sie Ihnen hübsch steht? Kleiner Rotkopf, hättest du die zwanzig Mark für die Dauerwelle ausgegeben, wenn du nicht von Schönheitskonkurrenz und Filmengagement träumtest? Auch Greta Garbo ist einmal Verkäuferin gewesen. Fahrt ins Geschäft. Tag für Tag. Wird etwas kommen, was das Gleichmaß der Tage unterbricht?

Greta Gustafsson (1905–1990), „die Göttliche", schwedische Schauspielerin, eine der größten Hollywood-Legenden

Was? Der Douglas Fairbanks, der Lotteriegewinn, das Filmengagement, die märchenhafte Beförderung, der Sterntalerregen vom Himmel? Wird das kommen? Nein. Keine Aussicht auf Wechsel und Unterbrechung? Doch. Welche? Krankheit, Abbau, Erwerbslosigkeit. Aber man fährt ja noch. Ja, man fährt. Wie gut. Seite 272

Gilgi sieht aus dem Fenster. Die Trostlosen da im Wagen – nein, sie hat nichts mit ihnen gemein, sie gehört nicht zu ihnen, will nicht zu ihnen gehören. Sie sind grau und müde und stumpf. Und wenn sie nicht stumpf sind, warten sie auf ein Wunder. Gilgi ist nicht stumpf und glaubt an kein Wunder. Sie glaubt nur an das, was sie schafft und erwirbt. Sie ist nicht zufrieden, aber sie ist froh. Sie verdient Geld.

Ihr da im Wagen, freut ihr euch denn nicht?

Wir sind so müde.

Aber ihr verdient doch Geld?

Es ist so wenig.

Ihr könnt aus dem Wenigen mehr schaffen.

Das ist so schwer.

Darum ist es schön.

Es ist nicht schön.

Die Zeiten sind schlecht. Keiner ist gern, was er ist. Keiner tut gern, was er tut.

Ist denn keiner von euch jung wie ich, freut sich keiner wie ich? Doch. – Ein – zwei – drei Gesichter. Junge, straffe Züge, harte, kleine Stirnfalten, unternehmungsbereites Kinn, wache Augen.

Gilgi umschließt mit der Hand die äußere Kante ihres Koffers. Hart und fest. Die knappe, kleine Bewegung ist ein Händedruck. Also doch! Nicht ich – sondern wir. Wir! Sie hebt den Kopf und hat frohe Augen. Du – du – du und ich: wir werden es schaffen. […]

Olga streicht Gilgi großmütterlich übers Haar: „Wenn du mir nur sagen wolltest, du nüchterne, kleine Krämerseele, was du erstrebst! Was willst du – was hast du für Wünsche – was für eine Sehnsucht?“

Gilgi macht ein Gesicht, als ob sie Essig getrunken hätte. Sehnsucht! Ein Wort, das sie nicht verdauen kann. „Ich will arbeiten, will weiter, will selbständig und unabhängig sein – ich muß das alles Schritt für Schritt erreichen. Jetzt lern' ich meine Sprachen – ich spar' Geld – vielleicht werd' ich in ein paar Jahren eine eigene Wohnung haben, und vielleicht bring' ich's mal zu einem eigenen Geschäft.“

„Du armes Arbeitstierchen! Und dafür verschuftest du deine schönsten Jugendjahre!“ Mitleidig will Olga noch einmal über Gilgis Haar streichen, aber ihre Hand fährt ins Leere, ärgerlich hat Gilgi den Kopf zurückgeworfen. „Du brauchst mich nicht zu bedauern, Olga, ich find' mein Leben herrlich. Es macht mir Freude, was zu schaffen. Wenn mir heut' einer eine Million schenkte, ich – würd' sie nehmen, hätt' aber gar nicht so furchtbar viel Spaß dran. Es macht mir Freude, aus eigener Kraft weiterzukommen.“ Gilgi springt auf, läuft im Zimmer hin und her, sucht nach Worten. Sie will Olga beweisen, daß sie glücklich ist und Grund dazu hat. „Ich hab' keine Talente, Olga – ich kann keine Bilder malen und keine Bücher schreiben, ich bin allgemeiner Durchschnitt und bring's nicht fertig, deswegen zu verzweifeln. Aber was ich aus mir machen kann, will ich machen. Ich werd' immer arbeiten und immer was Neues lernen, und gesund und hübsch will ich bleiben, solange es eben geht – im Sommer werd' ich wieder im Brustschwimmen trainieren, ich – Olga, lach' doch nicht so blödsinnig – du mußt doch verstehn, daß ich mich freue, wenn alles so

ordentlich und geregelt in meinem Leben ist. Und wenn ich erst von Haus fort bin, dann bin ich ganz froh, dann gibt's auf der ganzen Welt keinen Menschen mehr, dem ich was vortäuschen und vorlügen muß. Und – Olga – ja, wie soll ich's dir erklären – daß meine Ansprüche nie höher sind als die Möglichkeit, sie zu erreichen, das macht mich frei und …"
„Doch ein armes Leben", sagt Olga und schüttelt den Kopf.
„Olga, es ist doch schön, sein Leben wie eine sauber gelöste Rechenaufgabe vor sich zu haben!"

Irmgard Keun: Das kunstseidene Mädchen

Seite 245

Ich hatte einen angenehmen Tag, weil der Letzte ist und Geldkriegen einem mit am meisten gut tut, trotzdem ich von 120 – und Therese kriegt 20 mehr – 70 abgeben muß, was mein Vater doch nur versäuft, weil er jetzt arbeitslos ist und nichts andres zu tun hat. Aber von meinen 50 Mark hatte ich mir gleich einen Hut mit Feder gekauft – dunkelgrün – das ist jetzt Modefarbe, und steht mir herrlich zu meinem erstklassigen rosa Teint. Und ist schief auf einer Seite zu tragen – kolossal fesch – und ich hatte mir bereits einen dunkelgrünen Mantel machen lassen – streng auf Taille und mit Fuchsbesatz – ein Geschenk von Käsemann, der mich durchaus beinahe heiraten wollte. Aber ich nicht. Weil ich doch auf die Dauer zu schade bin für kleine Dicke, die noch dazu Käsemann heißen. Und nach dem Fuchs hab ich Schluß gemacht. Aber ich bin jetzt komplett in Garderobe – eine große Hauptsache für ein Mädchen, das weiter will und Ehrgeiz hat. […]
Jetzt sitze ich hier in einem Lokal und habe furchtbar

120 – gemeint ist der Monatsverdienst

viel Leberwurst gegessen, trotzdem jeder Bissen mir im Hals würgte, aber ist dann doch runtergegangen, und hoffentlich schadet es mir nicht auf die entsetzliche Aufregung. Denn ich bin aus meiner Stellung entlassen und zittre in den Gliedern. […]

Und alles kam so: ich hatte zu wenig Briefe geschrieben wegen an Hubert ihre erste große Liebe denken und mußte auf einmal mit Dampf loslegen, um noch was fertig zu kriegen – natürlich weit und breit kein Komma in den Briefen, was aber ein System von mir ist: denn lieber gar keine Kommas als falsche, weil welche reinstricheln unauffälliger geht als falsche fortmachen. Und hatte auch sonst Fehler in den Briefen und dunkle Ahnungen daraufhin. Und guck schon gleich beim Reinbringen wie Seite 272 Marlene Dietrich so mit Klappaugen-Marke: husch ins Bett. Und das Pickelgesicht sagt, alle könnten gehen, nur ich sollt noch bleiben und Briefe neu schreiben, was mich anekelt und wozu ich nie Lust habe, denn es waren Akten mit furchtbarem Quatsch von Blasewitz, dem ein Zahnarzt eine Goldkrone rausgemurkst hatte und richtig gestohlen und dann auf der Rechnung noch mal angerechnet – kein Schwein wird draus klug, und wochenlang schreib ich schon von Blasewitz seine Backzähne, was einem eines Tages auf die Nerven geht. Und geh zum Pickelgesicht ins Büro – alle sind fort – nur er und ich sind noch da. Und er sieht meine Briefe durch und macht Kommas mit Tinte – ich denke: was bleibt dir übrig! und lehne mich aus Versehen leicht an ihn. Und malt immer mehr Kommas und streicht und verbessert, und will auf einmal bei einem Brief sagen: der muß noch mal geschrieben werden. Aber bei „noch mal“ gebe ich mit meinem Busen einen Druck gegen seine Schulter, und wie er aufguckt, zittre ich noch für alle Fälle wild mit den Nasenflügeln, weil ich doch fort wollte und nichts mehr von Blasewitz seine Backzähne schreiben und von der Frau Grumpel ihre Raten für das stinkige Milchlädchen auch nicht. [...] [I]ch merke zu spät, daß ich mit meinen Nasenflügeln zu weit gegangen bin. Springt doch der Kerl auf und umklammert mich und atmet wie eine Lokomotive kurz vor der Abfahrt. Ich sage nur: aber – und versuche, seine widerlichen langen Knochenfinger von mir loszumachen, und war wirklich verwirrt, denn ich hatte mit dem allen doch erst vier Wochen später gerechnet und sehe wieder, daß man nie auslernt. Und er sagt: „Kind, verstell dich doch nicht, ich weiß doch seit lange, wie es mit dir steht und wie dein Blut nach mir drängt.“

Also ich kann nur sagen, ich wunderte mich von neuem, wie ein Mann, der doch studiert hat und schlau wird aus Blasewitz seine Backzähne, derartig dumm sein kann. [...] „Wie können Sie mein Kleid so zerknautschen, wo ich ohnehin nichts anzuziehen habe!“ Und das war ein Wink und eine Prüfung, und von seiner Antwort hing es ab, ob ich ihn sanft und anständig abweisen würde oder gemein werden. Natürlich kam, was ich erwartet hatte: „Kind, wie kannst du jetzt an so was denken, und nackt ohne Kleider bist du mir am liebsten.“

Da blieb mir glatt der Verstand stehen. Ich trete ihn gegens Schienbein von wegen Loslassen und frage: „Nun sagen Sie mal, Sie blödsinniger Rechtsanwalt, was denken Sie sich eigentlich? Wie kann ein Studierter wie Sie so schafsdämlich sein und glauben, ein junges hübsches Mädchen wäre wild auf ihn. Haben Sie noch nie in den Spiegel gesehn? Ich frage Sie nur, was für Reize haben Sie?“

Es wäre mir interessant gewesen, eine logische Antwort

Pflanzenextrakt, dient als Bindemittel

zu kriegen, denn ein Mann muß doch schließlich was denken. Sagt er nur statt dessen: „Also so eine bist du!" Und zieht das „so" wie ein Gummi-Arabicum. Ich nur: „So oder nicht so – es ist mir ein Naturereignis, zu sehen, wie Sie blau anlaufen vor Wut, und ich hätte nie gedacht, daß Sie noch mieser werden könnten, als Sie ohnehin schon sind – und haben eine Frau, was sich die Haare gelb färbt wie ein hartgekochtes Eidotter und für viel Geld Kosmetik macht und in einem Auto rumsaust und nichts tut den ganzen Tag an solider Arbeit – und ich soll mit Ihnen für nichts und wieder nichts – nur aus Liebe –" Und hau ihm den Brief [...] in seine Pickel, denn wo nun schon alles verdorben war, wollte ich auch meinem Temperament mal ganz freie Bahn lassen. Natürlich kündigte er mir zum nächsten Ersten. Ich sag nur: „Ich hab's auch satt bei Ihnen, und geben Sie mir noch ein Monatsgehalt, dann komme ich morgen schon nicht mehr wieder."

Und ging keß mit Drohungen vor – daß die Männer bei Gericht nur seine miese Visage sehen brauchen und mir sofort glauben, daß ich nie sinnliche Blicke geworfen habe, und mir vollkommen recht geben würden – und ob es ihm lieb wäre, wenn ich morgen den Mädchen hier alles erzähle, wo er noch dazu so unanständige Worte gebraucht hat wie nackt und mein Blut drängte – und wenn mich was furchtbar aufgeregt hat, muß ich es leider erzählen. Und jetzt sitze ich hier mit 120 und überlege mir eine neue Existenz und warte auf Therese, der ich telephoniert habe, damit sie mich tröstet und beruhigt, denn schließlich habe ich eine Sensation durchgemacht.

Hans Fallada: Kleiner Mann – was nun?

Seite 272 f.

Am Küchentisch sitzt ein langer Mann in grauen Hosen, grauer Weste und einem weißen Trikothemd, ohne Jacke, ohne Kragen. An den Füßen hat er Pantoffeln. Ein gelbes, faltiges Gesicht, kleine scharfe Augen hinter einem hängenden Zwicker, ein grauer Schnurrbart, ein fast weißer Kinnbart.

Trikothemd: Unterhemd
Zwicker: Brille ohne Bügel

Der Mann liest die „Volksstimme", aber nun, da Pinneberg und Emma hereinkommen, läßt er das Blatt sinken und betrachtet den jungen Mann.
„Sie sind also der Jüngling, der meine Tochter heiraten will? Sehr erfreut, setzen Sie sich hin. Übrigens werden Sie es sich noch überlegen."
„Was?" fragt Pinneberg.
Lämmchen hat sich auch eine Schürze umgebunden und hilft der Mutter. Frau Mörschel sagt ärgerlich: „Wo der Bengel nun wieder bleibt. Die ganzen Puffer werden zäh."
„Überstunden", sagt Herr Mörschel lakonisch. Und zu Pinneberg zwinkernd: „Sie machen auch manchmal Überstunden, nicht wahr?"
„Ja", sagt Pinneberg. „Ziemlich oft."
„Aber ohne Bezahlung –?"
„Leider. Der Chef sagt …"
Herrn Mörschel interessiert nicht, was der Chef sagt. „Sehen Sie, darum wäre mir ein Arbeiter für meine Tochter lieber: wenn mein Karl Überstunden macht, kriegt er sie bezahlt."
„Herr Kleinholz sagt …" beginnt Pinneberg von neuem.
„Was die Arbeitgeber sagen, junger Mann", erklärt Herr Mörschel, „das wissen wir lange. Das interessiert uns

=> drohende Arbeitslosigkeit Schichten knapp.

nicht. Was sie tun, das interessiert uns. Es gibt doch 'nen Tarifvertrag bei euch, was?"

„Ich glaube", sagt Pinneberg.

„Glaube ist Religionssache, damit hat'n Arbeiter nischt zu tun. Bestimmt gibt es ihn. Und da steht drin, daß Überstunden bezahlt werden müssen. Warum krieg ich 'nen Schwiegersohn, dem sie nicht bezahlt werden?"

Pinneberg zuckt die Achseln.

„Weil ihr nicht organisiert seid, ihr Angestellten", erklärt ihm den Fall Herr Mörschel. „Weil kein Zusammenhang ist bei euch, keine Solidarität. Darum machen sie mit euch, was sie wollen."

„Ich bin organisiert", sagt Pinneberg mürrisch. „Ich bin in 'ner Gewerkschaft."

„Emma! Mutter! Unser junger Mann ist in 'ner Gewerkschaft? Wer hätte das gedacht! So schnieke und Gewerkschaft!" Der lange Mörschel hat den Kopf ganz auf die Seite gelegt und besieht seinen künftigen Schwiegersohn mit eingekniffenen Augen. „Und wie nennt sich Ihre Gewerkschaft, mein Junge? Nur raus damit!"

„Deutsche Angestellten-Gewerkschaft", sagt Pinneberg und ärgert sich immer mehr.

Der lange Mann krümmt sich völlig zusammen, so stark überkommt es ihn. „Die Dag! Mutter, Emma, haltet mich fest, unser Jüngling ist ein Dackel, das nennt er 'ne Gewerkschaft! Ein gelber Verband, zwischen zwei Stühlen. O Gott, Kinder, so ein Witz …"

„Na, erlauben Sie mal", sagt Pinneberg wütend. „Wir sind kein gelber Verband! Wir werden nicht von den Arbeitgebern finanziert. Wir zahlen unsern Bundesbeitrag selber."

Für die **Bonzen**! Für die gelben Bonzen! Na, Emma,

Bonzen: spöttische Bezeichnung für Gewerkschaftsfunktionäre

da hast du dir ja den richtigen ausgesucht. Einen Dag-Mann! Einen richtigen Dackel!“
Pinneberg sieht hilfesuchend zu Lämmchen, aber Lämmchen sieht nicht her. Vielleicht ist sie es gewohnt, aber wenn sie es gewohnt ist, für ihn ist es doch schlimm.
„Angestellter, wenn ich so was höre“, sagt Mörschel. „Ihr denkt, ihr seid was Besseres als wir Arbeiter.“
„Denk ich nicht.“
„Denken Sie doch. Und warum denken Sie das? Weil Sie Ihrem Arbeitgeber nicht ’ne Woche den Lohn stunden, sondern den ganzen Monat. Weil Sie unbezahlte Überstunden machen, weil Sie sich unter Tarif bezahlen lassen, weil Sie nie ’nen Streik machen, weil Sie immer die Streikbrecher sind …“
„Es geht doch nicht nur ums Geld“, sagt Pinneberg. „Wir denken doch auch anders als die meisten Arbeiter, wir haben doch andere Bedürfnisse …“
„Anders denken“, sagt Mörschel, „anders denken – Sie denken genau so wie ein Prolet …“
„Das glaub ich nicht“, sagt Pinneberg, „ich zum Beispiel …“
„Sie zum Beispiel“, sagt Mörschel und kneift die Augen ganz gemein ein und feixt. „Sie zum Beispiel haben sich doch Vorschuß genommen?“
„Wieso?“ fragte Pinneberg verwirrt. „Vorschuß –?“
„Na ja, Vorschuß“, grinst der andere noch mehr. „Vorschuß da, bei der Emma. Nicht sehr fein, Herr. Mächtig proletarische Angewohnheit …“
„Ich …“, fängt Pinneberg an und ist sehr rot und hat Lust, die Türen zu donnern und zu brüllen: Oh, so rutscht mir doch alle …!
Aber Frau Mörschel sagt scharf: „Ruhig bist du jetzt, Va-

Prolet: Proletarier; im Kapitalismus abhängiger Beschäftigter, meist ist der Arbeiter gemeint

Fopperei, Veralbern

ter, mit deinem Flaxen! Das ist erledigt. Das geht dich gar nichts an."

„Da kommt der Karl", ruft Lämmchen, denn draußen klappte eine Tür.

„Also her mit dem Essen, Frau", sagt Mörschel. „Und recht habe ich doch, Schwiegersohn, fragen Sie mal Ihren Pastor, unfein ist das …"

Ein junger Mann kommt herein, aber jung ist nur eine Altersbezeichnung, er sieht völlig unjung aus, noch gelber, noch galliger als der Alte. Er knurrt: „'n Abend", nimmt von dem Gast keinerlei Notiz und zieht Jacke und Weste aus, dann das Hemd. Pinneberg sieht es mit steigender Verwunderung.

„Überstunden gemacht?" fragt der Alte.

Karl Mörschel knurrt nur etwas.

„Laß doch jetzt die Scheuerei, Karl", sagt Frau Mörschel, „komm essen."

Aber Karl läßt schon das Wasser am Ausguß laufen und fängt an, sich sehr intensiv zu waschen. Bis zu den Hüften ist er nackt, Pinneberg geniert sich etwas, Lämmchen wegen. Aber die scheint nichts dabei zu finden, es ist ihr wohl selbstverständlich. Pinneberg ist vieles nicht selbstverständlich. Die häßlichen Steingutteller mit den schwärzlichen Anschlagstellen, die halb kalten Kartoffelpuffer, die nach Zwiebeln schmecken, die saure Gurke, das laue Flaschenbier, das nur für die Männer dasteht, dazu diese trostlose Küche, der waschende Karl …

Karl setzt sich an den Tisch, sagt brummig: „Nanu, Bier …"

„Das ist der Bräutigam von Emma", erklärt Frau Mörschel, „sie wollen bald heiraten."

„Hat sie doch einen abgekriegt", sagt Karl. „Na ja, einen Bourgeois. Ein Prolet ist ihr nicht fein genug."

Besitzbürger; abschätziger Begriff für einen Vertreter der höheren Gesellschaftsschicht

„Siehst du“, sagt Vater Mörschel, sehr befriedigt.
„Du, zahl man lieber dein Kostgeld, eh du hier den Mund aufreißt“, erklärt Mutter Mörschel.
„Was heißt siehst du“, sagt Karl gallig zu seinem Vater. „Ein richtiger Bourgeois ist mir noch immer lieber als ihr Sozialfaschisten.“

von Stalin geprägtes Schmähwort für die Sozialdemokraten

„Sozialfaschisten“, antwortet der Alte böse. „Wer wohl Faschist ist, du Sowjetjünger!“

Kommunisten

„Na klar“, sagt Karl, „ihr Panzerkreuzerhelden ...“

Seite 273 f.

Pinneberg hört mit einer gewissen Befriedigung zu. Was der Alte zu ihm gesagt hatte, bekam er jetzt vom Sohn mit Zinsen. Nur die Kartoffelpuffer gewannen nicht sehr dadurch, es war kein nettes Mittagessen, er hatte sich seine Verlobungsfeier anders gedacht.
[...]
„Junge“, fängt Lämmchen sachte an. „Ich muß dich was fragen.“
„Ja?“ sagt er unsicher.
„Aber sei nicht böse!“
„Nein“, sagt er.
„Hast du was gespart?“
Pause.
„Ein bißchen“, sagt er zögernd. „Und du?“
„Auch ein bißchen“, und ganz rasch: „Aber nur ein ganz, ganz klein bißchen.“
„Sag du“, sagt er.
„Nein, sag du zuerst“, sagt sie.
„Ich ...“ sagt er und bricht ab.
„Sag schon!“ bittet sie.
„Es ist wirklich nur ganz wenig, vielleicht noch weniger als du.“
„Sicher nicht.“
„Doch. Sicher.“

Pause. Lange Pause.
„Frag mich", bittet er.
„Also", sagt sie und holt tief Atem. „Ist es mehr als ..."
Sie macht eine Pause.
„Als was?" fragt er.
„I wo", lacht sie plötzlich. „Soll ich mich genieren! Hundertdreißig Mark hab ich auf der Kasse."
Er sagt stolz und langsam: „Vierhundertsiebzig."
„Au fein!" sagt Lämmchen. „Das wird grade glatt, sechshundert Mark. Junge, was ein Haufen Geld!"
„Na ...", sagt er. „Viel finde ich es ja nicht. Aber man lebt schrecklich teuer als Junggeselle."
„Und ich hab von meinen hundertzwanzig Mark Gehalt siebzig Mark für Kost und Wohnung abgeben müssen."
„Dauert lange, bis man so viel zusammengespart hat", sagt er.
„Schrecklich lange", sagt sie. „Es wird und wird nicht mehr."
Pause.
„Ich glaub nicht, daß wir in Ducherow gleich 'ne Wohnung kriegen", sagt er.
„Dann müssen wir ein möbliertes Zimmer nehmen."
„Da können wir auch für unsere Möbel mehr sparen."
„Aber ich glaube, möbliert ist schrecklich teuer."
„Also, laß uns mal rechnen", schlägt er vor.
„Ja. Wir wollen mal sehen, wie wir hinkommen. Wir wollen rechnen, als ob wir nichts auf der Kasse hätten."
„Ja, das dürfen wir nicht angreifen, das soll ja mehr werden. Also hundertachtzig Mark Gehalt ..."
„Als Verheirateter kriegst du noch mehr."
„Ja, weißt du, ich weiß nicht." Er ist sehr verlegen. „Nach dem Tarifvertrag vielleicht, aber mein Chef ist so komisch ..."

„Darauf würde ich keine Rücksicht nehmen, ob er komisch ist."
„Lämmchen, laß uns erst mal mit hundertachtzig rechnen. Wenn's mehr wird, ist es ja nur schön, aber die haben wir doch erst mal sicher."
„Also schön", stimmt sie zu. „Nun erst mal die Abzüge."
„Ja", sagt er. „An denen kann man ja nichts ändern. Steuern 6 Mark und Arbeitslosenversicherung 2 Mark 70. Und Angestellten-Versicherung 4 Mark. Und Krankenkasse 5 Mark 40. Und die Gewerkschaft 4 Mark 50 …"
„Na, deine Gewerkschaft, das ist doch überflüssig …"
Pinneberg sagt etwas ungeduldig: „Das laß man erst. Ich hab von deinem Vater genug."
„Schön", sagt Lämmchen, „macht 22 Mark 60 Abzüge. Fahrgeld brauchst du nicht?"
„Gott sei Dank nein."
„Bleiben also erst mal 157 Mark. Was macht die Miete?"
„Ja, ich weiß doch nicht. Zimmer und Küche, möbliert. Sicher doch 40 Mark."
„Sagen wir 45", meint Lämmchen. „Bleiben 112 Mark 40. Was denkst du, brauchen wir fürs Essen?"
„Ja, sag du mal."
„Mutter sagt immer, 1 Mark 50 braucht sie für jeden Tag."
„Das sind 90 Mark im Monat", sagt er.
„Dann bleiben noch 22 Mark 40", sagt sie.
Die beiden sehen sich an.
Lämmchen sagt ganz schnell: „Und dann haben wir noch nichts für Feuerung. Und nichts für Gas. Und nichts für Licht. Und nichts für Porto. Und nichts für Kleidung. Und nichts für Wäsche. Und nichts für Schuhe. Und Geschirr muß man sich auch manchmal kaufen."

Und er sagt: „Und man möchte doch auch mal ins Kino. Und am Sonntag 'nen Ausflug machen. Und 'ne Zigarette rauch ich auch ganz gerne."
„Und sparen wollen wir doch auch was."
„Mindestens 20 Mark im Monat."
„Dreißig."
„Rechnen wir noch mal."
„An den Abzügen ändert sich nichts."
„Und billiger kriegen wir kein Zimmer und Küche."
„Vielleicht fünf Mark billiger."
„Naja, ich will man sehen. 'ne Zeitung möchte man sich aber auch halten."
„Sicher. Können wir nur am Essen sparen, nun gut, zehn Mark vielleicht ab."
Sie sehen sich wieder an.
„Dann kommen wir noch immer nicht aus. Und an Sparen ist auch nicht zu denken."
„Du", sagt sie sorgenvoll, „mußt du immer Plättwäsche tragen? Die kann ich nicht selber plätten."

Plättwäsche: in der Wäscherei gebügelte Wäsche
plätten: bügeln

„Doch, das verlangt der Chef. Ein Oberhemd kostet sechzig Pfennig plätten und ein Kragen zehn Pfennig."
„Macht auch wieder fünf Mark im Monat", rechnet sie.
„Und Schuhe besohlen."
„Auch das, ja. Das ist auch gemein teuer."
Pause.
„Also, rechnen wir noch mal."
Und nach einer Weile: „Also streichen wir vom Essen noch mal zehn Mark ab. Aber billiger als für siebzig kann ich es nicht."
„Wie machen es denn die andern?"
„Ja, ich weiß auch nicht. Furchtbar viel haben doch noch 'ne ganze Ecke weniger."
„Ich versteh das nicht."

„Da muß irgendwas nicht richtig sein. Laß uns noch mal rechnen."
Sie rechnen und rechnen, sie kommen zu keinem andern Ergebnis. Sie sehen sich an. „Weißt du", sagt Lämmchen plötzlich, „wenn ich heirate, kann ich mir doch meine Angestellten-Versicherung auszahlen lassen?"
„Au fein!" sagt er. „Das gibt sicher hundertzwanzig Mark."
„Und deine Mutter", fragt sie. „Du hast mir nie von ihr erzählt."
„Da ist auch nichts zu erzählen", sagt er kurz. „Ich schreib ihr nie."
„So", sagt sie. „Ja dann."
Wieder Stille.
Sie kommen nicht weiter, also stehen sie auf und treten auf den Balkon. Es ist fast alles dunkel geworden im Hof, auch die Stadt ist still geworden. In der Ferne hört man ein Auto tuten.
Er sagt in Gedanken verloren: „Haarschneiden kostet auch achtzig Pfennige."
„O du, laß", bittet sie. „Was die andern können, werden wir auch können. Es wird schon gehen."
„Hör noch mal zu, Lämmchen", sagt er. „Ich will dir auch kein Hausstandsgeld geben. Zu Anfang des Monats tun wir alles Geld in einen Topf, und jeder nimmt sich etwas davon, was er braucht." Haushaltsgeld
„Ja", sagt sie. „Ich hab einen hübschen Topf dafür, blaues Steingut. Ich zeig dir ihn noch. – Und dann wollen wir furchtbar sparsam sein. Vielleicht lern ich noch Oberhemden plätten."
„Fünf-Pfennig-Zigaretten sind auch Unsinn", sagt er. „Es gibt schon ganz anständige für drei."
Aber sie stößt einen Schrei aus. „O Gott, Junge, den

Murkel haben wir doch ganz vergessen! Der kostet ja auch Geld!"
Er überlegt: „Was kostet denn solch kleines Kind? Und dann gibt es Entbindungsgeld und Stillgeld und Steuern zahlen wir auch weniger … ich glaub immer, die ersten Jahre kostet der gar nichts."
„Ich weiß nicht", sagt sie zweifelnd.

Erich Kästner: Lieschen Neumann will Karriere machen. Das Scheindasein vor der Kamera

Es gibt da
eine Sorte
junge Damen,
die haben nichts,
als etwas
anzuziehn.
Sie tragen
reichlich
parfümierte
Namen
Und sind aus –
oder wollen
nach – Berlin.

Sie sitzen ohne Appetit
zu Haus.
Sie können nicht mehr, nur
noch künstlich, lachen.
Da ziehen sie sich an und
gehen aus
und wollen eiligst Karriere
machen.

Sie denken sich die Sache
ziemlich leicht
und gehn, um keine Zeit
mehr zu verlieren,
den Weg, auf dem man
heute viel erreicht:
das heißt: sie lassen sich
fotografieren.

Seite 274

Sie melden sich
(weil es das Bild so will),
bei einer Fotografin
namens Yva
und halten dort in zwanzig
Lagen still.
Und fühlen sich dabei
bereits als Diva.

Man bringt sie dann in
Fotokästen unter.
Sie hängen zwischen
Schaljapin und Solf. Seite 274
Sie sehn entzückend aus,
und es steht drunter:
„Ramona Silvaré beim
Golf.“

Sie stehn, als Brustbild,
lächelnd neben Pferden
und sind auch dies-
bezüglich Koryphäe …

mit außergewöhnlichen Fähigkeiten versehen

Der Eindruck würde
freilich
anders werden,
wenn man den untern
Teil
des Bildes sähe.

Sie lächeln uns aus jedem Magazine,
auf Kunstdruckblättern, gut getroffen an.
„Ramona in der kleinsten Flugmaschine.“
Die Leute staunen, was Ramona kann.

Als hätte sie nie anderes getan,
Lenkrad — sieht man sie lächelnd an Volant
und Steuer …

… in Wirklichkeit fährt sie
  bloß Straßenbahn.
Und oft ist ihr auch dieses
noch zu teuer.

Sie lächeln auch aus allen Modeheften
und tragen Samt und
Seal und Crêpe de chine …

… doch alles das gehört ja den
Geschäften!
Ramona selbst hat wenig
anzuziehn …

So lächelt sie sich Löcher in die
Backen …
Es ist ja möglich, daß es
Grübchen sind.

Seal: Robbenpelz
Crêpe de chine: Seidenart

Doch echten Perlenschmuck und
Zobeljacken
erwirbt man nicht mit Lächeln,
liebes Kind.

Ein hübscher Kopf ist
fraglos ein Talent.
Und nichts spricht gegen
einwandfreie Beine.
Doch das alleine? Nichts
als das alleine
ist etwas wenig, falls ihr
sonst nichts könnt.
Was nützen Fotos in den
Magazinen?
Was soll das Lächeln
und das ganze Drum und Dran …

… wenn man sich schließlich kaum zwei Apfelsinen,
obwohl man gerne möchte, kaufen kann?

Mascha Kaléko: Mannequins

Inserat:
‚Mannequin 42er Figur, leichte,
angenehme Arbeit, gesucht …‘

Nur lächeln und schmeicheln den endlosen Tag …
Das macht schon müde.
– Was man uns immer versprechen mag:
Wir bleiben solide.
Wir prunken in Seide vom ‚dernier cri‘
Und wissen: gehören wird sie uns nie.

frz. letzten Schrei

Das bleibt uns verschlossen.
Wir tragen die Fähnchen der ‚Inventur'
[Inventur: Bestandsaufnahme der Waren, Vorsaisonware wird aussortiert und abverkauft]
Und sagen zu Dämchen mit Speckfigur:
‚Gnäfrau, … wie angegossen!'

Wir leben am Tage von Stullen und Tee.
Denn das ist billig.
Manch einer spendiert uns ein feines Souper,
[Souper: festliches Abendessen]
… Ist man nur willig.
Was nützt schon der Fummel aus Crêpe Satin –
[Crêpe Satin: Seidenstoff, der auf der einen Seite glänzt und auf der anderen Seite matt ist]
Du bleibst, was du bist: Nur ein Mannequin.
Da gibts nichts zu lachen.
Wir rechnen, obs Geld noch bis Ultimo langt,
[Ultimo: letzter Tag des Monats]
Und müssen trotzdem, weil's die Kundschaft verlangt,
Das sorglose Püppchen machen.

Die Beine, die sind uns Betriebskapital
Und Referenzen.
Gehalt: so *hoch* wie die Hüfte *schmal*.
Logische Konsequenzen …
Bedingung: stets vollschlank, diskret und – lieb.
(Denn das ist der Firma Geschäftsprinzip.)
Und wird mal ein Wort nicht gewogen,
Dann sei nicht gleich prüde und schrei nicht gleich ‚Nee!'
Das gehört doch nun mal zum Geschäftsrenommée
[Geschäftsrenommée: Ruf, Ansehen des Geschäfts]
Und ist im Gehalt einbezogen.

H. R. Knickerbocker: Deutschland so oder so?

In der deutschen Krise von heute nehmen Hitler und seine 12 Millionen Faschisten wohl den Vordergrund der Bühne ein, in den Kulissen jedoch stehen 6 Millio-

nen Kommunisten. Der deutsche Faschismus hätte auch ohne den deutschen Kommunismus in Erscheinung treten können. Beide aber wären ohne das Elend in Deutschland unmöglich. Armut herrscht, wenn auch in verschiedenem Grade, in allen Ländern. Arbeitslosigkeit gibt es überall in der Welt. Die Unzufriedenheit ist kein Monopol Deutschlands, und viele außerhalb des Reiches müssen sich fragen, warum die Gefahr einer radikalen Änderung von Regierung und Wirtschaftssystem für Deutschland größer ist als für andere Länder mit gleich hoher Arbeitslosenziffer. Dafür gibt es gute Gründe.
Erstens: hier ist die Unzufriedenheit, die aus der Armut resultiert, politisch organisiert. Zweitens: die Armut gewisser Bevölkerungsschichten ist ganz außerordentlich bitter. Drittens: die politische und wirtschaftliche Unzufriedenheit herrscht bereits seit langer Zeit. Für uns in Amerika ist die Wirtschaftsdepression etwas verhältnismäßig Neues, und deshalb fällt es uns schwer, uns klarzumachen, daß die Völker Mitteleuropas den Vorkriegsstandard der geschäftlichen Sicherheit und der Lebenshaltung niemals wieder erreicht haben.
Die politische Organisation der Unzufriedenheit in Deutschland macht es unmöglich, die Konsequenzen, zu denen die Arbeitslosigkeit je nach ihrem Ausmaß führen kann, mit denselben Maßstäben zu messen, wie sie einem gleichen Umfang der Arbeitslosigkeit in anderen Ländern zukommen. Ob wir in Amerika im Verhältnis zu unserer Einwohnerzahl mehr oder weniger Stellungslose haben als Deutschland – die Folgen eines Anwachsens der Erwerbslosenzahl in Deutschland dürften jedenfalls viel ernsthafter sein als die Folgen einer gleichen Zunahme der Arbeitslosigkeit in den Vereinigten Staaten oder in England.

Daß alle Arbeitslosen, gleichgültig in welchem Lande, unzufrieden sind, ist eine Selbstverständlichkeit. Aber der Grad ihrer Unzufriedenheit richtet sich nach dem Ausmaß ihrer Armut und nach dem Charakter der politischen Organisation im Lande. In einem Lande wie den Vereinigten Staaten, wo die Arbeitslosen ihre Ersparnisse abheben, von ihren beschäftigten Freunden und Verwandten unterstützt werden oder die Hilfe öffentlicher Wohlfahrtsunternehmen in Anspruch nehmen, also auf einem verhältnismäßig erträglichem Standard weiterleben können, bleibt der Grad der Unzufriedenheit innerhalb der Grenzen des Systems.

Der Arbeitslose in Amerika drückt seine Unzufriedenheit im allgemeinen dadurch aus, daß er seine Stimme gegen die Männer oder die Partei, die an der Macht ist, abgibt. Er kann aus einem Republikaner ein Demokrat werden oder umgekehrt. Die unbedeutende Größe, oder besser Kleinheit, der kommunistischen Partei in Amerika weist zur Genüge darauf hin, daß in den Staaten auch von den Arbeitslosen nicht viele die Absicht haben, in ihrem Protest weiter zu gehen. Aber selbst wenn sie diese Absicht hätten und ihrer Opposition nicht nur gegen die Partei am Ruder, sondern gegen die Regierung selbst und das kapitalistische System Ausdruck verleihen wollten, würden sie kein politisches Instrument finden, das sie befriedigen könnte. Das heißt etwa so viel: die kommunistische Partei Amerikas ist klein, weil niemand für sie stimmt, und es stimmt niemand für sie, weil sie klein ist.

Dieses politische Paradoxon muß für Deutschland geradezu umgekehrt werden. Hier ist die Unzufriedenheit größer, weil die meisten Stellungslosen im Reich trotz der Hilfe, welche die Unterstützung gewährt, ein Leben führen, das für die meisten Amerikaner unerträglich wäre und, mit verschiedenen Abstufungen, auch für die Deutschen unerträglich geworden ist. Mit jedem Tag, den die Krise fortdauert, vermehrt sich nicht nur die Gesamtzahl der Arbeitslosen und die Zahl derer, die eine im Durchschnitt unter 16 Mark liegende Unterstützung empfangen, sondern auch die Anzahl derer, deren Ansprüche auf die Unterstützung abgelaufen sind, so daß sie auf die sogenannte, im Durchschnitt 7 Mark betragende, Wohlfahrt angewiesen sind. Zu Ausgang des Jahres 1930 bezogen 700 000 diese minimale Hilfe; Ende 1931 mußten bereits 1 500 000 versuchen, davon zu leben. Bevor der Arbeitslose das Recht auf die Unterstützung in Höhe von 16 Mark wiedererlangt, muß er Arbeit gefunden haben und mindestens 26 Wochen lang ununterbrochen beschäftigt gewesen sein.

in der Woche

Daß die Unzufriedenheit hier schärfere Formen hat als sonst, steht also fest; wir müssen nun, um den wichtigsten Unterschied zwischen dem Deutschen Reich, und den anderen Ländern in der Weltkrise klarzustellen, nach den politischen Ventilen fragen. In dieser Beziehung steht Deutschland einzig da. Es hat zwei Hauptventile für revolutionäres Fühlen; beide sehen Lösungen für die verschiedensten Arten der Unzufriedenheit vor und verheißen eine radikale Änderung sowohl der Regierung wie des Systems. Auf der einen Seite steht die kommunistische Partei, die alles dem Arbeiter verspricht; auf der anderen die nationalsozialistische Partei Adolf Hitlers, die allen alles verspricht. Und ganz abgesehen von diesen Gründen sind beide Parteien groß, weil viele für sie stimmen, und viele stimmen wiederum für sie, weil sie groß sind. […]

Im Jahre 1920 hatte Deutschland 464 000 Arbeitslose

und gab für die kommunistische Partei 589 000 Stimmen, also 120 % der Erwerbslosen, ab. Die Nationalsozialisten existierten damals noch nicht.

Die Wahlen des Jahres 1924, in denen sich vor allem die Wirkungen des Inflationsausganges manifestierten, können als unerheblich übersprungen werden. 1928 hatte das Deutsche Reich zur Zeit der Wahlen 2 500 000 Arbeitslose und gab für die Kommunisten 3 263 000 Stimmen, 124 % der Arbeitslosen, für die Nationalsozialisten 809 000 Stimmen, 30 % der Arbeitslosen, ab; die beiden radikalen Parteien hatten also zusammen 4 072 000 Wähler, ungefähr 160 % der Erwerbslosen.

Im Wahljahr 1930 gab es in Deutschland 4 438 000 Arbeitslose; für die Kommunisten wurden 4 590 000 Stimmen, 100 % der Arbeitslosen, für die Nationalsozialisten 6 406 000 Stimmen, 140 % der Arbeitslosen, abgegeben; die beiden radikalen Parteien hatten zusammen 10 996 000 Wähler, ungefähr 240 % der Stellungslosen.

Man ersieht daraus, daß die Anzahl der radikalen Stimmen stets größer war als die Anzahl der Erwerbslosen, und daß sie sich nicht nur parallel zu dieser vermehrte, sondern in rascherem Tempo. [...]

Fünfzehn Millionen Deutsche leben heute von der Unterstützung; gemäß den offiziellen Statistiken hat keiner von ihnen so viel zu essen, wie er braucht.

In der Fröbelstraße stand der mitternächtliche Mond hoch über den Gasreservoirs und goß seinen Silberschein auf das einen ganzen Straßenblock einnehmende Gebäude des Berliner Obdachlosenasyls. Im Büro des Wächters brannte eine Lampe, sonst zeigte sich im ganzen Gebäude kein Licht. Es war schon zu spät.

Gasometer, großer Behälter zur Speicherung von Gas

Es war alles andere als amüsant, eine Nacht als obdachloser Vagabund in Berlin zu verbringen, und als der Winterwind durch meine Lumpen blies, hörte die Untersuchung der Frage „Wie groß ist Deutschlands Elend?“ auf, eine Zerstreuung zu sein. Ich eilte mit Max, Hans und Otto an langen Reihen von Baracken vorüber. Hier hielt sich ein Teil des Arbeitslosenheeres Deutschlands auf.

Heute zählt es annähernd 5 Millionen. Der Jahresetat der öffentlichen Hand, der Reichsregierung, der Länder, der Gemeinden und der Städte zur Unterhaltung dieser 5 Millionen, ihrer Familien und der 1 200 000 Kurzarbeiter, denen, weil sie weniger verdienen, als die Unterstützung ausmacht, die Differenz ausgezahlt wird, beträgt rund 3 Milliarden Reichsmark.

Doch ich suchte mit Max, Hans und Otto diejenigen Arbeitslosen, die keine Unterstützung empfangen. Wir wollten etwas Wärme finden und machten uns darum zum Schlesischen Bahnhof auf. Ab und zu können nächtliche Wanderer im Wartesaal schlafen. Wir gingen hinein. Außer zwei Schupos und einem Bahnpolizisten war niemand da. Unter ihren forschenden Blicken wurde es Hans unbehaglich zumute. Wir gingen wieder.

Schupos: Schutzpolizei, vor allem Streifen- und Verkehrspolizisten

Dann durchwanderten wir Berlins berühmtes „Scheunenviertel“. Die Straßen sehen nicht nach Kaschemmenviertel aus, sie sind breit und sauber. Von außen betrachtet wirken sie, mit den Reihen der Mietskasernen in New York Eastside verglichen, wie Luxusstraßen. In einer Kneipe, der „Kantklause“, war laute Musik zu hören. Ein Klavierspieler hieb auf die Tasten eines Pianos ein, dem die Vorderseite fehlte; ein Geiger und ein Trommler plagten sich mit ihren Instrumenten ab. An den Tischen saßen finster dreinblickende junge Leute und Mädchen.

Kaschemmenviertel: dunkles, armes Viertel

Die Mädchen rissen uns das Bier aus den Händen.

Außer uns hatte niemand ein Glas auf dem Tisch. Ein „Genosse" kam herüber und erklärte uns, daß dieses Lokal eine Zufluchtsstätte entlaufener Fürsorgezöglinge sei, die alle minderjährig, arbeitslos und, wie er sagte, hungrig waren.

Sozialdemokrat oder Kommunist

In der „Mulackklause" bettelten uns zwei alte Weiber unseren Kaffee ab. Weiter unten in der Mulackstraße, in einem Lokal, das den Mitgliedern einer Schmiedegewerkschaft als Asyl und Gasthof dient, füllten Männer, die in abgerissenen Zeitungsfetzen lasen oder einfach da saßen, den nach hinten gelegenen Raum. Kein einziger hatte ein Getränk oder etwas zu essen vor sich. Drei Musikanten kamen herein, ein Waldhorn, ein Piston und eine Klarinette. Sie bliesen einen munteren Militärmarsch aus der Vorkriegszeit, aber als sie fertig waren, hatte niemand Geld für sie übrig. […]

trompetenähnliches Blechblasinstrument

Es ist sehr wichtig darauf hinzuweisen, daß Maxens Unterstützung, die rund 63 Mark im Monat beträgt, weil er fünf Kinder hat, erheblich über dem Durchschnitt liegt. Nach den Angaben des Arbeitsamtes in Neukölln beträgt der Reichsdurchschnitt der Unterstützung, die ein beschäftigungsloser Arbeiter mit Frau und Kind bezieht, 51 Mark im Monat. Gemäß den Berechnungen dieser offiziellen Stelle kommen Miete, Beleuchtung, Beheizung und unvermeidliche Nebenausgaben auf ein unerbittliches Minimum von 32 Mark 50 im Monat. Für die Ernährung dreier Menschen bleiben also 18 Mark 50 im Monat übrig.

Hans Fallada: Kleiner Mann – was nun?

Der Schauspieler Schlüter und der junge Mann aus der Ackerstraße. Alles ist zu Ende

[…]

Pinneberg

Arbeitslosen

Ach, was hat es für einen Sinn? Er ist drin in diesem Betrieb, einer von sechs Millionen, schiebt er sich an den Schaltern vorbei, warum sich aufregen? Zehntausenden geht es schlimmer, Zehntausende haben keine tüchtige Frau, Zehntausende haben nicht ein Kind, sondern ein halbes Dutzend – weiter, Mann Pinneberg, nimm dein Geld und hau ab, wir haben wirklich keine Zeit für dich, du bist nichts Besonderes, daß wir uns mit dir aufhalten könnten. […]

Geschäfts- und Vergnügungsviertel mit Operettenhäusern und Revuepalästen

Da geht er hin, der Mann Pinneberg, er ist jetzt in der Friedrichstraße, aber auch Wut und Zorn werden etwas Altes. So ist ihm geschehen, man kann darüber wüten, aber es hat im Grunde keinen Sinn, darüber zu wüten. Es ist so!

Pinneberg ist früher viel in der Friedrichstraße spazieren gegangen, er ist gewissermaßen zu Hause hier, darum merkt er auch, wie viel mehr Mädchen jetzt hier stehen als früher. Es sind natürlich längst nicht alles Mädchen, viel unlauterer Wettbewerb ist dazwischen, schon vor anderthalb Jahren haben sie im Geschäft erzählt, daß viele Frauen von Erwerbslosen auf den Strich gehen, um ein paar Mark zu verdienen.

Das ist wahr, man sieht das hier, viele sind so völlig aussichtslos, reizlos, oder wenn sie hübsch sind, mit solch gierigem Gesicht, geldgierigem Gesicht.

Pinneberg denkt an Lämmchen und an den Murkel. „Wir haben es doch noch nicht schlecht“, sagt Lämmchen immer. Sicher hat sie auch damit recht.

Die Polizei scheint noch immer nicht ganz zur Ruhe gekommen zu sein, alle Posten stehen doppelt, und auf dem Bürgersteig sind auch alle Naselang ein paar unterwegs. Pinneberg hat an sich nichts gegen die Schupos, die müssen sein, natürlich, namentlich die vom Verkehr, aber er findet doch, sie sehen herausfordernd gut genährt und gut gekleidet aus, und sie benehmen sich auch etwas herausfordernd. Eigentlich gehen sie zwischen dem Publikum wie die Lehrer früher in der Pause zwischen den Schülern: benehmt euch anständig oder –! Na laß sie.

Schutzpolizei

Pinneberg rennt nun schon zum viertenmal das Stück Friedrichstraße zwischen der Leipziger und den Linden auf und ab. Er kann noch nicht nach Hause, er kann einfach nicht. Wenn er zu Hause ist, ist wieder alles zu Ende, das Leben glimmt und schwelt hoffnungslos weiter, hier kann doch etwas geschehen! Zwar, die Mädchen sehen ihn nicht an, für die kommt er keinesfalls in Frage, mit dem verschossenen Mantel, den schmutzigen Hosen und ohne Kragen. Wenn er von Mädchen was will, muß er in die Gegend vom Schlesischen, denen ist es egal, wie er aussieht, wenn er nur Geld hat –, aber will er denn was von Mädchen?

Unter den Linden, Prachtboulevard in Berlin

Schlesischer Bahnhof in Friedrichshain, heute Ostbahnhof; proletarisches Vergnügungsviertel

Vielleicht ja, er weiß es nicht, er denkt auch nicht darüber nach.

Nur, er möchte einmal einem Menschen erzählen können, wie es früher war und was er für nette Anzüge gehabt hat und wie herrlich der Murkel doch ist …

Der Murkel!

Nun hat er wahrhaftig die Butter und die Bananen für den vergessen, und es ist schon neun, er kommt in keinen Laden mehr. Pinneberg ist wütend auf sich und noch trauriger, so kann er doch nicht nach Haus, was soll denn Lämmchen von ihm denken? Vielleicht kommt er hinten rum in irgendein Geschäft? Da ist eine große Delikatessenhandlung, strahlend erleuchtet. Pinneberg drückt sich die Nase platt an der Scheibe, vielleicht ist hinten jemand im Verkaufsraum, dem er klopfen könnte. Er muß seine Butter und seine Bananen haben!

Eine Stimme sagt halblaut neben ihm: „Gehen Sie weiter!" Pinneberg fährt zusammen, er hat richtig einen Schreck bekommen, er sieht sich um. Ein Schupo steht neben ihm.

Hat er ihn gemeint?

„Sie sollen weitergehen, Sie, hören Sie!" sagt der Schupo laut.

Es stehen noch mehr Leute am Schaufenster, gutgekleidete Herrschaften, aber denen gilt die Anrede des Polizisten nicht, es ist kein Zweifel, er meint allein von allen Pinneberg.

Der ist völlig verwirrt. „Wie? Wie? Aber warum –? Darf ich denn nicht –?"

Er stammelt, er kapiert einfach nicht.

„Machen Sie jetzt?" fragt der Schupo. „Oder soll ich –"

Über dem Handgelenk hat er den Halteriemen vom Gummiknüppel, er hebt den Knüppel ein wenig an.

Alle Leute starren auf Pinneberg. Es sind schon mehr stehengeblieben, es ist ein richtiger beginnender Auflauf. Die Leute sehen abwartend aus, sie nehmen weder für noch wider Partei, gestern sind hier in der Friedrich- und in der Leipziger Straße Schaufenster eingeworfen worden.

Der Schupo hat dunkle Augenbrauen, blanke gerade Augen, eine feste Nase, rote Bäckchen, ein schwarzes Schnurrbärtchen unter der Nase …

„Wird's was?" sagt der Schupo ruhig.

Pinneberg möchte sprechen, Pinneberg sieht den Schupo an, seine Lippen zittern, Pinneberg sieht die Leute an. Bis an das Schaufenster stehen die Leute, gutgekleidete Leute, ordentliche Leute, verdienende Leute.

Aber in der spiegelnden Scheibe des Fensters steht noch einer, ein blasser Schemen, ohne Kragen, mit schäbigem Ulster, mit teerbeschmierten Hosen.

schwerer Stadtmantel

Und plötzlich begreift Pinneberg alles, angesichts dieses Schupo, dieser ordentlichen Leute, dieser blanken Scheiben begreift er, daß er draußen ist, daß er hier nicht mehr hergehört, daß man ihn zu Recht wegjagt: ausgerutscht, versunken, erledigt. Ordnung und Sauberkeit: es war einmal. Arbeit und sicheres Brot: es war einmal. Vorwärtskommen und Hoffen: es war einmal. Armut ist nicht nur Elend, Armut ist auch strafwürdig. Armut ist Makel, Armut heißt Verdacht. „Soll ich dir Beine machen?“ sagt der Schupo.

Pinneberg gibt sofort klein bei, er ist wie besinnungslos, er will auf dem Bürgersteig weiter rasch zum Bahnhof Friedrichstraße, er will seinen Zug erreichen, er will zu Lämmchen …

Pinneberg bekommt einen Stoß gegen die Schulter, es ist kein derber Stoß, aber er ist immerhin so, daß Pinneberg nun auf der Fahrbahn steht.

„Hau ab, Mensch!“ sagt der Schupo. „Mach ein bißchen dalli!“

Und Pinneberg setzt sich in Bewegung, er trabt an der Kante des Bürgersteigs auf dem Fahrdamm entlang, er denkt an furchtbar viel, an Anzünden, an Bomben, an Totschießen, er denkt daran, daß es nun eigentlich auch mit Lämmchen alle ist und mit dem Murkel, daß nichts mehr weitergeht … aber eigentlich denkt er an gar nichts.

Fahrbahn

Pinneberg kommt an die Stelle, wo die Jägerstraße die Friedrichstraße kreuzt. Er will über die Kreuzung fort, zum Bahnhof, nach Haus, zu Lämmchen, zum Murkel, dort ist er wer …

Der Schupo gibt ihm einen Stoß. „Da lang, Mensch!“ Er zeigt in die Jägerstraße.

Noch einmal will Pinneberg meutern, er muß doch zu seinem Zug. „Aber ich muß…“ sagt er.

„Da lang, sage ich“, wiederholt der Schupo und schiebt ihn in die Jägerstraße. „Hau ab, aber ein bißchen fix, alter Junge!“ Und er gibt Pinneberg einen kräftigen Stoß.

Pinneberg fängt an zu laufen, er läuft sehr rasch, er merkt, sie sind nicht mehr hinter ihm, aber er wagt es nicht, sich umzusehen. Er läuft auf seinem Fahrdamm weiter, immer geradeaus, in das Dunkel, in die Nacht hinein, die nirgendwo wirklich tiefschwarze Nacht ist.

Nach einer langen, langen Zeit verlangsamt er seinen Schritt. Er bleibt stehen, er sieht sich um. Leer. Nichts. Keine Polizei. Vorsichtig hebt er seinen Fuß und setzt ihn auf den Bürgersteig. Dann den anderen. Er steht nicht mehr auf dem Fahrdamm, er steht wieder auf dem Trottoir.

Bürgersteig

Und nun geht Pinneberg weiter, Schritt für Schritt, durch Berlin. Aber es ist nirgendwo ganz dunkel, und es ist schwer, an den Schupos vorbeizugehen.

Seite 261

Erich Kästner: Fabian

Fabian

Nachdem er drei Beamte absolviert hatte, das heißt nach zwei Stunden, erfuhr er, daß er fehl am Ort sei und sich an eine westliche Filiale zu wenden habe, die speziell für Büroangestellte bestimmt war. Er fuhr mit dem Autobus zum Wittenbergplatz und ging in das angegebene Lokal. Die Auskunft war falsch gewesen. Er geriet mitten in eine Schar arbeitsloser Krankenschwestern, Kindergärtnerinnen und Stenotypistinnen und erregte, als einziger männlicher Besucher, die größte Aufmerksamkeit.

Er zog sich zurück, trat auf die Straße und fand, ein paar Hausnummern weiter, einen Laden, der wie das Geschäft eines Konsumvereins aussah, jetzt aber eben jene Filiale des Arbeitsamts darstellte, in der er sich melden sollte. Hinter dem ehemaligen Ladentisch saß ein Beamter, davor standen, in langer Kette, erwerbslose Angestellte, legten, einer nach dem anderen, die Stempelkarte vor und erhielten den erforderlichen Kontrollvermerk.

Seite 274

Karte für Arbeitslose

Fabian war erstaunt, wie sorgfältig diese Arbeitslosen gekleidet waren, manche konnten geradezu elegant genannt werden, und wer ihnen auf dem Kurfürstendamm begegnet wäre, hätte sie fraglos für freiwillige Müßiggänger gehalten. Vermutlich verbanden die Leute den morgendlichen Gang zur Stempelstelle mit einem Bummel durch die vornehmen Geschäftsstraßen. Vor den Schaufenstern stehen zu bleiben, kostete noch immer nichts, und wer wollte erkennen, ob sie nichts kaufen konnten, oder ob sie es nur nicht wollten? Sie trugen ihre Feiertagsanzüge, und sie taten recht daran, denn wer hatte so viele Feiertage wie sie?

[…]

Das Lokal leerte sich allmählich. Fabian legte dem Beamten seinen Papiere vor. Der Mann sagte, Propagandisten seien hier nicht üblich, und er empfehle Fabian, sich an die Stelle zu wenden, die für freie Berufe, Wissenschaftler und Künstler zuständig sei. Er nannte die Adresse.

Werbefachmann/-frau

Fabian fuhr mit dem Autobus bis zum Alexanderplatz. Es war fast Mittag. Er geriet, in der neuen Filiale, in eine sehr gemischte Gesellschaft. Den Anschlägen entnahm er, daß es sich möglicherweise um Ärzte, Juristen, Ingenieure, Diplomlandwirte und Musiklehrer handelte.
„Ich bin jetzt bei der Krisenfürsorge", sagte ein kleiner Herr. „Ich kriege 24,50 Mark. Auf jeden Kopf meiner Familie kommen in der Woche 2,72 Mark, und auf einen Tag für einen Menschen 38 Pfennige. Ich habe es in meiner reichlichen Freizeit genau ausgerechnet. Wenn das so weitergeht, fange ich nächstens an, einzubrechen."
„Wenn das so leicht wäre", seufzte sein Nachbar, ein kurzsichtiger Jüngling. „Sogar Stehlen will gelernt sein. Ich habe ein Jahr im Gefängnis gesessen. Also, es gibt erfreulichere Milieus."
„Es ist mir egal, wenigstens vorher", erklärte der kleine Herr erregt. „Meine Frau kann den Kindern nicht mal ein Stück Brot in die Schule mitgeben. Ich sehe mir das nicht länger mit an."
„Als ob Stehlen Sinn hätte", sagte ein großer, breiter Mensch, der am Fenster lehnte. „Wenn der Kleinbürger nichts zu fressen hat, will er gleich zum Lumpenproletariat übergehen. Warum denken Sie nicht klassenbewußt, Sie kleine häßliche Figur? Merken Sie noch immer nicht, wo Sie hingehören? Helfen Sie die politische Revolution vorzubereiten."
„Bis dahin sind meine Kinder verhungert."
„Wenn man Sie einsperrt, weil Sie geklaut haben, verhungern Ihre werten Herren Kinder noch rascher", sagte der Mann am Fenster. Der kurzsichtige Jüngling lachte und schaukelte entschuldigend mit der Schulter.
„Meine Sohlen sind völlig zerrissen", sagte der kleine

Herr. „Wenn ich jedesmal hierherlaufe, sind die Schuhe in einer Woche hin, und zum Fahren habe ich kein Geld."

„Kriegen Sie keine Stiefel von der Wohlfahrt?" fragte der Kurzsichtige.

„Ich habe so empfindliche Füße", erklärte der kleine Herr.

„Hängen Sie sich auf!" meinte der Mann am Fenster.

„Er hat einen so empfindlichen Hals", sagte Fabian.

Der Jüngling hatte ein paar Münzen auf den Tisch gelegt und zählte sein Vermögen. „Die Hälfte des Geldes geht regelmäßig für Bewerbungsschreiben drauf. Porto braucht man. Rückporto braucht man. Die Zeugnisse muß ich mir jede Woche zwanzigmal abschreiben und beglaubigen lassen. Kein Mensch schickt die Papiere zurück. Nicht einmal Antwort erhält man. Die Bürofritzen legen sich vermutlich mit meinem Rückporto Briefmarkensammlungen an."

„Aber die Behörden tun, was sie tun können", sagte der Mann am Fenster. „Unter anderem haben Sie Gratiszeichenkurse für Arbeitslose eingerichtet. Das ist eine wahre Wohltat, meine Herren. Erstens lernt man Äpfel und Beefsteaks malen, und zweitens wird man davon satt. Die Kunsterziehung als Nahrungsmittel."

Der kleine Herr, dem jeder Humor abhanden gekommen zu sein schien, sagte bedrückt: „Das nützt mir gar nichts. Ich bin nämlich Zeichner."

Dann ging ein Beamter durch den Warteraum, und Fabian erkundigte sich, vorsichtig geworden, ob er Aussicht habe, hier abgefertigt zu werden. Der Beamte fragte nach dem Ausweis des regionalen Arbeitsamts. „Sie haben sich noch nicht gemeldet? Das müssen Sie vorher erledigen."

„Jetzt geh ich wieder dorthin, wo ich vor fünf Stunden

die Tournee begonnen habe“, sagte Fabian. Aber der Beamte war nicht mehr da.

„Die Bedienung ist zwar höflich“, meinte der Jüngling, „aber daß die Auskünfte immer stimmen, kann kein Mensch behaupten.“

Kurt Tucholsky: Angestellte

Auf jeden Drehsitz im Büro
da warten hundert Leute;
man nimmt, was kommt – nur irgendwo
und heute, heute, heute.
Drin schuften sie
wies liebe Vieh,
sie hörn vom Chef die Schritte.
Und murren sie, so höhnt er sie:
„Wenns Ihnen nicht paßt – bitte!“

beklag
Mensch, duck dich. Muck dich nicht zu laut!
Sie zahln dich nicht zum Spaße!
entlassen
Halts Maul – sonst wirst du abgebaut,
dann liegst du auf der Straße.
Acht Stunden nur?
Was ist die Uhr?
Das ist bei uns so Sitte:
Bestandsaufnahme des Vermögens und der Schulden eines Unternehmens
Mach bis um zehne Inventur …
„Wenns Ihnen nicht paßt – bitte!“

Durch eure Schuld.
Ihr habt euch nie
geeint und nie vereinigt.
Durch Jammern wird die Industrie
und Börse nicht gereinigt.

Doch tut ihr was,
dann wird's auch was.
Und ists soweit,
dann kommt die Zeit,
wo ihr mit heftigem Tritte
und ungeahnter Schnelligkeit
herauswerft eure Obrigkeit:
„Wenns Ihnen nicht paßt –: bitte!"

Wort- und Sacherklärungen

13.1 **Frank Matzke: Sachlichkeit:** Frank Matzkes Buch JUGEND BEKENNT – SO SIND WIR! von 1930 ist eine Art Bekenntnisschrift der jungen Generation der 20- bis 30-Jährigen, die im Ersten Weltkrieg nicht mehr eingezogen wurden. Gleichzeitig wurde diese Generation durch den Zusammenbruch des Kaiserreichs mit dem Verlust vieler Werte und Traditionen konfrontiert. In der Weimarer Republik, der ersten deutschen Demokratie, war eine völlige Neuorientierung nötig und möglich. Dies führte zu einer Entfremdung zwischen Vätern und Söhnen, denn Teile der Jugend waren ‚sachlich' eingestellt. Matzke beschreibt auf über 270 Seiten, wie sich die Idee der Sachlichkeit auf alle Bereiche des Lebens und Denkens auswirkt. Kapitelüberschriften wie: „Der Einzelne und die Gemeinschaft", „Kultur" (Buch, Sport, Technik), „Gott", „Liebe", „Landschaft" und „Kunst" zeigen die Bandbreite der behandelten Themen.

13.3 **Bernhard Diebold** (1886–1945): Zürcher Dramaturg, Theater- und Literaturkritiker und Autor. Tätig u.a. in Frankfurt am Main und Berlin. Kann dem Kreis der Expressionisten zugerechnet werden.

15.58 **Storm:** Theodor Storm (1817–1888), deutscher Lyriker und Novellist des bürgerlichen Realismus. Geprägt ist sein Werk durch die norddeutsche Landschaft: ihr Meeresgrau, die eintönige Weite der Heide. In solchen Landschaftsbildern spiegeln sich die verzweifelten Bemühungen des Einzelnen wider, sein Lebensglück zu finden. Meist scheitern die Protagonisten der mehr als 50 Novellen Storms an den gesellschaftlichen Konventionen. Charakteristisch für diese Erzählwerke ist der bildliche Ausdruck von Gefühlen wie Einsamkeit, vergebliche Liebe oder Sehnsucht, die sich in der Blässe einer Hand oder der Kargheit einer Landschaft zeigen. Die bis heute bekannteste Novelle ist DER SCHIMMELREITER (1888).

17.16–17 **im zitierten Schopenhauerschen Sinne:** Die Zitate sind Arthur Schopenhauers (1788–1860) Spätwerk PARERGA UND PARALIPOMENA (erschienen 1851) entnommen, das ein Kapitel „Über Schriftstellerei und Stil" enthält. Dort wird zwischen zwei Arten gelungener Bücher unterschieden: Der Wert der einen liegt im Stoff, der Wert der anderen in der Form. Bücher der ersten Kategorie können auch von „ganz gewöhnliche[n] oder platte[n] Menschen“ geschrieben werden, dagegen müssen die Verfasser formvollendeter Texte über eine besondere Begabung und geistige Tiefe verfügen. Wer als Dramatiker zum wiederholten Male in der Literaturgeschichte den Faust-Stoff bearbeitet, wie z.B. Johann Wolfgang Goethe, kann nicht durch die Auswahl des Stoffes glänzen, der schon bekannt ist, sondern muss den Stoff in eine neue, brillante Form bringen. Tendenziell schätzt Schopenhauer zur Förderung der Bildung des Lesers die formorientierten Werke höher ein und bedauert, dass sich beim Lesepublikum vor allem der interessante Stoff durchsetzt, der nicht immer dazu angetan ist, ein anspruchsvolles Werk hervorzubringen.

A. Zweig: Arnold Zweig (1887–1968) gehört zwar nicht zur jungen, neusachlichen Generation, aber sein Erzählstil ist von nüchternen, empirischen Beschreibungen geprägt. Auch sein Romanzyklus Der grosse Krieg der weissen Männer, der die barbarischen Auswirkungen des Ersten Weltkrieges abseits der Front behandelt, wird der literarischen Epoche der Neuen Sachlichkeit zugerechnet. 20.74

Vring: Georg von der Vring (1889–1968), Schriftsteller und Maler, Teilnehmer an beiden Weltkriegen, trat vor allem in der Weimarer Republik und in der Bundesrepublik als Romanschriftsteller und Lyriker hervor. Seine Werke aus den 20er und frühen 30er Jahren werden als neusachlich gelesen. Sein Roman Soldat Suhren (1927) gilt als einer der ersten Weltkriegsromane. 20.74

Kessel: Martin Kessel (1901–1990), Pseudonym Hans Brühl, blieb ein Außenseiter der deutschen Literaturszene, obwohl er u.a. mit dem Fontane- und Georg-Büchner-Literaturpreis ausgezeichnet wurde. Ab 1923 gehörte er zur jungen neusachlichen Schriftstellergeneration in Berlin. Er hat vor allem das Thema der Großstadt in den Mittelpunkt seines Schaffens gestellt. Sein Büroroman Herrn Brechers Fiasko (1932) wird in einem Atemzug mit Döblins Berlin Alexanderplatz (1929), Falladas Kleiner Mann – was nun (1932) oder Kästners Fabian – Geschichte eines Moralisten (1931) genannt. 20.74

Süskind: Wilhelm Emanuel Süskind (1901–1970), Schriftsteller, Literaturkritiker und Journalist. Wurde schon in den spä- 20.74

ten 20er Jahren als Literaturkritiker bekannt. In dieser Phase erschienen auch seine Romane JUGEND (1930) und MARY UND IHR KNECHT (1932). Vater von Patrick Süskind (DAS PARFUM).

20.74 **Birkenfeld:** Günther Birkenfeld (1901–1966), Schriftsteller und Übersetzer. Sein Roman DRITTER HOF LINKS (1929) behandelt ungeschönt die Themen Arbeitslosigkeit, ungewollte Schwangerschaft, Prostitution und Selbstmord, die aus vielen Romanen der Spätphase der Neuen Sachlichkeit bekannt sind.

21.88 **Kleistpreis:** 1912 anlässlich des 101. Todestages des Schriftstellers Heinrich von Kleist (1777–1811) zum ersten Mal verliehen, war er der bedeutendste Literaturpreis der Weimarer Republik.

21.89 **Seghers:** Anna Seghers, bürgerlich Netty Reiling (1900–1983), eine der bekanntesten Exilschriftstellerinnen Deutschlands (DAS SIEBTE KREUZ, 1942, und TRANSIT, 1943) trat schon in der Weimarer Republik mit innovativen Prosawerken auf. Zunächst bediente sie sich noch experimenteller Erzählverfahren (DER AUFSTAND DER FISCHER VON ST. BARBARA, 1928), schon 1932 aber, in dem Roman DIE GEFÄHRTEN fand sie zu einem sparsamen, chronikartigen Ausdruck. Die Rezensenten lobten den Realismus und die ‚Männlichkeit' des Romans, der das Schicksal von linksrevolutionären Aktivisten in unterschiedlichen Ländern nachzeichnet.

21.90 **Aufstand der Fischer von St. Barbara:** Erstlingsroman von Anna Seghers aus dem Jahr 1928 über den misslungenen Aufstand verarmter französischer Fischer gegen den Reeder, der sie seit Jahren ausbeutet. Er wurde als sinnbildlich für die Situation des Arbeiters in der kapitalistischen Gesellschaft gelesen.

21.100–01 **Marieluise Fleißer:** Marieluise Fleißer (1901–1974), Schriftstellerin aus Ingolstadt, die der deutschen Provinzstadt in ihren Dramen FEGEFEUER IN INGOLSTADT (1926) und PIONIERE IN INGOLSTADT (1929) sowie ihrem Roman MEHLREISENDE FRIEDA GEIER (1931) ein nicht immer geliebtes literarisches Denkmal gesetzt hat. Von Bertolt Brecht unterstützt wurde ihr Erstling 1926 in Berlin uraufgeführt. Das Stück handelte – nach ihren eigenen Aussagen – vom so genannten „Rudelgesetz unter Schülern und über Außenseitertum." Ein ungewollt schwangeres Mädchen wird vom Vater des Kindes verlassen und wendet sich dem Außenseiter Roelle zu, der sich gewalttätig, aber auch verständnisvoll zeigt. In einem Wechselbad triebhafter Annäherung und Abstoßung wird ihre Beziehung gezeigt, die sie nach dem ‚Rudelgesetz' beide zu Ausgegrenzten macht. Roelle tötet sich zum Schluss selbst. Fleißers zweites Drama war maßgeblich von Brecht beeinflusst. Als sie ihm berichtete, dass es in Ingolstadt Pioniere aus Küstrin gäbe und es bei den Mädchen drunter und drüber gehe, erkannte Brecht darin sofort den Stoff für ein Drama. Die Angehörigen der Reichswehr konkurrieren erfolgreich mit den jungen Männern der Stadt um die weiblichen Bewohner, es kommt zu Eifersucht und einem Verbrechen. Schon früh wurde Marieluise Fleißer von der Literaturkritik der Weimarer Republik gefeiert und als Autorin der Neuen Sachlichkeit vom Expressionismus abgegrenzt.

Die Verliebten von Gina Kaus: Der Roman DIE VERLIEBTEN der österreichischen Schriftstellerin Gina Kaus (1893–1984) erschien 1928 und erzählt auf eindrucksvolle Weise, dass selbst in der Liebe die Menschen ihre Einsamkeit nicht überwinden können. 21.110

blaue Blume: Die ‚blaue Blume' ist sprichwörtlich geworden als Symbol für die Liebessehnsucht der Romantiker. Novalis (1772–1801) hat sie in seinem Roman HEINRICH VON OFTERDINGEN (1802) eingeführt. Der Protagonist träumt von einer blauen Blume. Von da an sehnt er sich nach ihr. Diese zunächst rätselhafte Sehnsucht erweist sich im Romanverlauf als Sehnsucht nach der Geliebten. Die ‚blaue Blume' steht hier für Mathilde, die wahre Liebe Heinrichs. 22.137

Irmgard Keun: Gilgi – eine von uns: Der Roman GILGI – EINE VON UNS erschien 1931 und machte die 26-jährige Irmgard Keun über Nacht bekannt. Er erzählt die Geschichte der 21-jährigen Gisela genannt Gilgi, einer Sekretärin aus Köln, die in der Abendschule Fremdsprachen lernt, um vor Arbeitslosigkeit geschützt zu sein. Sie zieht jede Zukunft in Betracht, nur nicht die Ehe, obwohl es schon den einen oder anderen Mann in ihrem Leben gab. Sie wohnt zunächst noch bei ihren Eltern, den Krons, zieht aber aus, nachdem sie sich in den älteren Schriftsteller Martin verliebt hat. Im Verlauf dieser Beziehung verliert sie ihre Stelle und wird ungewollt schwanger. Als 24.1

ein befreundetes Paar in Folge eines von Gilgi nicht eingehaltenen Versprechens mit seinen Kindern Selbstmord begeht, stellt sie den von ihr eingeschlagenen Lebensweg in Frage. Hertha und Hans, das befreundete Paar, waren an der schlechten wirtschaftlichen Situation in der Weimarer Republik gescheitert und immer tiefer ins Elend gerutscht. Gilgi befürchtet, dass ihr mit Martin dasselbe Schicksal droht. Sie entscheidet sich, ihn zu verlassen und in Berlin bei ihrer Freundin Olga als alleinerziehende berufstätige Mutter zu leben.

24.3 **Uhu:** Von Kurt Tucholsky (1890–1935) konzipiertes literarisches Monatsmagazin des Ullsteinverlages, das sich dem kulturellen Leben in seiner ganzen Breite widmete (Mode, Sport, Theater, bildende Kunst etc.). Die Produkte der Hochkultur und der Populärkultur wurden gleichberechtigt und -wertig behandelt.

24.3 **Remarque:** Gemeint ist wahrscheinlich der heute bekannteste Roman über den Ersten Weltkrieg: IM WESTEN NICHTS NEUES (1929) von Erich Maria Remarque (1898–1970). Der Text wird als neusachlicher Antikriegsroman gelesen, in dem von den Schrecken der Fronterfahrung aus der Sicht eines jungen Soldaten berichtet wird.

24.5 **Jack London:** Amerikanischer Schriftsteller und Journalist (1876–1916). Heute ist vor allem noch sein Roman „Der Seewolf“ (1904) bekannt, in dem ein kultivierter Angehöriger der Oberschicht auf einen rohen (aber gebildeten) Seemann trifft. Die arbeitende Bevölkerung ist in Londons Romanen, in denen er ungeschönt die soziale Wirklichkeit zeigt, der dekadenten Mittel- und Oberschicht meist überlegen.

24.5 **Colin Roß:** Colin Ross (1885–1945), oft mit eigentlich falscher Schreibweise Roß in der Literatur, österreichischer Journalist und Autor, war in der Zwischenkriegszeit einer der bekanntesten Reiseschriftsteller. Er berichtete u.a. über Nord- und Südamerika, Indien und Afrika.

24.5 **Bengt Berg:** Bengt Magnus Kristoffer Berg (1885–1967), schwedischer Tierfotograf und Schriftsteller, wurde vor allem durch seine Reiseberichte und Tierdokumentationen bekannt.

24.6–7 **Lappenkind:** Eventuell wird hier auf das 1925 auf Deutsch erschienene Buch MEIN FREUND, DER REGENPFEIFER (mit 46 Fotos) angespielt – einen Reisebericht von Bengt Berg, in dem er über sein Verhältnis zu einem Mornell-Regenpfeifer, dem typischen Vogel der Lappen, berichtet.

Friedrich Schreyvogel: Tristan und Isolde: In dem 1930 erschienenen Roman verknüpft der österreichische Autor Friedrich Schreyvogel die Geschichte vom tragischen Liebespaar Tristan und Isolde mit der Darstellung der Weimarer Moderne. 25.1

Tristan und Isolde: Der Ursprung der Erzählung von TRISTAN UND ISOLDE lässt sich nicht mehr sicher nachweisen. Erste Bearbeitungen des Stoffes in deutscher Sprache sind seit dem Mittelalter bekannt. Aus ihnen ragt das Versepos von Gottfried von Straßburg heraus. Die wirkmächtigste Nacherzählung aus neuerer Zeit stammt von Richard Wagner: Seine Oper TRISTAN UND ISOLDE ist von den Spielplänen der Opernhäuser nicht mehr wegzudenken. Inhalt: Die irische Königstochter Isolde soll mit Marke, dem König von Cornwall verheiratet werden. Sie wird dem tugendhaften Ritter Tristan anvertraut, der sie Marke zuführen soll. Auf der Fahrt nach Cornwall trinken Tristan und Isolde aus Versehen einen Liebestrank, der eigentlich dem Hochzeitspaar zugedacht war. Tristan und Isolde verlieben sich und stürzen damit nicht nur sich, sondern auch die Menschen in ihrer Umgebung ins Unglück. Am Ende steht der Tod des Liebespaares. 26.57

Hero und Leander: Hero und Leander sind ein tragisches Liebespaar der griechischen Mythologie. Sie waren durch eine Meerenge voneinander getrennt, und so durchschwamm Leander jede Nacht das Meer, um zu seiner Geliebten zu gelangen. Als die Lampe, die Hero immer aufstellte, eines nachts erlosch, ertrank Leander. Hero fand ihn am nächsten Morgen und stürzte sich von einer Klippe in den Tod. 26.57–58

Fritz Giese: Girlkultur: Fritz Giese hat mit seinem Buch GIRLKULTUR. VERGLEICHE ZWISCHEN AMERIKANISCHEM UND EUROPÄISCHEM RHYTHMUS UND LEBENSGEFÜHL (1925) die ‚Bibel' der Amerikabegeisterten verfasst. Er forderte darin den „Kollektivgeist" zum „ethische[n] Grundsatz" zu erklären. Nur so könne die deutsche Wirtschaft und Gesellschaft sich gegenüber dem leistungsstarken Partner in Übersee behaupten, der seinen Wohlstand der Vermassung verdanke. Diese findet laut Giese ihren Ausdruck in der Serienproduktion und in den „Serienbedürfnissen" der Konsumenten. 27.1

28.42 **Strindberg:** Johan August Strindberg (1849–1912), schwedischer Schriftsteller, hat mehr als 60 Dramen verfasst. Er gilt als Revolutionär des modernen Theaters, denn er führte den schnellen Szenenwechsel ein und ließ seine Figuren eine natürliche Alltagssprache benutzen. Heute wird vor allem noch sein Drama FRÄULEIN JULIE (1889) aufgeführt.

29.56 **Dostojewski:** Fjodor Michajlowitsch Dostojewski (1821–1881), russischer Schriftsteller, gilt als einer der bedeutendsten Vertreter des russischen Realismus. Sein bekanntester Roman ist die Verbrechensgeschichte SCHULD UND SÜHNE (1866) um den mittellosen Jurastudenten Raskolnikow, der seiner Armut ein Ende machen will, indem er eine Geldverleiherin tötet. Im Roman geht es um die Motive des Mörders, um den Umgang mit seiner Schuld und letztlich um ihre Begleichung. Vor allem der psychologische und philosophische Tiefgang der Romane Dostojewskis wird von Kritikern immer wieder hervorgehoben.

29.57 **Thomas Mann** (1875–1955): Neben Bertolt Brecht der bekannteste deutsche Autor der ersten Hälfte des 20. Jahrhunderts. Wird früh mit seinem Familienroman BUDDENBROOKS. VERFALL EINER FAMILIE (1901) berühmt, in dessen Mittelpunkt vier Generationen einer Lübecker Kaufmannsfamilie stehen. Wie in vielen anderen Texten Thomas Manns geht es um den Zwiespalt zwischen dem Bürger und dem Künstler. 1929 erhält Mann für BUDDENBROOKS den Literaturnobelpreis.

29.59 **Zauberberg:** Der Roman DER ZAUBERBERG von Thomas Mann erschien 1924, seine Entstehungsgeschichte geht aber auf das Jahr 1912 zurück, als der Autor seine Frau in einem Lungensanatorium in der Schweiz besuchte. Romanheld ist der junge Ingenieur Hans Castorp, der vor dem Antritt seiner ersten Stelle zu seinem lungenkranken Vetter nach Davos reist, wo dieser sich zur Kur aufhält. Geplant ist ein Aufenthalt von drei Wochen, Castorp bleibt jedoch acht Jahre, nachdem auch bei ihm die Tuberkulose diagnostiziert worden ist. Der Roman ist als Bildungsroman konzipiert: Auf dem Zauberberg treten die verschiedensten Vertreter des alten Bürgertums gegeneinander an, breiten ihre Weltanschauungen aus und kämpfen um die geistige Inbesitznahme des jungen Helden. Literaturwissenschaftler haben sich in den vergangenen Jahrzehnten vor allem damit beschäftigt, die vielen von Thomas Mann – teils versteckt, teils sehr offensichtlich – verwendeten Bildungszitate zu entschlüsseln und zu kommentieren.

Irmgard Keun: Das kunstseidene Mädchen: Irmgard Keun veröffentlichte ihren zweiten Roman 1932. Ähnlich wie schon in ihrem Erstling GILGI – EINE VON UNS steht eine Sekretärin im Mittelpunkt: Doris. Diese hat große Pläne, sie will ein „Glanz", also ein Star werden und sich nicht länger von ihrem zudringlichen Chef kritisieren lassen, wenn sie wieder einmal die Kommas in den Geschäftsbriefen vergessen hat. Zunächst versucht sie ihr Glück an einem Theater und bekommt eine erste kleine Sprechrolle. Nach dem Diebstahl eines Pelzmantels flieht sie und geht nach Berlin. Der Mantel ist von da an ihr Begleiter. Beruflich kann sie sich nicht weiterentwickeln: Sie arbeitet nicht, sucht aber auch keine Stelle. Stattdessen versucht sie, sich durch die Liebe einen Platz im Leben zu erkämpfen. Immer wieder lernt sie Männer kennen, die ihr das eine oder andere schenken, ihr Obdach bieten. Auch die wahre Liebe ist dabei, Ernst, ein von seiner Frau verlassener Mann, bei dem sie wohnt. Nach und nach übernimmt sie für ihn die Rolle der Hausfrau und träumt von einem bürgerlichen Glück zu zweit, aber auch hier scheitert sie. Der Roman entlässt den Leser mit dem Blick auf eine Protagonistin, die hungrig und verzweifelt durch Berlin streift, ihre verpassten Möglichkeiten Revue passieren lässt und nicht mehr davor zurückschreckt, den Weg in die Prostitution zu gehen. Die Versprechungen von Glück und Selbstverwirklichung, die die Weimarer Republik für junge Frauen bereit hielt, haben sich für Doris als Trugbild erwiesen. 29.1

jaanich: im Kölner Dialekt werden Wörter oft zusammengezogen und die Endbuchstaben oder Silben ‚verschluckt'. 32.73

Wilhelm Speyer: Charlott etwas verrückt: Der 1927 publizierte Roman ist einer *der* Romane der Neuen Sachlichkeit. Er stellt die 20-jährige Charlott vor, eine sportliche, verwegene Autofahrerin, die der Star der Abendgesellschaften Berlins ist. Sie ist geschieden von ihrem (angeblich verarmten) Mann Justus und oft an der Seite ihres Jugendfreundes Holk zu sehen, plant aber eine neuerliche Eheschließung mit Justus. Leider steht ihr das fehlende Geld im Wege. Eigentlich hätte sie es, denn sie ist 33.1

vermögend, aber ihr Erbe wird ihr erst im Alter von 25 Jahren ausgezahlt. Vorab ist ihr sogar der Anspruch auf die Zinsen verwehrt. Zusammen mit ihrem Cousin Stanley Fisher ersinnt sie einen abenteuerlichen Plan, der auch für den Leser erst nach und nach sichtbar wird, um schon früher, „an ihre Millionen zu kommen". Unter anderem täuscht sie ihren Tod vor (auch ihrem Verlobten und den besten Freunden) und reist um die halbe Welt, um am Ende erfolgreich zu den Klängen einer Jazzband in den Hafen der Ehe zurückzukehren.

42.118 **George Sand** (1804–1876): Französische Schriftstellerin, die sich vor allem für die Emanzipation der Frau einsetzte. Mit ihrem eigenwilligen Lebensstil galt sie einigen (wenigen) Kreisen als Vorbild, anderen als Schreckbild. Sie war geschieden, hatte verschiedene Liebhaber (u.a. den Schriftsteller Alfred de Musset und den Komponisten Frédéric Chopin) und war bekannt dafür, auch Männerkleidung zu tragen.

45.27 **Frauenvereine:** Die ersten Frauenvereine bildeten sich zu Beginn des 19. Jahrhunderts, meist dienten sie karitativen Zwecken. Später organisierten sich auch Berufsgruppen, z.B. Lehrerinnen, in Vereinen oder auch einfach Frauen, die politische Ziele verfolgten. Dabei konnte es sich um die Förderung des Nationalismus in Deutschland handeln, aber auch um den Ruf nach einer Emanzipation der Frau (z.B. durch das Frauenwahlrecht). Der Frauenverein bot den Frauen im 19. und frühen 20. Jahrhundert die Möglichkeit, auch außerhalb der engen Schranken der Familie tätig zu werden.

47.4 **Vicki Baum:** Vicki Baum (1888–1960) ist eine der erfolgreichsten Romanautorinnen der Weimarer Republik sowie Redakteurin der Zeitschriften „UHU" und „Die Dame". Sie ist selbst als berufstätige und emanzipierte Frau ein Vorbild für die Neue Frau. In ihren Romanen schafft sie Frauenfiguren, die ihr eigenes Leben selbstbewusst gestalten. So zeichnet sie in STUD. CHEM. HELENE WILLFÜER (1928) das Porträt einer alleinerziehenden Mutter, die gegen alle Widerstände zur Leiterin der Forschungsabteilung eines Chemiewerkes wird. Mit PARISER PLATZ 13 (1930) hinterlässt sie eine „Komödie aus dem Schönheitssalon", die noch aus heutiger Sicht die Absurdität des Schönheits- und Jugendwahns treffend beschreibt und karikiert.

Mulford: Prentice Mulford (1834–1891), amerikanischer 44.23
Schriftsteller, Journalist und Philosoph. Schrieb in den 80er Jahren des 19. Jahrhunderts über den „Unfug des Sterbens". Einer seiner Essays beginnt wie folgt: „Wir glauben, daß die Unsterblichkeit im Fleische möglich ist, das heißt, daß ein Körper so lange behalten werden kann, wie der Geist ihn zu gebrauchen wünscht, und daß ferner dieser Körper, statt im Lauf der Zeiten zu verfallen, sich in einer erneuten Jugend zu regenerieren vermag." Seine Ideen sind seit den 10er Jahren des 20. Jahrhunderts in Deutschland weit verbreitet. Er gilt als Vater des positiven Denkens.

Shaw: George Bernard Shaw (1856–1950), irischer Dramati- 47.23
ker und Literaturkritiker. Er gilt als Freidenker, Sozialist und Verfechter der Frauenrechte. Hat sich gegen den Patriotismus sowie den Ersten und Zweiten Weltkrieg ausgesprochen. Sein Drama Pygmalion (1913) war unter anderem Vorbild für das Musical My Fair Lady (1964). Ihm wird das Zitat: „Warum bekommt der Mensch die Jugend in einem Alter, in dem er nichts davon hat?" zugeschrieben. Zeitlebens lebte er als Vegetarier sehr gesundheitsbewusst.

Steinach: Eugen Steinach (1861–1944), österreichischer Medi- 48.61
ziner. Er war einer der bekanntesten Hormonforscher seiner Zeit und entwickelte eine höchst umstrittene Operationsmethode, bei der die Samenleiter durchtrennt wurden, um die Testosteronproduktion beim Mann anzukurbeln – das Ziel sollte eine Verjüngung sein. Aber auch die Produktion erster synthetischer Hormone basiert auf seinen Forschungen.

Voronoff: Serge Voronoff (1866–1951), Mediziner russischer 48.61
Herkunft, gilt als einer der Wegbereiter der modernen Transplantationsmedizin. Er verpflanzte vor allem Schilddrüsen und Hoden, zunächst im Tierversuch. In den 20er Jahren begann er Teile von Affenhoden zu transplantieren, um eine Revitalisierung und Verjüngung beim Mann zu erreichen. Die angeblichen Erfolge hat er in seinem Buch Verhütung des Alterns durch künstliche Verjüngung. Transplantation der Geschlechtsdrüsen vom Affen auf den Menschen (1926) dokumentiert. Diese sehr kostspielige Operation erfreute sich weltweit größter Beliebtheit. Die zunächst durchaus revitalisierenden Wirkungen werden heute dem Placebo-Effekt zu-

geschrieben. Voronoffs Versuche, auch bei Frauen durch die Transplantation von Eierstöcken Verjüngungen zu erreichen, scheiterten.

48.62 **Keimdrüsen:** Die Keimdrüsen sind die Organe, in denen die Keimzellen für die menschliche Fortpflanzung und die Sexualhormone produziert werden. Bei Männern sind diese Keimdrüsen die Hoden, bei Frauen die Eierstöcke.

49.90 **Diathermie:** Medizinisches Verfahren, bei dem durch elektrischen Strom eine Wärmeentwicklung in den tiefen Schichten des Körpergewebes erzeugt wird.

50.114–15 **Dr. Benjamin:** Dr. med. Harry Benjamin (1885–1986), New Yorker Endokrinologe und Pioneer auf dem Forschungsgebiet der Transsexualität, beschäftigte sich seit den 20er Jahren auch mit den medizinischen Möglichkeiten auf dem Gebiet der Verjüngung und gilt bis heute als wichtiger Altersforscher.

55.37–38 **Reich mir zum Abschied noch einmal die Hände – good nihight, good nihight:** Duett. Good night

Victoria – Koltay

Einmal, da schlägt für uns die Stunde,
In der wir unser Sehnen einsam tragen –
Einmal, da blutet eine Wunde,
und du musst unter Tränen zu mir sagen:
Reich' mir zum Abschied noch einmal die Hände!
Good night, good night, good night!
Schön war das Märchen, nun ist es zu Ende,
Good night, good night, good night!

Still kommt der Abend, wir fühlen es kaum,
Liebe und Glück
Sind nur ein Traum!
Reich' mir zum Abschied noch einmal die Hände!
Good night, good night, good night!

Einmal, da wirst du an mich denken,
Jedoch dein Mund wird schweigen und nicht fragen!
Einmal, da wirst den Blick du senken,
Wenn die verliebten Geigen leise klagen:

Reich' mir zum Abschied noch einmal die Hände!
Good night, good night, good night!
Schön war das Märchen, nun ist es zu Ende,
Good night, good night, good night!

Paul Abraham (Musik): Viktoria und ihr Husar, Libretto: Alfred Grünwald, Fritz Löhner-Beda, München: Dreiklang-Dreimasken Bühnen- und Musikverlag GmbH.

Genrebildchen: Genrebilder zeigen oft Menschen in alltägli- 55.50–51
chen Situationen. Sie fanden im 19. Jahrhundert große Verbreitung durch Familien- und Monatszeitschriften und stellten vor allem für das Bürgertum idealtypische Vorstellungen vom Leben dar.

sous les toits de Paris: Titellied des französischen Films Unter 55.62
den Dächern von Paris (1930), Regie: René Clair. Erzählt wird die Liebesgeschichte des Straßensängers Albert und der schönen, flatterhaften Pola. Gekonnt nützt Clair das in der Pariser Vorstadt beliebte Volksliedgenre, um die Gefühle und Träume der Vorstadtbewohner zu transportieren.

I want to be happy: Bekannter Song der 1924 uraufgeführten 55.64–65
Musicalkomödie No, no, Nanette, die 1930 zum ersten Mal verfilmt wurde. Es geht um Jimmy Smith, der durch den Verkauf von Bibeln zum Millionär wird. Seine Frau und er versuchen, ihre Adoptivtochter Nanette zu einem anständigen Mädchen zu erziehen. Dabei kommt ihnen natürlich die Liebe in Form eines Verehrers in die Quere. Nach vielen Irrungen und Wirrungen gibt es zum Schluss ein *happy end* mit Verlobung.

I Want to Be Happy

Nanette:
I want to be happy
But I won't be happy
Till I make you happy too.
Life's really worth living
When you are mirth giving
Why can't I give some to you?
When skies are gray

And you say you are blue
I'll send the sun smiling through
I wanna be happy
But I won't be happy
Till I make you happy too.
I want to be happy … worth living
When we are mirth giving
Why can't I give some to you?
When skies … blue
I'll send that sun smilin' through.
I want to be happy … happy too.
I won't be happy
(She won't be happy)
I won't be happy
Till the day you're happy too.

When skies are gray
And you say you are blue

Jimmy:
I'll send the sun smiling through

Nanette:
I want to be happy
But I won't be happy
Till I make you happy too.

Jimmy:
When skies are gray
And you say you are blue

Nanette:
[Spoken]
What're you gonna do?

Jimmy:
I'll send the sun smiling through

Both:
I want to be happy
But I won't be happy

Nanette:
Till I make you happy too.

Jimmy:
I can make you happy too.

Vincent Youmans (Musik): No, No, Nanette, Text von Irvin Caesar (engl.) (© Warner Bros. Inc.) Berlin: Rolf Budde Musikverlag GmbH und Hamburg: Rondo Verlag GmbH.

Tauber: Richard Tauber (1891–1948), Österreicher, auch heute noch einer der bekanntesten (Belcanto-)Tenöre. 56.68

Ich küsse Ihre Hand, madame ...: Schlager von Ralph Erwin und Fritz Rotter, der 1928 in der Interpretation von Richard Tauber bekannt wurde. Er bildete die Grundlage der deutschen Stummfilmoperette ICH KÜSSE IHRE HAND, MADAME aus dem Jahr 1929. Ein verarmter russischer Adeliger, Graf Lerski, fristet als Kellner im Pariser Exil sein Leben. Er verliebt sich in Laurence Gerard (Marlene Dietrich). Von einem Konkurrenten wird er als Kellner denunziert und daraufhin von seiner Angebeteten verlassen. Diese jedoch versucht, ihn zurückzuerobern, als sich herausstellt, dass er wirklich ein Graf ist. Natürlich gibt es nach einigem Hin und Her ein *happy end*. 56.69

Ich küsse Ihre Hand, Madame

Ich küsse Ihre Hand, Madame,
und träum' es war Ihr Mund.
Ich bin ja so galant, Madame,
und das hat seinen Grund.
Hab' ich erst Ihr Vertrau'n, Madame,
und Ihre Sympathie,
Wenn Sie erst auf mich bau'n, Madame,
Ja dann, Sie werden schau'n, Madame,

Küß' ich statt Ihrer Hand, Madame,
Nur ihren roten Mund.

Madame, ich lieb' Sie
seit vielen Wochen.
Wir haben manchmal auch davon gesprochen.
Was nützt das alles?
Mein Pech dabei ist,
Daß, ach, Ihr Herzchen leider nicht mehr frei ist.
Ihr Mund gebietet mir: „Sei still!",
Doch träumen kann ich, was ich will.

Ich küsse Ihre Hand, Madame,
und träum' es war Ihr Mund.
Ich bin ja so galant, Madame,
und das hat seinen Grund.
Hab' ich erst Ihr Vertrau'n, Madame,
und Ihre Sympathie,
Wenn Sie erst auf mich bau'n, Madame,
Ja dann, Sie werden schau'n, Madame,
Küß' ich statt Ihrer Hand, Madame,
Nur ihren roten Mund.

Ralph Erwin (Musik), Fritz Rotter (Text): Ich küsse Ihre Hand, Madame, München: Musikverlag August Seith.

56.81–82 **es geht alles vorüber …**: *Es geht alles vorüber, es geht alles vorbei*, gilt als der Durchhalteschlager des Zweiten Weltkrieges und wurde angeblich erst 1942 von Fred Raymond (Musik), Kurt Feltz und M. Wallner (Text) geschrieben. Verbürgt ist aber die Verwendung des Titels in dem deutschen Tonfilm SALONWAGEN E 417 im Jahr 1939, zudem gibt es einen Hinweis auf die Publikation des Walzerliedes 1930 im Verlag Edition Majestic (Berlin). Trotzdem ist das Erscheinungsjahr nicht eindeutig zu klären. Ein anderes Lied mit diesem Titel konnte nicht recherchiert werden.

Es geht alles vorüber, es geht alles vorbei …

Auf Posten in einsamer Nacht,
da steht ein Soldat und hält Wacht,
träumt von Hanne und dem Glück,
das zu Hause blieb zurück.
Die Wolken am Himmel sie zieh'n
ja alle zur Heimat dahin,
und sein Herz, das denkt ganz still für sich:
Dahin ziehe einmal auch ich!

Es geht alles vorüber, es geht alles vorbei,
auf jeden Dezember folgt wieder ein Mai.
Es geht alles vorüber, es geht alles vorbei,
doch zwei, die sich lieben, die bleiben sich treu.

Doch als sie voll Sehnsucht ihn rief,
da schrieb er ihr gleich einen Brief:
Liebe Hanne bleib mir gut
und verliere nicht den Mut.
Denn gibt es auch Zunder und Dreck,
das alles, das geht wieder weg.
Und beim Schützen wie beim Leutenant,
da ist die Parole bekannt:

Refrain

Und endlich kommt auch mal die Zeit,
auf die sich der Landser schon freut.
Denn beim Spieß, da liegt schon sein
unterschrieb'ner Urlaubsschein.
Dann ruht er bei Hanne zu Haus
im Federbett gründlich sich aus.
Darum wird der Abschied doppelt schwer.
Doch sie sagt: Jetzt wein' ich nicht mehr!

Refrain

Doch wenn erst der Krieg einmal aus,
dann fährt auch der Landser nach Haus.
Und am Abend brennt das Licht,
denn verdunkeln braucht man nicht.
Zu Mittag, da gibt's eine Gans,
dann führt er die Hanne zum Tanz.
Wenn er tief in ihre Augen sieht,
erinnern sie sich an das Lied:

Refrain

Kurt Feltz, Max Wallner (Text), Fred Raymond (Musik): Es geht alles vorüber, es geht alles vorbei, Berlin: Edition Majestic, Erwin Päsike.

57.10 **Cul:** Mit einem Cul wurde die Rückseite der weiblichen Silhouette betont, entweder mit Polstern oder mit einem Kleiderrock, der in viele Falten gelegt wurde, um eine Aufbauschung zu erzeugen.

58.50 **Ibsen:** Henrik Ibsen (1828–1906), norwegischer Schriftsteller, Dramatiker und Gesellschaftskritiker. U.a. prangerte er die Unterdrückung der bürgerlichen Ehefrau in seinem Drama Nora oder Ein Puppenheim (1879) an.

58.50 **Nietzsche:** Friedrich Nietzsche (1844–1900), deutscher Philosoph, stark beeinflusst von Arthur Schopenhauer. Nietzsche entwickelte von kulturpessimistischen Positionen ausgehend eine radikale Kritik am Christentum und an der Moderne. Sein Gegenentwurf wurde in der Figur des Übermenschen gebündelt, der eine heroische und von ästhetischen Prinzipien geleitete Lebensauffassung vertrat.

58.50 **Tristan-Fieber:** Gemeint ist die Begeisterung für Wagners Oper Tristan und Isolde (1865).

60.124 **Amazonen:** In der griech. Mythologie matriarchalisch lebendes kriegerisches Frauenvolk. Wird auch als Bezeichnung für eine knabenhafte junge Frau benutzt (positiv konnotiert), oder für eine Frau, die sich wie ein Mann verhält (negativ).

61.6 **Jungfernkränze:** Die Brautjungfern binden der Braut den Jungfernkranz als Kopfschmuck zur Hochzeit.
Spielt wahrscheinlich auch auf das berühmte Lied aus der ro-

mantischen Oper DER FREISCHÜTZ (1821) von Carl Maria von Weber (Musik) und Johann Friedrich Kind (Text) an.

Wir winden dir den Jungfernkranz

Wir winden dir den Jungfernkranz
Mit veilchenblauer Seide
Wir führen dich zu Spiel und Tanz
Zu Glück und Liebesfreude!
Schöner grüner,
Schöner grüner Jungfernkranz!
Veilchenblaue Seide!

Lavendel, Myrt' und Thymian,
Das wächst in meinem Garten;
Wie lang bleibt doch der Freiersmann?
Ich kann es kaum erwarten.
Schöner grüner,
Schöner grüner Jungfernkranz!
Veilchenblaue Seide!

Sie hat gesponnen sieben Jahr
Den gold'nen Flachs am Rocken;
Die Schleier sind wie Spinnweb' klar,
Und grün der Kranz der Locken.
Schöner grüner,
Schöner grüner Jungfernkranz!
Veilchenblaue Seide!

Und als der schmucke Freier kam,
War'n sieben Jahr verronnen;
Und weil sie der Herzliebste nahm,
Hat sie den Kranz gewonnen.
Schöner grüner,
Schöner grüner Jungfernkranz!
Veilchenblaue Seide!

Marieluise Fleißer: Eine Zierde für den Verein: In Marieluise 65.1–2
Fleißers ursprünglich unter dem Titel MEHLREISENDE FRIE-

DA GEIER 1931 erschienenem Roman begegnen wir der Heldin Frieda Geier, die nach dem Tod der Eltern selbst für sich und ihre kleine Schwester Linchen sorgen muss. Sie nutzt ihr Erbteil, um sich als Vertreterin im Zwischenhandel zu etablieren und verkauft den Bäckern in der Umgebung von Ingolstadt Mehl. Ihrer Schwester will sie ein solches Leben ersparen und lässt sie in einem Kloster erziehen. Sie lernt den lokalen Schwimmstar Gustl Gillich, Tabakwarenhändler, kennen und beginnt eine Beziehung mit ihm. Nachdem sie die Verlobung mit ihm gelöst hat, versucht er, sie mit Gewalt zurückzuerobern. Als ihm dies nicht gelingt, will er sich rächen und vergewaltigt Friedas Schwester. Anschließend kehrt er in den Kreis seiner Sportskameraden, in seinen Verein zurück, das Verbrechen bleibt ungesühnt. Das weitere Schicksal Linchens und Friedas bleibt offen.

65.9 **Laubfrosch:** Der Opel Laubfrosch war das erste in Deutschland am Fließband gefertigte (grün lackierte) Auto. Der preiswerte Kleinwagen wurde zwischen 1924 und 1931 in Rüsselsheim produziert.

68.129 **das Recht geben:** Sie müsste ihn heiraten. Laut dem Bürgerlichen Gesetzbuch (BGB) von 1896, § 1363 steht das in die Ehe eingebrachte Vermögen der Frau unter der Verwaltung und Nutznießung des Ehemannes.

74.29 **Freud:** Sigmund Freud (1856–1939), Begründer der Psychoanalyse. Zentral für seine Theorie ist ein Modell des psychischen Apparats, das zwischen dem Es (das Unbewusste, fundamentale Triebenergien), dem Über-Ich (einem ‚Zensor', der die gesellschaftlichen Regeln repräsentiert) und dem Kompromiss zwischen diesen beiden Instanzen, dem Ich, unterscheidet. Beherrscht wird der Mensch durch den Sexual- und den Todestrieb, wobei beide Triebe immer wieder vom Über-Ich unterdrückt bzw. vom Ich verdrängt werden.

74.29 **Weininger:** Otto Weininger (1880–1903), Kulturphilosoph, Psychologe. Sein umstrittenes, aber bis in die 30er Jahre hinein höchst populäres Buch GESCHLECHT UND CHARAKTER (1903) ist noch heute bekannt und beschäftigt sich mit der Geschlechterdifferenz. Weininger zementiert in seiner Studie, die er selbst antifeministisch nennt, die traditionelle Vorstellung vom Mann als geistigem Wesen und von der Frau als Triebwesen. „Das absolute Weib hat kein Ich", resümiert er, und selbst der „tiefstehende Mann steht noch unendlich hoch über dem höchststehenden Weibe". Die Frau sei nur Sexualität, deswegen sei ihr eigentliches Wesen das der Kupplerin, Lügnerin und Prostituierten. „Der reine Mann ist das Ebenbild Gottes […], das Weib […] ist das Symbol des Nichts" – ein höchst bedrohliches Nichts, denn die Frau verfolge keinen anderen Zweck als „den Mann schuldig werden zu lassen". Die Frau stelle die eigentliche Bedrohung der Kultur und des Christentums dar.

„Frühlingserwachen": Angespielt wird auf Frank Wedekinds 74.31
(1864–1918) Drama Frühlings Erwachen. Eine Kindertragödie (1891), in der es um die Nöte der drei Heranwachsenden Moritz, Melchior und Wendla geht, die mit ihrer erwachenden Sexualität und den rigiden Sexualnormen des Kaiserreichs in Konflikt geraten. Wendla stirbt in Folge einer von ihrer Mutter erzwungenen Abtreibung, Moritz begeht Selbstmord, nachdem er auf der Schule nicht versetzt wurde.

romantische Liebe: Die ‚romantische Liebe' wurde in den li- 75.48–49
terarischen und philosophischen Texten der Romantiker als Reaktion auf eine sich verändernde Gesellschaft entwickelt, in der das Individuum in Folge des gesellschaftlichen Fortschritts einerseits über größere Freiheiten der eigenen Lebensgestaltung verfügte, andererseits aber unter der immer unpersönlicher werdenden Kommunikation im Alltags- und Berufsleben zu leiden begann. Es entstand die Sehnsucht nach einem Ort höchstpersönlicher Kommunikation, an dem der Einzelne als ‚Ganzes' verstanden und bejaht wurde. Die romantische Liebe stellte dementsprechend das wechselseitige Verstehen der Liebenden in den Mittelpunkt. Der Partner wurde zum wichtigsten Menschen, zum Zentrum des eigenen Lebens – und das für immer. Die romantische Liebe dauert ewig, sie führt zur Ehe, sie ist exklusiv und sie schließt auch Sexualität mit ein. Die Liebenden verstehen sich ohne Worte, sie lieben sich innig und sind dem anderem stets nahe, auch wenn er fern ist. Das Ende der Liebe würde zum Ende des eigenen Lebens. Im Extremfall kann nur im gemeinsamen Liebestod das Schicksal einer Trennung im Diesseits überwunden werden.

„Mondenschein und Frühlingslauben": Es ist zu vermuten, dass 75.53

Matzke hier keinen konkreten Text meint, sondern die allseits bekannten und durch ihre Vertonungen populären Liebesgedichte von Emanuel Geibel, in denen der Autor immer wieder den Mondenschein und den Frühling mit all seinen Begleiterscheinungen bemüht, um die Liebe zu beschreiben. Die Frühlingslaube verweist auf die Gartenlaube (früher auch Sommerlaube), die im 19. Jahrhundert bürgerliche Intimität und Freiheit symbolisierte. Sie wurde zu *dem* Ort für die (meist) junge Liebe, denn im Garten konnten sich die Liebenden treffen, waren dort einerseits noch im geschützten Raum der Gesellschaft, andererseits aber auch ein wenig freier und ungestörter als im elterlichen Haus.

75.53 **Geibel:** Franz Emanuel August Geibel (1815–1884), deutscher Lyriker und Dramatiker der Spätromantik, gilt als „Sänger der Liebe". Seit 1840 trat er vor allem mit Gedichten hervor, die – teilweise patriotischen Inhalts – sehr populär waren.

78.21–22 **Gemeinschaftssiedlung:** In der Weimarer Republik gab es verschiedene neue Städtebau- und Wohnprojekte, die einen möglichst funktionalen und schnörkellosen Stil bevorzugten. Bekannte Beispiele sind die Carl-Legien-Stadt in Berlin, die Weissenhofsiedlung in Stuttgart oder die Römerstadt in Frankfurt am Main.

81.52 **Werner Krauß** (1884–1959): Berühmter deutscher Theaterschauspieler und Filmstar. Spielte am Staatstheater Berlin und am Burgtheater u. a. in Goethes FAUST den Mephisto und Franz Moor in Schillers DIE RÄUBER. Er stellte oft die dunklen Charaktere dar und schaffte 1920 den internationalen Durchbruch mit dem legendären expressionistischen Stummfilm DAS CABINET DES DR. CALIGARI, in dem er den angeblich wahnsinnigen Mörder Caligari, einen Jahrmarkthellseher, verkörpert. Er spielte in über 100 Stumm- und Tonfilmen mit.

81.53 **Bassermann:** Albert Bassermann (1867–1952), einer der bedeutendsten deutschen Bühnen- und Filmschauspieler der Vor- und Zwischenkriegszeit. Zwischen 1913 und 1948 spielte er in mehr als 50 Filmen mit.

81.54 **Ernst Deutsch** (1890–1969): Österreichischer Schauspieler. Gilt als einer der Stars des expressionistischen Films in der Weimarer Republik. Insgesamt spielte er in mehr als 40 Stummfilmen mit. Aber auch auf der Bühne war er kein Unbekannter. Seit

1917 war er am Deutschen Theater Berlin engagiert und tourte
immer wieder durch den deutschsprachigen Raum.
Moissi: Alexander Moissi (1879–1935), deutsch-österreichi- 81.54
scher Schauspieler albanisch-italienischer Herkunft, war einer
der anerkanntesten Bühnenschauspieler im deutschen Sprach-
raum vor dem Ersten Weltkrieg. Er verkörperte vor allem die
zwiespältigen Charaktere wie Goethes Faust oder Lessings
Prinzen aus Emilia Galotti. In der Weimarer Republik war
sein Ruhm ungebrochen, auch wenn er sich den neuen the-
atralischen Formen (wie dem Expressionismus) weitgehend
verschloss. Durch seine Tourneen wurde er auch international
bekannt.
Faust: Angespielt wird auf Goethes Faust I (1808). Das Dra- 82.89
ma ist die bekannteste und bedeutendste deutsche Tragödie.
Der Gelehrte Faust leidet darunter, auch nach jahrzehnte-
langen Studien nicht zu wissen, „was die Welt im Innersten
zusammenhält". Zudem hat er sein Leben vollständig der
Wissenschaft verschrieben und fern der Welt in seinem en-
gen Studierzimmer das ‚eigentliche' Leben versäumt. In seiner
Verzweiflung schließt er einen Pakt mit dem Teufel, der ihn zu
einer Reise in die kleine und große Welt mitnimmt. Zunächst
besuchen sie gemeinsam Auerbachs Keller, ein Gasthaus, in
dem sie eine Runde lustiger Gesellen antreffen, die gemein-
sam dem Wein zusprechen – ein schales Vergnügen, das Faust
nicht befriedigt. Die nächste Station ist die Hexenküche, in
der Faust verjüngt wird, um ihn auf die Liebe vorzubereiten.
Von hier aus nimmt die Gretchentragödie ihren Lauf. Faust
lernt die junge Margarete kennen. Er begehrt sie und verlangt
von Mephistopheles, sie ihm zuzuführen. Dies braucht aber
seine Zeit, und aus dem Verführer scheint ein Liebender zu
werden, aus der Verführten hingegen eine (zumindest ange-
deutete) Verführerin. Nachdem ein Schlaftrunk, den Mephis-
topheles Faust zugesteckt hat, Gretchens Mutter betäubt (ge-
tötet) hat, kommt es zur körperlichen Erfüllung, woraufhin
Gretchen schwanger wird. Faust verlässt seine Geliebte, die in
Folge der gesellschaftlichen Ächtung ihr Kind tötet und als
Kindsmörderin zum Tode verurteilt wird. Im Kerker kommt
es zu einer letzten Begegnung der Liebenden. Faust will Gret-
chen mit Hilfe des Teufels retten, aber sie scheut davor zurück.

Sie hat sich dem Gericht Gottes übergeben, wodurch sie ihre Seele rettet.

94.10 **Mösch:** Spatz; bei Schützenumzügen wird eine goldene, hölzerne Mösch vorweg getragen

94.10 **Wie kütt die Mösch – die Mösch – die Mösch:** kölnischer Karnevalsschlager von Willi Ostermann (1876–1936)

Willi Ostermann: Die Mösch

Mer setzen des Meddags gewöhnlich in d'r Köch,
weil et do am schönsten eß.
Et Finster steht op, op einmol flüg en Mösch
bei uns erenn un setz sich op d'r Desch.
Ehz loht se rächs, dann loht se links,
dann hät se no däm Graubrud gespinks.
Do sühß de't, do häß de't, ming Frau säht:
„Leeve Mann, süch dir dat bloß ens an".

Wie kütt die Mösch, die Mösch, die Mösch bei uns en die Köch.
Un setz sich medden op d'r Desch, die Mösch, die Mösch, die Mösch.
Wat well die en d´r Köch, en Mösch höt en d'r Bösch.
Och wenn sie doch bloß wigger flög, die Mösch, die Mösch, die Mösch.

En Mösch eß nit ängstlich, en Mösch geit op d'r Fang,
wenn se nix ze pecken hät.
Die Mösch, die bei uns wor, die wor bestimmt nit bang.
Die hat op uns et avgesinn ald lang.
Die woß Bescheid, die flog nit fott.
Stundelang soß se om Kaffeepott.
Dat mäht der geweß keine zweite Vuggel no.
Und mer soße sprachlos do.

Wie kütt die Mösch, die Mösch, die Mösch …

Se fing an ze fresse, ming Frau säht: „Oh wie nett."
Su e Koßhuus fählt der grad.

Zwei Woche wigger, dann machen ich en Wett,
dat die paar Pund dann zugenommen hät.
Hör wie se piepsch, do wunders dich noch,
wo kritt die Mösch so got un fett gekoch.
Die eß d´rheim he, die friß sich satt
un gringk üvverflüssig, wenn mer singk:

Wie kütt die Mösch, die Mösch, die Mösch …

Erich Kästner: Fabian: Erich Kästners Roman FABIAN. GESCHICH- 96.1
TE EINES MORALISTEN (1931) stellt den promovierten Germanisten Jakob Fabian vor, der als Reklamefachmann arbeitet. Er lebt in Berlin und steht der neuen Zeit neugierig, aber distanziert gegenüber. So besucht er einen Club zur Anbahnung von Beziehungen, ist aber entsetzt, als eine der Damen, Irene Moll, auf geradezu groteske Weise zudringlich wird. Er lässt sich vom Gewühl der Großstadt hierhin und dorthin treiben, macht seine Erfahrungen mit der Realität des Journalismus, lernt einen desillusionierten Erfinder kennen und verliebt sich in Cornelia Battenberg. Cornelia ist Juristin und hat über internationales Filmrecht promoviert, eine Berliner Filmgesellschaft will sie nun als Volontärin einstellen. Aber es kommt anders – ihr wird ein Angebot gemacht: Sie soll als Filmschauspielerin ‚groß raus gebracht werden', jedoch um den Preis, die Geliebte des Filmbosses zu werden. Sie nimmt an und verlässt Fabian, der mittlerweile arbeitslos ist. Cornelia begründet ihren Schritt mit der Angst, dass die drückende Armut, die sich bald bei ihr und Fabian einstellen würde, ihre gemeinsame Liebe zerstören würde. Im Beruf und in der Liebe gescheitert, verliert Fabian auch noch seinen besten Freund Labude, der Selbstmord begeht. Fabian kehrt in seine Heimatstadt zu seinen Eltern zurück, bemüht sich dort um eine Stellung als Redakteur bei einer Zeitung und stirbt bei dem Versuch, einen kleinen Jungen zu retten, der in einen Fluss gefallen ist.

Gleisdreieck: Aus drei Weichen und drei Schienensträngen be- 105.1.
stehende Verbindung in Form eines Dreiecks, die Zügen den direkten Wechsel in eine andere Richtung oder ein Wenden ohne Drehscheibe ermöglicht.

platonische „Eidolon": griech. Trugbild. Mit einem platoni- 108.111

schen Eidolon ist nach Ernst Cassirer ein freies Schauen gemeint, das „zur Erfassung einer objektiven Gestalt, die aber selbst nicht anders als in einem geistigen Akt des Gestaltens vollzogen werden kann", dient.

108.123 **Antidiluvialwesen[s]:** Diluvium, veraltet für Pleistozän, Zeitabschnitt der Erdgeschichte, der vor dem Holozän, der ‚Jetztzeit' (seit ca. 10.000 v. Chr.), liegt; Antidiluvialwesen kann als ‚Wesen der Jetztzeit' gelesen werden.

114.1. **Heinrich Hauser: Feldwege nach Chicago:** Heinrich Hauser veröffentlichte 1931 einen Bericht über seine Reise in die USA. Die vorliegenden Textausschnitte beschreiben sein Verhältnis zu seinem Auto, einem Ford.

117.2 **O das Neue:** Sonett von Rainer Maria Rilke (1875–1926), deutscher Schriftsteller und Lyriker.

O das Neue, Freunde, ist nicht dies,
daß Maschinen uns die Hand verdrängen.
Laßt euch nicht beirrn von Übergängen,
bald wird schweigen, wer das „Neue" pries,

Denn das Ganze ist unendlich neuer,
als ein Kabel und ein Hohes Haus.
Seht, die Sterne sind ein altes Feuer,
und die neuern Feuer löschen aus.

Glaubt nicht, daß die längsten Transmissionen
schon des Künftgen Räder drehn.
Denn Aeonen reden mit Aeonen.

Mehr, als wir erfuhren, ist geschehn.
Und die Zukunft faßt das Allerfernste
rein in eins mit unserm innern Ernste.

119.72 **Thea von Harbou:** Thea Gabriele von Harbou (1888–1954), deutsche Schauspielerin und Schriftstellerin. Sie schrieb vor allem Unterhaltungsliteratur und im großen Umfang Drehbücher. Sie arbeitete in der Weimarer Republik häufig mit ihrem späteren Ehemann, dem Regisseur Fritz Lang zusammen und realisierte mit ihm die noch heute berühmten Stummfilme

M – EINE STADT SUCHT EINEN MÖRDER (1931) sowie METROPOLIS (1927).

„Metropolis“: Der Roman METROPOLIS (1926) von Thea von Harbou wurde in der expressionistischen Stummfilmfassung (1927) von Fritz Lang berühmt. In ihm wird eine bedrückende dunkle Maschinenwelt gezeigt, in der die Arbeiter unter unmenschlicher Akkordhetze von dem Industriellen Fredersen ausgebeutet werden. Die Maschinen werden als menschenverschlingende Ungeheuer dargestellt. Kulturgeschichtlich ist der Film von größter Bedeutung, er wurde ins Weltdokumentenerbe der UNESCO aufgenommen. 119.72

Gral: der heilige Gral, in der Dichtung des Mittelalters geheimnisvoller Stein, der Wunder wirkt; legendäre, Leben spendende Schale, in der das Blut Christi aufgefangen worden sein soll. 131.12

Johnny: Peter John Weissmüller (1904–1984) genannt Johnny Weißmüller, US-amerikanischer Schwimmer, Olympiasieger und Schauspieler. Stellte offiziell über 50 Schwimmweltrekorde auf und ist der bekannteste Tarzandarsteller der Filmgeschichte. 133.5

Egon Erwin Kisch: Elliptische Tretmühle: In der Reportage beschreibt Egon Erwin Kisch ein Sechstagerennen vom März 1923 in Berlin. 134.1

Bosporus: Meerenge bei Istanbul, trennt Europa von Kleinasien 135.31

Lloyd George: David Lloyd George (1863–1945), englischer Premierminister von 1916 bis 1922 135.31

Escorial: Schloss- und Klosteranlage in der Nähe der spanischen Hauptstadt Madrid aus dem 16. Jahrhundert 135.32

Lenin: Wladimir Iljitsch Uljanow (1870–1924), Kampfname Lenin, russischer Kommunist, Begründer der Sowjetunion nach der Revolution von 1917. 135.32

Rotten Row: berühmte Reitbahn im Londoner Hyde Park 135.33

Carmen, die einen Don José verführt: Carmen, die Heldin der gleichnamigen Oper des französischen Komponisten Georges Bizet (1838–1875), ist eine der populärsten ‚femme fatale‘-Figuren der Operngeschichte. Sie ist Zigeunerin und lebt als Arbeiterin im spanischen Sevilla, wo ihr die Männer zu Füßen liegen. Vor allem die Soldaten bezirzt sie mit ihrem Charme und ihrer offensiven Verführungskunst. Nur der Sergeant José 135.34–35

scheint zu widerstehen, obwohl gerade er ihr Begehren weckt. Als sie bei einem Streit eine der anderen Frauen in der Fabrik mit einem Messer verletzt, wird sie verhaftet. Sie verspricht José die Erfüllung all seiner Liebesträume, wenn er ihr zur Flucht verhilft. Er kommt dieser Bitte nach und wird selbst festgenommen. (1. Akt)
Der zweite Akt spielt in einer Kneipe, Carmen wartet dort auf José und lernt den Torero Escamillo kennen. Der verliebt sich auf den ersten Blick in sie. Sie benimmt sich abweisend. Als José endlich kommt, tanzt sie nur für ihn. Obwohl er sie liebt, will er beim Erklingen des ersten Zapfenstreiches in die Kaserne zurückkehren; Carmen wird wütend, die Ereignisse überschlagen sich und für José ist die Rückkehr zu seinen Kameraden nicht mehr möglich. Er muss sich einer Schmugglerbande anschließen, bleibt so aber auch bei seiner geliebten Carmen.
Im dritten Akt, der im Gebirge spielt, hat Carmen sich von ihm abgewandt, er versucht, sie zurückzuerobern – erfolglos. Die Karten prophezeien Carmen immer wieder den Tod. Als Escamillo aus Liebe zu Carmen ins Gebirge kommt, verfehlt ein Schuss des eifersüchtigen José ihn nur knapp. Die beiden Männer beginnen einen Messerkampf, der von den ins Lager zurückkehrenden Schmugglern unblutig beendet wird. Escamillo lädt alle zu seinem nächsten Stierkampf ein. José muss zu seiner sterbenskranken Mutter reisen, droht Carmen aber noch seine Rückkehr an.
Der vierte Akt spielt in der Stierkampfarena vor den Toren Sevillas. José begegnet dort Carmen und beschwört sie, mit ihm ein neues Leben zu beginnen. Als sie sich weigert, tötet er sie, während alle anderen den Triumph Escamillos feiern. José bricht über der Leiche Carmens zusammen.
Die selbstbewusste und unabhängige Titelheldin überraschte und schockierte die Zeitgenossen bei der Uraufführung der Oper 1875 in Wien. Trotzdem begann schon nach wenigen Monaten der internationale Erfolg der Oper, die bis heute von den Spielplänen aller großen Opernbühnen der Welt nicht wegzudenken ist.

135.36–37 **Paletot:** Sakkomantel, meist zum Anzug getragen

136.66 **Georg Kaiser:** Friedrich Carl Georg Kaiser (1878–1945) gilt als einer der wichtigsten deutschen Dramatiker des Expressionismus. Zwischen 1917 und 1933 kamen 40 Stücke von ihm auf die Bühne, damit kann er sich durchaus mit Hauptmann und Brecht messen. Seine Dramen setzten sich u.a. mit dem Verhältnis des Einzelnen zur modernen Arbeitswelt auseinander, so das Stück VON MORGEN BIS MITTERNACHT (1912), das einen Bankkassierer zeigt, der versucht, u.a. beim Sechstagerennen, aus der Monotonie seines Alltags auszubrechen, um sich selbst zu verwirklichen. Der Versuch ist zum Scheitern verurteilt. In der unter direktem Einfluss von Weltkriegserfahrungen entstandenen Tetralogie DIE KORALLE (1916/17), GAS I (1917/18) und GAS II (1918/19) behandelt Kaiser das Verhältnis von Geld, Mensch und Technik. Die Technik kann das Leben erleichtern, der Mensch ist jedoch moralisch nicht in der Lage, die technische Entwicklung in einem positiven Sinne fruchtbar zu machen. Die Technisierung, so die Botschaft, mache den Menschen vielmehr inhuman und werde ihn letztlich vernichten. In den 20er Jahren nähert sich Kaiser der Neuen Sachlichkeit an. Er hat Erfolg mit Komödien wie z.B. KOLPORTAGE (Uraufführung 1924) und der amerikanisch beeinflussten Revue ZWEI KRAWATTEN (1929).

Das hat Poe nicht auszudenken […] fürchterlichen Mahlstroms: 137.112–14
Anspielung auf Edgar Allan Poes Erzählung STURZ IN DEN MAHLSTROM (1841), in der ein Fischer von seiner Begegnung mit einem legendären Mahlstrom (Strudel) berichtet, bei der seine beiden Brüder ertrunken sind.

Black and White bottom: amerikanischer Jazztanz, bei dem die 141.31
Herausstellung des Pos eine zentrale Rolle spielte.

Knock-out: Möglichkeit, einen Kampf zu gewinnen, dem am 141.40
Boden liegenden Boxer gelingt es nicht innerhalb von 10 Sekunden wieder auf die Beine zu kommen.

Robert Musil: Der Mann ohne Eigenschaften: Robert Musils 146.1
Roman DER MANN OHNE EIGENSCHAFTEN (1931/32) ist einer der großen Epochenromane der klassischen Moderne. Thema ist die Planung einer pompösen politischen Feier, mit der sich die k.u.k.-Monarchie im Jahre 1913 der Weltöffentlichkeit präsentieren will. An der Frage, worin das Wesen dieses Staates eigentlich bestehe, wie er also präsentiert werden müsse, entzünden sich ausgedehnte Gespräche und Reflexionen. Da-

bei bringen Vertreter der unterschiedlichen gesellschaftlichen Teilbereiche, vom Militär über die Finanzwelt bis zur Kultur, ihre Auffassungen zur Geltung. In der Figur des Paul Arnheim wird der deutsche Politiker und Industrielle Walther Rathenau porträtiert, der 1922 einem Attentat zum Opfer fiel. Das Hauptproblem bei der Planung der Feier besteht darin, eine übergreifende Idee zu entwickeln, mit der sich alle Teile der Gesellschaft identifizieren können. Indem der Leser um den Untergang der k.u.k.-Monarchie im Ersten Weltkrieg weiß, erhält dieses Geschehen eine ironische, ja groteske Note. Titelheld Ulrich verkörpert den sachlichen Menschentypus der Moderne, er ist Mathematiker mit philosophischen Neigungen, der in seiner Freizeit darauf achtet, seinen Körper mit athletischen Übungen zu pflegen. Der Roman, dessen erster Teil bereits über tausend Seiten umfasst, blieb unvollendet; zum zweiten Teil liegen nur noch Fragmente vor. Bewunderer Musils erklären den Mann ohne Eigenschaften zum bedeutendsten Roman deutscher Sprache, Kritiker monieren, er sei mit Wissen überfrachtet, die philosophische Reflexion erdrücke die zu schwach ausgeprägte Handlung.

149.113–14 **um der Wahrheit Willen an der Seele Hunger leiden:** Zitat aus Friedrich Nietzsches (Haupt-)Werk Also sprach Zarathustra. Ein Buch für Alle und Keinen (1883–1885). Dort lässt Nietzsche in der Figur des persischen Religionsstifters Zarathustra ein dichterisches Panorama seiner Philosophie entstehen. Der Mensch müsse in seiner Entwicklung drei Phasen durchlaufen: In der ersten Phase sei der Mensch abhängig von Autoritäten und Meistern, in der zweiten müsse er sich von diesen losreißen und in der dritten zu eigenen Werten und Zielen finden. Damit verbunden ist auch eine Absage an die Religion; „Gott ist tot", lässt Nietzsche Zarathustra sagen, „nun wollen wir, daß der Übermensch lebe." Der Übermensch weiß um die Nichtexistenz des Jenseits, er ist auf das Diesseits gerichtet und sagt zur Erde und zum Leben freudig ja. Er erkennt, dass das Wesen der Welt der Wille zur Macht ist. Gleichzeitig geht alles und alles kommt zurück, „ewig rollt das Rad des Seins", es ist alles ewige Wiederkunft. Der Übermensch hält es aus, dass er in seinem Streben nicht einzigartig ist, dass alles schon einmal da war und dass alles wiederkehren wird, nur er selbst nicht.

Dido: Figur der römischen Mythologie, Tochter des Belus und Schwester des Pygmalion, der nach dem Tod des Vaters über die Stadt Tyrus herrscht. Pygmalion lässt den Ehemann Didos ermorden, um an dessen Reichtümer zu gelangen. Der Getötete erscheint Dido im Traum und warnt sie vor ihrem Bruder, der auch ihr nach dem Leben trachtet. Sie flüchtet mit vielen anderen Unzufriedenen und 80 (entführten) Jungfrauen nach Nordafrika. Dort angekommen bittet sie die Bewohner, ein Stück Land mit einer Ochsenhaut abgrenzen zu dürfen. Sie erhält die Erlaubnis und lässt durch einen Künstler eine möglichst große und starke Haut in viele tausend Streifen schneiden und miteinander verbinden. Auf dem abgezäunten Gebiet entsteht die Stadt Carthago, das heutige Karthago (Großstadt in Tunesien). 152.182

Lederers: Emil Lederer (1882–1939) gilt als einer der bedeutendsten deutschsprachigen Wirtschaftswissenschaftler und Soziologen der ersten Hälfte des 20. Jahrhunderts. Lederer war Mitglied der SPD und beschäftigte sich – unter dem Einfluss von Karl Marx – mit Wirtschaftstheorie und Klassenstrukturanalysen. Er untersuchte den Zusammenhang zwischen Arbeitslosigkeit und wirtschaftlichen sowie technischen Entwicklungen. In seinem Hauptwerk TECHNISCHER FORTSCHRITT UND ARBEITSLOSIGKEIT (1931) forderte er die Verstaatlichung von Bergbau und Schwerindustrie. 158.33

Wulle: Gemeint ist Reinhold Wulle (1882–1950), völkischer Publizist und Politiker, der 1920 mit der Deutschnationalen Volkspartei in den Reichstag gewählt wurde. 1922 gründete er eine antisemitische Partei, die 1923 verboten wurde. 162.61

Klante: Max Klante (1882 oder1883–1950), deutscher Betrüger, gründete 1920 eine Finanzfirma mit 450.000 Mark Eigenkapital und versprach seinen Kunden eine Rendite von 100 Prozent. Vor allem ärmere Familien überließen ihm ihr Geld, insgesamt ungefähr 90 Millionen Mark. Klante versuchte vergeblich, mit Pferdewetten die Zinsen zu decken. 1921 wurde er wegen Betruges angeklagt und zu einer dreijährigen Gefängnisstrafe verurteilt. 162.62

großer Kanzler: Otto von Bismarck (1815–1898), von 1871–1890 erster Reichskanzler des Deutschen Reiches, der dessen Entstehung maßgeblich gefördert hat. Er wurde zum 164.119

Symbol für die Einigung Deutschlands, das vorher aus zahlreichen Kleinstaaten bestand. Bis heute sind die Bismarcktürme bekannt, ein Denkmalprojekt, das ganz Deutschland umspannt(e). Die Idee dahinter: In der Dunkelheit wurden die Türme illuminiert und man konnte von einem zum nächsten sehen. So wurde die Einheit Deutschlands sinnlich wahrnehmbar.

164.121 **1871:** Am 16. Juni 1871 zogen die siegreichen deutschen Truppen nach dem deutsch-französischen Krieg von 1870/71 in Berlin ein.

164.122 **1921:** Deutschland wird im Jahr 1921 gebeutelt: Die Reparationsforderungen der Alliierten nach dem Ersten Weltkrieg belaufen sich auf 226 Milliarden deutsche Goldmark, die innerhalb von 42 Jahren zu zahlen sind. Das Rheinland ist von den vormaligen Kriegsgegnern besetzt worden. Im August kommt es zu einer ersten Abwertung der deutschen Papiermark, die Inflation kündigt sich an. Ebenfalls im August wird der Zentrumspolitiker Matthias Erzberger bei einem Attentat getötet. Als Reaktion hierauf erklärt Reichspräsident Friedrich Ebert den Ausnahmezustand und schränkt die Presse- und Versammlungsfreiheit ein.

166.12–13 **vom Mordstahl niedergesunkenen Henris:** Gemeint ist wahrscheinlich Heinrich der IV. (Henri IV.), König von Frankreich von 1594 bis 1610, der von einem Attentäter erdolcht wurde. Er gilt als Stifter des Religionsfriedens und der nationalen Einheit im vom Bürgerkrieg zerrütteten Frankreich.

166.25 **Hotel Esplanade:** Eines der bekanntesten und besten Hotels Berlins vor dem Ersten Weltkrieg bis zu seiner Zerstörung im Zweiten Weltkrieg. Es wurde 1906/7 erbaut und war vor allem bei monarchietreuen Gästen beliebt. Aber auch Stars wie Greta Garbo oder Charlie Chaplin wählten dieses Hotel für ihre Berlinaufenthalte.

171.9–10 **Die Geschenke für Reichsbahndirektor Neumann:** Neumann war erstmals im April 1928 vorgeworfen worden, bei der deutschen Reichsbahn Geldgeschenke angenommen zu haben. Daraus entstand eine Schmiergeldaffäre.

171.11–12 **Skandal um Clara Bow:** Clara Bow (1905–1965), amerikanischer Stummfilmstar, verkörperte neben Colleen Moore (29.) den Typus des ‚flappers'. Sie war das amerikanische ‚it-girl' der

Zwanziger Jahre und sorgte immer wieder durch ihr turbulentes Liebesleben für Skandale.

jenes Märchen: Gemeint ist das Märchen „Die Sterntaler", das in der zweiten Auflage der Kinder- und Hausmärchen der Gebrüder Grimm aufgezeichnet ist. Ein Waisenkind zieht in die Welt hinaus, verschenkt all seine Habseligkeiten und wird belohnt, indem Silbertaler vom Himmel fallen. 172.49

„Resi": Das Resi war in den Zwanzigerjahren ein über die Grenzen Berlins hinaus bekanntes und äußerst populäres Ballhaus an der Blumenstraße 11. Es gab große Orchester, Wasserspiele, Tischtelefone und ein Rohrpostsystem, mit dem die Gäste untereinander in Kontakt treten konnten. 173.11

Das ist die Liebe der Matrosen: 1931 komponiert von Werner Richard Heymann für den Film BOMBEN AUF MONTE CARLO. Interpreten waren u.a. Hans Albers und die Comedian Harmonists. 173.13

Das Ist Die Liebe Der Matrosen

Das ist die Liebe der Matrosen!
Auf die Dauer, lieber Schatz,
ist mein Herz kein Ankerplatz.
Es blühn an allen Küsten Rosen,
und für jede gibt es tausendfach Ersatz, jawoll!
Man kann so süß im Hafen schlafen,
doch heißt es bald auf Wiedersehn!
Das ist die Liebe der Matrosen,
von dem kleinsten und gemeinsten Mann bis rauf zum Kapitän.

Ahoi! Die Welt ist schön,
und muß sich immer drehn,
da wolln wir mal ein Ding drehn!
Jawoll, Herr Kapitän! Jawoll, Herr Kapitän!
Was nützt uns sonst die Kraft!
Blut ist kein Himbeersaft!
Die Sache wird schon schief gehn.
Jawoll, Herr Kapitän! Jawoll, Herr Kapitän!
Und hast du eine Fee,

dann schreib ihr: Schatz, ade!
Ich muß mal eben rüber zum Titicacasee.

Das ist die Liebe …

Von Kapstadt bis Athen,
da gibt es was zu sehn,
wofür ist man denn Seemann?
Jawoll, Herr Kapitän! Jawoll, Herr Kapitän!
Wie schön ist es zu Haus,
doch halten wirs nicht aus.
Wo anders ist es auch schön!
Jawoll, Herr Kapitän! Jawoll, Herr Kapitän!
Wenn dich die Tränen rührn,
dann schwörs mit tausend Schwürn:
Ich muß mal am Äquator die Linie frisch lackiern!

Das ist die Liebe …

Robert Gilbert (Text): Das ist die Liebe der Matrosen, München: Dreiklang-Dreimasken Bühnen- und Musikverlag GmbH.

177.44 **Inflation:** In den Jahren 1922/23 kam es zu einer radikalen Abwertung der deutschen Papiermark gegenüber dem US-Dollar. Bei der letzten Notierung vor der Währungsreform im November 1923 war ein Dollar 4,2 Billionen deutsche Mark wert.

182.30 **Brief Ihrer Majestät:** Erzählung THE PURLOINED LETTER (1845) von Edgar Allan Poe, in Deutschland zumeist unter den Titeln DER ENTWENDETE BRIEF oder DER STIBITZTE BRIEF publiziert; gilt literaturgeschichtlich als eine der ersten Detektiverzählungen. Der schon aus DIE MORDE IN DER RUE MORGUE (1841) und DAS GEHEIMNIS DER MARIE ROGET (1842) bekannte Detektiv Auguste Dupin wird vom Leiter der Pariser Polizei um Hilfe in einer delikaten Angelegenheit gebeten. Ein Minister hat einer adeligen Dame in ihrem Beisein in erpresserischer Absicht einen Brief gestohlen. Der Brief könnte dem Ansehen einer hochgestellten Persönlichkeit schaden. Die Polizei hat schon mehrmals erfolglos die Wohnung durchsucht. Dupin übernimmt den Fall; er geht strikt rational vor, indem er dem Minister einen Besuch abstattet, ihn kennenlernt, sich in ihn einfühlt und anschließend seine Schlussfolgerungen zieht. Der Brief wurde gar nicht versteckt, sondern liegt offen auf einem Tisch; so konnte der Minister die Beamten täuschen. Nun ist es an Dupin, den Minister hinters Licht zu führen. Er fertigt eine Fälschung des Briefes an und vertauscht diese bei einem neuerlichen Besuch mit dem Original. Poe gilt als Erfinder der rationalen Detektivliteratur, die später Figuren wie Sherlock Holmes (Arthur Conan Doyle) und Hercule Poirot (Agatha Christie) hervorbrachte.

E. A. Poes: Edgar Allan Poe (1809–1849), US-amerikanischer Schriftsteller, der vor allem Kurzprosa schrieb und die Genres Detektivliteratur, Horror und Science Fiktion maßgeblich prägte. Er gilt als Vertreter der schwarzen Romantik und Vorbereiter des Symbolismus. 182.31

dialektische: Kracauer spielt hier auf eines der drei ‚Gesetze der Dialektik' von Friedrich Engels an: Das Gesetz des Umschlagens von Quantität in Qualität und umgekehrt. Marx und Engels gingen davon aus, dass die historische Entwicklung durch Widersprüche vorangetrieben würde, die eine höhere Einheit aufhöbe, aus der neue Widersprüche hervorgingen. Dieses Denken in Gegensätzen nennt man ‚dialektisch'. 183.53

Sombart: Werner Sombart (1863–1941), bedeutender deutscher Soziologe und Volkswirtschaftler, dessen Analysen der kapitalistischen Gesellschaft von Marx beeinflusst waren. Umstritten ist seine Schrift Die Juden und das Wirtschaftsleben von 1911, die einen Zusammenhang zwischen Judentum und Kapitalismus herstellt. Den Juden als Wandervolk fehle der Bezug zur Heimat und zum Boden, deswegen seien sie für den abstrakten Wert des Geldes besonders empfänglich, was sie zu prototypischen Vertretern des Kapitalismus gemacht habe. Sombarts tendenziell antisemitische Wirtschaftstheorie fand später auch bei den Nationalsozialisten Anklang. 185.108

Genossen: Mitglieder der Arbeiterparteien wurden als Genossen tituliert und redeten sich wechselseitig mit dieser Bezeichnung an; hier sind also entweder Gefolgsleute der KPD (Kommunistische Partei Deutschlands) oder der SPD (Sozialdemokratische Partei Deutschlands) gemeint. 186.137

186.161 **Otto Suhr:** Otto Suhr (1894–1957), deutscher Sozialdemokrat, ab 1921 Arbeitersekretär beim Allgemeinen Deutschen Gewerkschaftsbund, ab 1926 Leiter der volkswirtschaftlichen Abteilung des Allgemeinen Freien Angestelltenbundes (Afa), ab 1955 Regierender Bürgermeister von Berlin.

188.204–05 **Haus Vaterland:** Das „Haus Vaterland", eröffnet 1928, war ein auch nach heutigen Maßstäben riesiger Amüsierbetrieb am Potsdamer Platz in Berlin. Die Anlage bot 8.000 Sitzplätze in 12 Restaurants, einem Großcafé und einem Kino. Zudem gab es Ballsäle, in denen die Tanzflächen gefedert waren, um ein Ermüden beim Tanzen zu verhindern. Jährlich besuchte eine Million Menschen den Vergnügungspalast.

189.237 **Adlon:** Erstes Luxushotel Berlins (seit 1907), im Kaiserreich vor allem dem Hochadel und dem Großbürgertum vorbehalten, nach dem Ersten Weltkrieg Treffpunkt reicher Weltreisender und berühmter Schauspieler. Marlene Dietrich wurde im Adlon entdeckt. Im Mai 1945 in Folge von Kriegseinwirkungen ausgebrannt.

198.11–12 **Wandervogelschuhen:** Wanderschuhe, wie sie die im ersten Drittel des 20. Jahrhunderts einflussreiche Jugendbewegung ‚Wandervogel' trug. Die ‚Wandervögel' entflohen der Enge der Großstadt, um in der Natur ein freies, eigenständiges Leben jenseits gesellschaftlicher Zwänge zu genießen.

199.40 **Douglas Fairbanks:** Es ist nicht eindeutig zu klären, wen Irmgard Keun gemeint hat, Vater (1883–1939) oder Sohn (1909–2000) Fairbanks. Beide waren in den späten 20er und frühen 30er Jahren bekannte Filmschauspieler in Hollywood, die sich vor allem auf die Rolle des Helden in Abenteuerfilmen spezialisiert hatten. Douglas Fairbanks jun. war der jungen sachlichen Generation durch den Kultfilm MODERNE MÄDCHEN (1929) bekannt, in dem er die männliche Hauptrolle spielte. In diesem Stummfilm wird der neue Frauentypus des ‚flappers' gefeiert.

202.35 **Marlene Dietrich:** Marlene Dietrich (1901–1992), deutsche Filmschauspielerin und Sängerin, war in den späten 20er und frühen 30er Jahren bekannt aus Filmen wie ICH KÜSSE IHRE HAND, MADAME (56.) und DER BLAUE ENGEL. 1930 ging sie nach Hollywood und nahm neun Jahre später die amerikanische Staatsbürgerschaft an.

205.1 **Hans Fallada: Kleiner Mann – was nun?:** Der 1932 veröffentlichte Roman spielt vor der Kulisse der Weltwirtschaftskrise. Die Arbeitslosigkeit in Deutschland nimmt stetig zu, die Lebenshaltungskosten sind hoch und das Einkommen, zumal der Angestellten, ist gering. In dieser Situation erfährt Johannes Pinneberg, dass seine Freundin Emma Mörschel – genannt Lämmchen – schwanger ist. Er entschließt sich, sie zu heiraten, lernt ihre proletarische Familie kennen und zieht mit ihr nach Ducherow, wo er eine Stelle im Büro des Händlers Kleinholz (Saatgut und Düngemittel) hat. Ihr Leben ist ärmlich, sie bewohnen eine winzige möblierte Wohnung außerhalb der Stadt, Lämmchen versucht verzweifelt, mit dem Haushaltsgeld auszukommen. Kleinholz hatte Pinneberg als Schwiegersohn im Auge, als sich herausstellt, dass dieser schon verheiratet ist, entlässt er ihn. Pinneberg und Lämmchen ziehen zu seiner Mutter nach Berlin, die ihm die Vermittlung einer Stelle in Aussicht gestellt hat. Diese Stelle gibt es nicht, aber der Lebensgefährte der Mutter, Jachmann, kann Pinneberg nach einiger Zeit eine Anstellung als Verkäufer im Warenhaus Mandel besorgen. Die neue Wohnung verlässt das junge Paar schon bald wieder, da Pinneberg sich mit dem Lebenswandel seiner Mutter, die mit Betrügern verkehrt und ‚Frauenbekanntschaften' vermittelt, nicht anfreunden kann. Die nächste Station ist eine preiswerte, illegale Wohnung oberhalb eines Möbellagers, die nur über eine Leiter zu erreichen ist. Während die Situation im Kaufhaus Mandel für die Verkäufer immer schwieriger wird – sie müssen vorgegebene Verkaufsquoten erfüllen, sonst droht ihnen die Entlassung –, bringt Emma den gemeinsamen Sohn Horst (Murkel, Berliner Wort für „Kind") zur Welt. Das Unvermeidliche geschieht: Pinneberg wird entlassen und das Ehepaar zieht vor die Tore Berlins in eine Laubenkolonie. Dort versucht Emma, die Familie mit Näharbeiten über Wasser zu halten, während ihr Mann einmal wöchentlich in die Stadt fährt, um seine Arbeitslosenunterstützung abzuholen. Die beiden scheinen am unteren Ende der sozialen Leiter angekommen. Trotzdem endet der Roman versöhnlich: Wenn sie zusammenhalten und sich lieben, werde es immer etwas Gutes in ihrem Leben geben.

Panzerkreuzerhelden: Angespielt wird auf den Matrosenaufstand auf dem russischen Kriegsschiff Potemkin im Juli 1905 209.140

gegen zaristische Offiziere, der blutig niedergeschlagen wurde. Der Aufstand wurde durch den Stummfilm PANZERKREUZER POTEMKIN (1925) des Regisseurs Sergei Eisenstein zu einem der Gründungsmythen der Sowjetunion.

215.35 **Yva:** Else Neuländer-Simon (1900–1942), bekannt als Yva, eine der erfolgreichsten deutschen Modefotografinnen der Weimarer Republik. Die Jüdin kam wahrscheinlich 1942 im KZ Majdanek ums Leben.

216.43 **Schaljapin:** Fjordor Iwanowitsch Schaljapin (1873–1938), russischer Opernsänger mit europaweitem Bekanntheitsgrad, gilt als einer der bedeutendsten Bassisten des ersten Drittels des 20. Jahrhunderts.

216.43 **Solf:** Wilhelm Solf (1862–1936), deutscher Diplomat und Kolonialpolitiker, war von 1920 bis 1928 deutscher Botschafter in Tokio.

233.14 **Konsumverein[s]:** Gemischtwarengeschäft, das nicht von einem einzelnen Eigentümer, sondern von einem Zusammenschluss von Arbeitern oder einer Gewerkschaft betrieben wurde; durch Großeinkäufe konnte der Konsumverein günstigere Preise erzielen, die er ohne eigenes Profitinteresse an die Kundschaft weitergab.

Textquellenverzeichnis

S. 13–16, Frank Matzke: Sachlichkeit. In: Frank Matzke: Jugend bekennt: So sind wir! Leipzig: Reclam, 3. Auflage 1930, S. 41 f., 45, 47, 49–51.

S. 16–18, Egon Erwin Kisch: Vorwort. In: Egon Erwin Kisch: Der Rasende Reporter. Berlin: Erich Reiss Verlag, S. VII–VIII. (© Aufbau Verlag, Berlin 2006)

S. 18–22, Kurt Pinthus: Männliche Literatur. In: Das Tagebuch 10 (1. Juni 1929) H. 1, S. 903 f., 906 f.

S. 23 f., Erika Mann: Frau und Buch. In: Anna Rheinsberg (Hg.): Bubikopf. Aufbruch in den Zwanzigern. Texte von Frauen, Darmstadt: Luchterhand Literaturverlag 1988, S. 11 f.

S. 24–25, Irmgard Keun: Gilgi – eine von uns, Berlin: List Taschenbuch, 3. Auflage 2006, S. 102.

S. 25–27, Friedrich Schreyvogel: Tristan und Isolde, Leipzig: Seemann Verlag 1930, S. 16–19.

S. 27–29, Fritz Giese: Girlkultur. Vergleiche zwischen amerikanischem und europäischem Rhythmus und Lebensgefühl, München: Delphin Verlag 1925, S. 52 f.

S. 29–30, Irmgard Keun: Das kunstseidene Mädchen, Berlin: List Taschenbuch 2001, S. 8 ff.

S. 30–33, Irmgard Keun, Gilgi – eine von uns, Berlin: List Taschenbuch, 3. Auflage 2006, S. 29–33, S. 39–45.

S. 33–36, Wilhelm Speyer: Charlott etwas verrückt, Bielefeld: Aisthesis 2007, S. 57–59.

S. 39–43, Heinrich Mann: Der Bubikopf. In: Heinrich Mann: Sieben Jahre. Chronik der Gedanken und Vorgänge, Berlin u. a.: Paul Zsolnay Verlag 1929, S. 300 ff.

S. 43, Neue Frisuren. In: Die Dame 9/1926, Ein deutsches Journal für den verwöhnten Geschmack. 1912–1943. Zusammengestellt und hrsg. von Christian Ferber, Berlin: Ullstein Verlag 1980, S. 162.

S. 44–46, Richard Huelsenbeck: Bejahung der modernen Frau. In: Friedrich Markus Huebner (Hg.): Die Frau von morgen wie wir sie wünschen, Leipzig: Seemann Verlag 1929, S. 18–24. (© Insel Verlag, Frankfurt/M. 1990)

S. 47–52, Vicki Baum: Erfahrungen mit der Verjüngung. Ein Rundgang durch die Laboratorien einer neuen Wissenschaft. In: Uhu 4, Dezember 1927, Heft 3, S. 32–41.

S. 53, Anzeige: Die sportliche Frau. In: Die Dame 12/1930. Ein deutsches Journal für den verwöhnten Geschmack. 1912–1943. Zusammengestellt und hrsg. von Chrsitian Ferber, Berlin: Ullstein Verlag 1980, S. 226.

S. 54–56, Irmgard Keun: Gilgi – eine von uns, Berlin: List Taschenbuch, 3. Auflage, 2006, S. 5–7, S. 20 ff.

S. 57–60, Vicki Baum: Die Mütter von morgen – die Backfische von heute. In: Anna Rheinsberg (Hg.): Bubikopf. Aufbruch in den Zwanzigern. Texte von Frauen, Darmstadt: Luchterhand Literaturverlag 1988, S. 31–35.

S. 61, Erich Kästner: Chor der Fräuleins. In: Erich Kästner: Werke. Franz Josef Görtz (Hg.), Bd. 1, Zeitgenossen, haufenweise. Gedichte. Hg. v. Harald Hartung in Zusammenarbeit mit Nikola Brinkmann, Zürich: Deutscher Taschenbuch Verlag 2004, S. 12. (© Atrium Verlag, Zürich)

S. 61–64, Mascha Kaléko: Mädchen an der Schreibmaschine. Aus: Mascha Kaléko: Das lyrische Stenogrammheft. Veröffentlicht im Rowohlt Taschenbuch Verlag 1956, © 1975 Gisela Zoch-Westphal, S. 127–129.

S. 65–71, Marieluise Fleißer: Eine Zierde für den Verein. Roman vom Rauchen, Sporteln, Lieben und Verkaufen, Frankfurt am Main: Suhrkamp Taschenbuch 1975. S. 31–35, 114 ff., 122–127.

S. 74–78, Frank Matzke: Liebe. In: Jugend bekennt: So sind wir! Leipzig: Reclam, 3. Auflage 1930, S. 164, 166 ff., 173 f., 180 ff.

S. 78–79, Georg von der Vring: Offensive der Frau. In: Friedrich Markus Huebner (Hg.): Die Frau von morgen wie wir sie wünschen, Leipzig: Seemann 1929, S. 51f, 55. (© Insel Verlag, Frankfurt/M. 1990)

S. 79–83, Irmgard Keun: System des Männerfangs. In: Irmgard Keun: Wenn wir alle gut wären, Köln: Verlag Kiepenheuer & Witsch 1983. (aus: Anna Rheinsberg (Hg.): Bubikopf. Aufbruch in den Zwanzigern. Texte von Frauen. Darmstadt: Luchterhand 1988, S. 115–117.)

S. 83, Erich Kästner: Sachliche Romanze. In: Erich Kästner: Werke. Franz Josef Görtz (Hg.), Bd. 1: Zeitgenossen, haufenweise. Gedichte. Hg. v. Harald Hartung in Zusammenarbeit mit Nikola Brinkmann, München: Deutscher Taschenbuch Verlag 2004, S. 65. (© Atrium Verlag, Zürich)

S. 84, Mascha Kaléko: Großstadtliebe. Das lyrische Stenogrammheft. Gedichte aus der Großstadt, Hamburg: Rowohlt, 2. Auflage 2007, S. 28. (aus: Das lyrische Stenogrammheft. Veröffentlicht im Rowohlt Taschenbuch Verlag 1956, ©1975 Gisela Zoch-Westphal)

S. 85–88, Dinah Nelken: Mann mit Seele. In: Dinah Nelken: Die ganze Zeit meines Lebens. Geschichten, Gedichte, Berichte. Frankfurt a. M.: Fischer Verlag 1983. (aus: Anna Rheinsberg (Hg.): Bubikopf. Aufbruch in den Zwanzigern. Texte von Frauen, Darmstadt: Luchterhand 1988, S. 36–38.) (© Verlag der Nation, Berlin)

S. 88–94, Wilhelm Speyer: Charlott etwas verrückt, Bielefeld: Aisthesis 2007, S. 41, 45 ff., S. 54 ff.

S. 94–96, Irmgard Keun: Gilgi – eine von uns, Berlin: List Taschenbuch, 3. Auflage 2006, S. 87 f., 106, 169 ff.

S. 96–102, Erich Kästner: Fabian. Die Geschichte eines Moralisten, München: Deutscher Taschenbuch Verlag 1989, S. 17, 19–24. (© Atrium Verlag, Zürich)

S. 105–108, Joseph Roth: Bekenntnis zum Gleisdreieck. In: Joseph Roth: Berliner Saisonbericht. Unbekannte Reportagen und journalistische Arbeiten 1920–1939, Köln: Kiepenheuer und Witsch 1984, S. 295–298.

S. 109–113, Friedrich Schreyvogel: Tristan und Isolde, Leipzig: Seemann Verlag 1930, S. 45–53.

S. 114–115, Heinrich Hauser: Feldwege nach Chicago, Berlin: S. Fischer Verlag 1931, S. 22 f., 47, 53, 75, 107 f. , 147.

S. 116–117, Fritz Giese: Girlkultur. Vergleiche zwischen amerikanischem und europäischem Rhythmus und Lebensgefühl, München: Delphin-Verlag 1925, S. 83 f.

S. 117–120, Frank Matzke: Technik. In: Jugend bekennt: So sind wir! Leipzig: Reclam, 3. Auflage 1930, S. 147–151.

S. 120–125, Wilhelm Speyer: Charlott etwas verrückt, Bielefeld: Aisthesis 2007, S. 5 f., S. 16, S. 30 f.

S. 125–127, Bertolt Brecht: 700 Intellektuelle beten einen Öltank an. In: Bertolt Brecht: Die Gedichte, Berlin: Suhrkamp, 5. Auflage 1988, S. 316 f.

S. 127–128, Erich Kästner: Fabian. Die Geschichte eines Moralisten, München: Deutscher Taschenbuch Verlag 1989, S. 110–112. (© Atrium Verlag, Zürich)

S. 131–133, Paul Gurk: Boxkampf. Abschied der Freunde. In: Herbert Günther (Hg.): Hier schreibt Berlin. Eine Anthologie von heute, Berlin: Ullstein Verlag 1929, S. 244 ff., 250–254.

S. 133–134, Hannes Küpper: Der fliegende Fisch. In: Erhard Schütz/ Jochen Vogt (Hg.): Der Scheinwerfer. Ein Forum der Neuen Sachlichkeit 1927–1933, Essen: Klartext-Verlag 1986, S. 31.

S. 134–140, Egon Erwin Kisch: Elliptische Tretmühle. In: Egon Erwin Kisch: Der rasende Reporter, Berlin: Erich Reiss 1925, S. 227–231. (© Aufbau Verlag, Berlin 2006)

S. 140–141, Carola Neher: Sport (Gedicht). In: Die Dame 8/1927, S. 275.

S. 142 Frank Thiess: Die Geistigen und der Sport. In: Die neue Rundschau 38, Bd. 1 (Januar bis Juni 1927), S. 295 f.

S. 143–146, Marieluise Fleißer: Eine Zierde für den Verein. Roman vom Rauchen, Sporteln, Lieben und Verkaufen, Frankfurt am Main: Suhrkamp Taschenbuch 1975, S. 37–42, S. 187 ff.

S. 146–156, Robert Musil: Der Mann ohne Eigenschaften. Der Mann ohne Eigenschaften, Reinbek bei Hamburg: Rohwohlt 1987, S. 44–47, 148–150.

S. 157–158, Siegfried Kracauer: Die Angestellten, Frankfurt am Main: Suhrkamp 1971, S. 99 f.

S. 161–166, Heinrich Mann: Berlin. In: Heinrich Mann: Essays, Hamburg: Claassen Verlag 1960, S. 434–437, 438 ff., 440 ff.

S. 166–168, Wilhelm Speyer: Charlott etwas verrückt, Bielefeld: Aisthesis 2007, S. 36 f.

S. 168–170, Kurt Tucholsky: Berlin! Berlin! In: Kurt Tucholsky: Gesammelte Werke, Mary Gerold-Tucholsky (Hg.), Bd. 2, Reinbek bei Hamburg: Rowohlt 1975, S. 130 ff.

S. 171–173, Erich Kästner: Fabian. Die Geschichte eines Moralisten, München: Deutscher Taschenbuch Verlag 1989, S. 11 ff. (© Atrium Verlag, Zürich)

S. 173–175, Irmgard Keun: Das kunstseidene Mädchen, Berlin: List Taschenbuch 2001, S. 89–92, 95.

S. 175–178, Marieluise Fleißer: Eine Zierde für den Verein. Roman vom Rauchen, Sporteln, Lieben und Verkaufen, Frankfurt am Main: Suhrkamp Taschenbuch 1975, S. 106–109.

S. 178–179, Kurt Tucholsky: Augen in der Großstadt. In: Kurt Tucholsky: Gesammelte Werke, Mary Gerold-Tucholsky (Hg.), Bd. 8, Reinbek bei Hamburg: Rowohlt Taschenbuch 1975, S. 69 f.

S. 182–192, Siegfried Kracauer: Die Angestellten, Frankfurt am Main: Suhrkamp 1971, S. 10 ff., 15, 91–99.

S. 192–197, Irmgard Keun: Das kunstseidene Mädchen, Berlin: List Taschenbuch 2001. S. 99–103, 105, 107–110.

S. 197–201, Irmgard Keun: Gilgi – eine von uns, Berlin: List Taschenbuch, 3. Auflage 2006, S. 64 f., 13–16, 70 f., 82–85.

S. 201–204, Irmgard Keun: Das kunstseidene Mädchen, Berlin: List Taschenbuch 2001, S. 10 f., 22–27.

S. 205–214, Hans Fallada: Kleiner Mann – was nun? Reinbek bei Hamburg: Rowohlt Taschenbuch Verlag, 58. Auflage 2007, S. 23–27, 30–34.

S. 214–219, Erich Kästner: Lieschen Neumann will Karriere machen. Das Scheindasein vor der Kamera. In: UHU 6 (1930) 6, S. 68–73. (© Atrium Verlag, Zürich)

S. 220–221, Mascha Kaléko: Mannequins, Das lyrische Stenogrammheft, Reinbek bei Hamburg: Rowohlt Taschenbuchverlag, 2. Auflage, 2007, S. 16. (aus: Das lyrische Stenogrammheft. Veröffentlicht im Rowohlt Taschenbuch Verlag 1956, © 1975 Gisela Zoch-Westphal)

S. 221–227, Hubert Renfro Knickerbocker: Deutschland so oder so? Berlin: Rowohlt 1932, S. 1–5, 10 f., 14.

S. 228–232, Hans Fallada: Kleiner Mann – was nun? Reinbek bei Hamburg: Rowohlt Taschenbuch Verlag, 58. Auflage 2007, S. 400, 409–413.

S. 232–236, Erich Kästner: Fabian, Die Geschichte eines Moralisten, München: Deutscher Taschenbuch Verlag 1989, S. 122–126. (© Atrium Verlag, Zürich)

S. 236–237, Kurt Tucholsky: Angestellte. In: Kurt Tucholsky: Gesammelte Werke, Mary Gerold-Tucholsky (Hg.), Bd. 4, Reinbek bei Hamburg: Rowohlt Taschenbuchverlag 1975, S. 327.

S. 248–249, Paul Abraham (Musik): Viktoria und ihr Husar, Libretto: Alfred Grünwald, Fritz Löhner-Beda, München: Dreiklang-Dreimasken Bühnen- und Musikverlag GmbH.

S. 249–251, Vincent Youmans (Musik): No No Nanette, Text von Irvin Caesar (engl.). (© Warner Bros. Inc./Berlin: Rolf Budde Musikverlag GmbH, Hamburg: Rondo Verlag GmbH)

S. 251–252, Ralph Erwin (Musik), Fritz Rotter (Text): Ich küsse Ihre Hand, Madame, München: Musikverlag August Seith.

S. 252–253, Max Wallner, Kurt Feltz (Text), Fred Raymond (Musik): Es geht alles vorüber, es geht alles vorbei, Berlin: Edition Majestic/Erwin Paesike [1942].

S. 254–255, Carl Maria von Weber (Musik): Der Freischütz, Johann Friedrich Kind (Text): Verlag Peters.

S. 259–260, Willi Ostermann (Text und Musik): „Die Mösch": Klavier, Akkordeon, Gesang. Einzelausgabe, Gerig Musikverlag.

S. 261–262, Rainer Maria Rilke: O das Neue. Aus: Rainer Maria Rilke: Gedichte. 1911–1926. Manfred Engel, Ulrich Fülleborn (Hg.). In: Werke. Kommentierte Ausgabe in vier Bänden. Manfred Engel (Hg.) u. a., Bd. 2, Frankfurt a. M.: Insel 1996, S. 277.

S. 268–269, Robert Gilbert (Text): Das ist die Liebe der Matrosen [1931], München: Dreiklang-Dreimasken Bühnen- und Musikverlag GmbH.

Bildquellenverzeichnis

Seite 9: akg-images/© VG Bild-Kunst, Bonn 2011. **Seite 11:** © Blauel/Gnamm/ARTOTHEK; © VG Bild-Kunst, Bonn 2011. **Seite 37:** akg-images/André Held © VG Bild-Kunst, Bonn 2011. **Seite 44:** ullstein bild/Edith Glogau. **Seite 53:** ullstein bild/Infopool Text Berlin. **Seite 72:** Foto: © Rheinisches Bildarchiv, Köln, rba_032571, © VG Bild-Kunst, Bonn 2011. **Seite 103:** akg-images. **Seite 129:** © Blauel/Gnamm/Artothek; © VG Bild-Kunst, Bonn 2011. **Seite 159:** akg-images/Erich Lessing; © VG Bild-Kunst, Bonn 2011. **Seite 180, 214–219:** ullstein bild.